U0145582

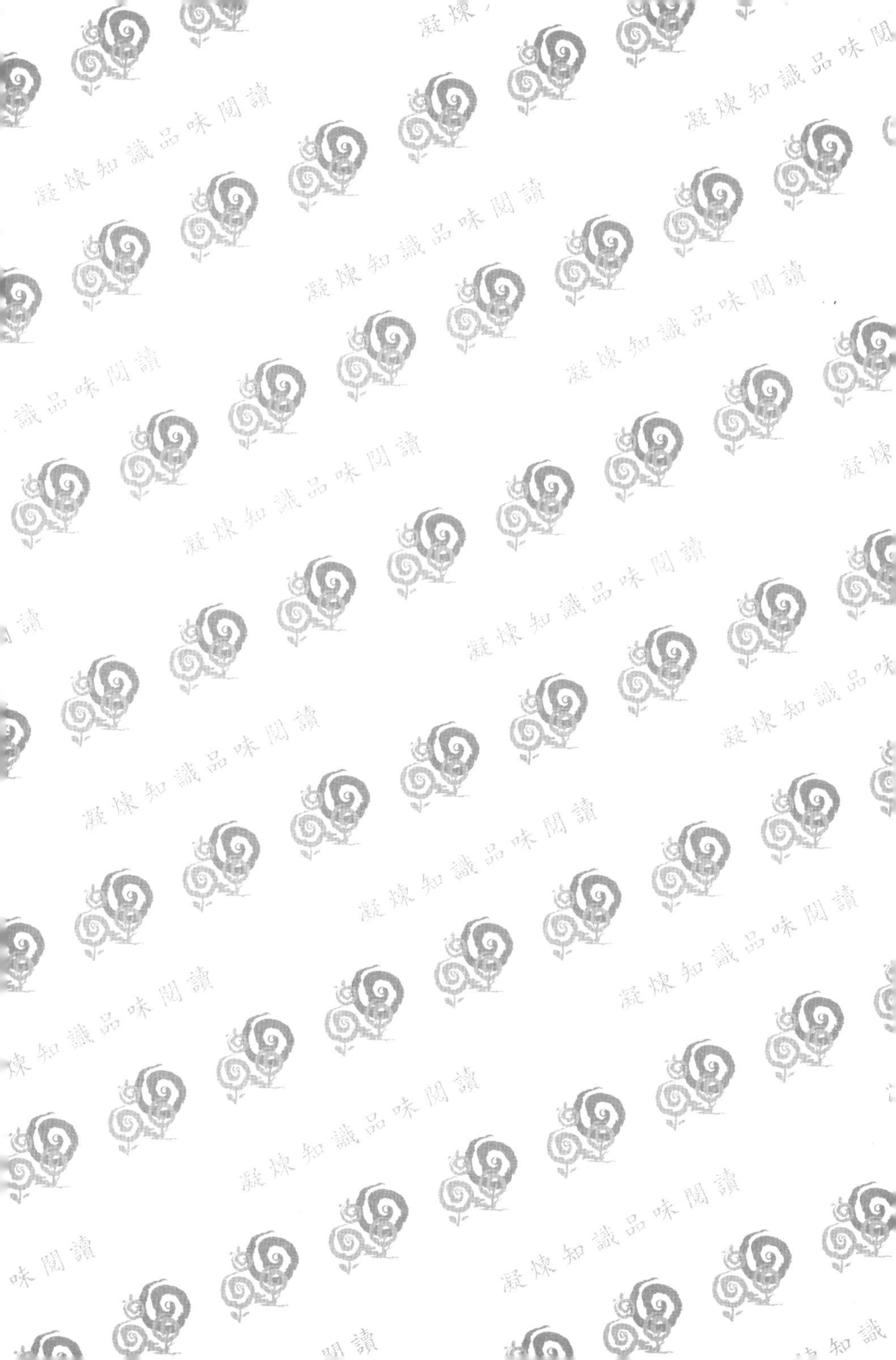

Counseling principles and skills

諮商原理與技術

牛格正 —— 著

五南圖書出版公司 印行

自 序

近年來，我國在推廣心理輔導／諮商不遺餘力，各級學校及社會青少年輔導／諮商工作正在蓬勃發展。更可喜的是，許多青年學生志願投入助人工作的行列，報考輔導系、所，許多在職教師及輔導老師進修意願高昂，進入輔導研究所進修班進修，以充實輔導／諮商專業知能。而其中不少學員及研究生係非輔導本科系及非相關科系畢業的，對輔導／諮商缺乏清晰的認知，而影響後續高深諮商學術研究的進程，難免會遇到學習及研究上的困擾。因此，輔導／諮商原理與技術就成為基本先修科目，以奠定研究生良好的研究基礎。撰寫本書《諮商原理與技術》的主要目的，即在幫助諮商學員，對諮商這一專業服務的基本原則、理論和運作情形，有一統整而清晰的概念，以順利邁向諮商理論與實務更深入的研究。

本書以「諮商」原理與技術命名，而不用「輔導」，主要的原因是因為輔導一詞涵義廣泛而模糊，易造成與通俗輔導名稱及運作上的混淆，不像諮商（心理輔導）更能彰顯此一助人工作的專業性質，也更符合諮商員教育的內涵及諮商服務本質以及諮商員的專業角色與功能。實際上，國外諮商學界早已鮮用輔導（guidance）這一名詞，而改用諮商（counseling），以標示此一學術領域的機構、學術研究、 諮商員教育課程及服務性質，而所有從事此一專業工作者，也統稱為諮商員（師）或治療者（師）。我國雖然仍沿用輔導為本專業之學會、教育機構、服務中心及專業工作人員命名，但其發展目標、教育內容及實務工作本身卻是諮商或治療。名不正對國內諮商實務工作者，尤其是學校輔導老師角色的混淆，不無影響，正名似有必要。

基於上述的目的，本書的內容集中在諮商服務的原理及技術的運用上，並不排除諮商服務中間或應發揮的輔導功能，提供當事人所需要的資訊或指導。全書分五部份：青少年輔導與諮商的需要，諮商的性質與諮商員、諮商原理、諮商過程、 技巧與技術，不同情境的諮商，及諮商倫理，共計十七章。

第一章正視社會變遷中的青少年問題，旨在提醒諮商員重視臺灣社會的各種亂象，以及因而所引發的青少年問題，予以重視，並激發諮商學術研究及從事諮商實務的動機。第二、三章對輔導、諮商、治療的性質及三者之間的異同詳細說明，以幫助釐清觀念。再就諮商的目的與功能予以分析，以瞭解諮商實務的正確方向。成為一位專業的諮商員，應有的專業準備，諮商員的專業角色，及應發揮的功能，在第四章深入討論。第五、六、七三章分別簡介諮商的理論基礎、理論與實務的相互關係及理論在實務中的應用，以及主要的諮商理論和方法。接著再討論諮商的運作情形，先在第八章的諮商過程中，提出實施諮商的整個程序，使對諮商實務的運作情形有一整體的概念。第九章專注於基本溝通技巧的介紹，包括語言及身體語言的運用，以利於達成諮商中的有效互動。諮商技術是多元化的，包括個別、團體及理論導向的各種技術，將在第十章分別討論。危機個案也是在諮商實務中經常碰到，故特列一章討論危機個案諮商的過程和技術，並對企圖自殺個案處理的原則與方式加以介紹。由於現代社會的需要、問題多元化及實施諮商情境的不同，諮商服務也漸趨向專精分類，各有不同的理論基礎及諮商方式、策略及技術，故自十二至十六章分別介紹學校、同儕、生計、婚姻與家庭，及老人諮商的理論與技術，使對這些不同情境的諮商原理與策略有所認識。最後把諮商專業倫理的基礎及諮商實務中的倫理及法律問題，簡要說明，以提昇諮商員的專業倫理意識，並對個人的專業操守知所警惕。

冀望這本諮商原理與技術一書的問世，能使讀者受益。也希望它不僅有助於非輔導本科系的研究生後續的研究學程，並對專業與非專業的諮商實務工作者提供參考，藉本書所涉及的內容，作進一步的研究。拙作是個人多年教學經驗的匯整及研讀國內外諮商學者論著的心得。雖力求簡明統整，盡量參證最新的資料，深入淺出的撰述，但限於個人才疏學淺，專業造詣欠深，疏漏之處在所難免，切盼諮商學界先進惠予教正。

謹識於 國立彰化師範大學輔導研究所
中華民國八十五年三月十二日

目　錄

Chapter 1

正視社會變遷中的青少年問題

心理輔導與諮商是為幫助需要幫助的人，而其主要對象是青少年，因為他們正處於發展中的關鍵期，最易受週圍不良環境的影響，而造成其自我認定的混淆、盲從和偏激的思想、情緒衝動、偏差行為，嚴重影響其以後的成長與發展。心理諮商員的責任即在幫助這些青少年瞭解自己、瞭解他們所處的環境，以及自己與環境之間的關係、使能面對生活環境中的衝擊、學習因應及解決問題的技巧，以便在其所處的環境中適應、發展及成長。為此，諮商員要做好諮商工作，並有效地給予他們所需要的幫助，必需先瞭解青少年，包括他們的想法、感受和行為模式，以及現代青少年的次級文化和社會變遷對他們的影響。現代青少年的特徵是什麼？今天的臺灣社會現象如何？這些社會現象對現代臺灣青少年帶來什麼影響？從事輔導工作的人員又如何面對時代青少年的問題呢？

心理學家們試圖從發展過程中找出青少年共有的人格特質和

行爲模式，以幫助我們瞭解青少年。有的心理學者是以外在的參照架構，亦即從青少年與其他年齡層的差異，來界定青少年(Stanley Hall)；有的從觀察人類成長中的變化，來認定青少年期的特徵(Meek，1940)；也有人乾脆給青少年加上一個共同的標籤，稱之爲叛逆期，或充滿矛盾的時期(Gitelson，1948)，認爲青少年的表現是利他而又自私、熱誠而又不忠、樂群而又孤僻、盲目地服從領導而又反抗權威、是理想主義者卻又憤世嫉俗、樂觀而又悲觀、熱心而又冷漠。大多數的學者認爲，青少年期是一個過渡時期，在這個時期裡，青少年會發生許多身心方面的變化，諸如性成熟前的性徵所引起的性別角色的變化(Hurlock，1973)；追求情緒的、社交的及經濟的獨立和心理認同(Friedenberg，1954)；在與同儕競爭中的自我認定(Erikson，1950)；自我認定(self-identity 或 self-defi-nition)確是青少年期個人主要的發展任務，但是自我及角色混淆則是青少年所面對的最大困擾(Erikson，1980)。

從青少年心理的研究中以及青少年行爲的表現上，我們不難看出他們許多正向及負向的特徵，例如好奇、幻想、質疑、推測、多變、矛盾、競爭及缺乏安全感等，這些思維、反應和行爲模式，對各時代的青少年而言，都是此期發展中的共有特徵，並爲瞭解和評估一般青少年的行爲問題，具有正面的參考價值。但時代青少年的思維參照架構、處事態度及行爲反應的模式，由於文化的差異、時代的變遷，社會結構的變化、倫理意識的消長，以及成人行爲的影響、而有所差異，從事心理輔導工作的人員不能不注意。遽變中的臺灣社會對臺灣青少年帶來什麼樣的影響呢？

臺灣自光復迄今，經過四十多年的奮鬥，從貧窮落後躍昇爲舉世聞名的經濟大國，工業的發達及經濟的繁榮，導致民生富裕，物質文明節節上昇，羨煞許多開發中的國家。臺灣經濟發展之快速及超越，已被譽爲經濟奇蹟，臺灣的中國人不論到那裡，都被視爲有錢人。經濟繁榮、民生富裕，物質文明是我們可引以自豪的一面，而它所帶給我們的負面影響，可能遠勝過正面的價值。外人批評我們沒有文化，把臺灣稱爲「貪婪之島」。這對我們雖是奇恥大辱，但我們若能深自反省，我們的生活是不是如此奢靡？司法院長林洋港應臺中教育會及消費者權益促進會的邀請演講時，指出「目前金錢污染政治，社會正義難以維持，社會道德低落，每一百四十人中就有一人犯罪；國人生活奢靡，有人席開千桌。只有道德重整，才能導正亂象，建立詳和的社會」。他同時指出，「大家的生活都沒有安全感，根據法務部統計，八十一年經法院判決有罪的有十萬九千多人，平均每兩百人中就有一人犯罪。目前臺灣各監獄服刑人已高達三萬六千人，這些數字實在令人怵目驚心。」（聯合報，81.10.19）

林院長的一番話給今日臺灣社會亂象勾勒出一個大概的輪廓，若從社會具體的亂象和媒體每日的社會新聞報導來分析，許多不倫不類的亂象，更會令人怵目驚心，也更使我們瞭解爲什麼外人把我們這個美麗的寶島評爲貪婪之島了。這些亂象和衝擊給臺灣青少年帶來了什麼影響呢？

暴力傾向

藉著傳播媒體的報導，民主議會殿堂的暴力事件，問政態度的蠻橫和粗暴情形，以及街頭抗爭、暴力訴求、不斷呈現在電視畫面和文字的大肆宣染。這些看在青少年的眼裡，就成了師法的榜樣，隨之而來的，如校園暴力事件之增加，高年級學生勒索低年級學生；畢業算帳之歪風，致使國中畢業典禮需要警察坐陣，嚴防問題學生滋事，如臨大敵；青少年犯罪手段兇殘，少年強盜集團犯行如滾雪球；中學生暴力傾向值得重視（中國時報，82.6.22.23）。最近多次青少年飆車族殺人案的報導，學生打老師重傷致死，家長攻擊老師等事件的發生，使我們不能再坐視而不為所動，也不能不警覺青少年暴力傾向的嚴重性。

暴力傾向不僅引發了社會的動蕩不安，激起學生暴戾之氣，使校園倫理受到威脅，也助長了家庭暴力的蔓延，使許多兒童和青少年生活在被蹂躪、身心痛苦的煎熬和恐懼焦慮中。近年來，兒童被虐待的事件時常出現在媒體的報導，例如聯合報（81.10.18）以虐兒案件一年激增近七成為題指出，根據兒童福利基金會的統計，八十一年度，兒童保護專線總共接到一千三百九十五件兒童虐待求助電話，比前一年度增加了近七成，深入處理的有六百一十七件。其中身體虐待占百分之三十五點二九，嚴重疏忽占百分之二十八點二三，精神虐待占百分之十五點六五。值得注意的是，性虐待的件數從去年的二十七件增加到六十二件，提高了一倍以上。最令人痛心的是，親生父母施虐的比例最高，竟占了施虐人總數的百分之七十四。究其原因，多係因父母離婚（47%），父母失業（19%），這顯示子女成了不幸婚姻的代罪羔羊。受虐兒童多是六歲到十四歲的，占了百分之七十七點八，五歲以下的占百分之十八。受虐兒童中男童比女童多，在上述處理的案件中爲男童有三百二十八人，女童有二百八十九人，近三年來更有增加的趨勢。

上述兒童和青少年受虐案件，只依中華兒童福利基金會接受報案和深入處理的數據，未報和未察覺的施虐行爲，可能遠超過這個數字。性虐待和情緒虐待的問題也逐漸受到社會的重視。根據報導，目前臺灣十八歲以下的少女從事與娼妓有關行業有數萬人之多，有的研究也指出，從事此行業的少女約在四到六萬人之間，而根據勵馨基金會的統計，未成年少女從事特種行業的人數超過七萬人。這些數據稍嫌誇大，與警政署正風專案所查獲的不到兩千人，相差甚遠。不論是誇大或執法不利，兒童受虐待的事實及事件的快速成長，值得大家關心和重視。

虐待兒童的行爲，不論是身體虐待、情緒虐待或性虐待，都會爲兒童或青少年造成莫大的身心傷害。諸如受到性攻擊的當事人，往往會產生以下的後遺心理症狀：嚴重的心理焦慮、嚴重的驚嚇、呆痴或失魂落魄、慢性的生活失調、懼男症及逃避現實等（牛格正，民80，94）。成大精神科醫師陳永成指出，情緒虐待可分爲三類，有不同的心理防衛機轉及對人格發展的影響，分別是：嚴厲懲罰兒童的教養態度，父母慣以高壓嚴厲態度對待所有子女；代罪羔羊，父母對某一特定子女特別苛責排斥，將家庭所有問題歸諸於這位孩童；母親的漠視無情造成親子教養關係的中斷。無論任何形式的兒童虐待，都將造成受虐兒童心智、道德觀念、認知能力及性能發展的障礙，受虐兒童也較難與同儕建立友誼，常使用較不成熟的心理防衛機制，智能發展較差，社會行為退縮，長大後也易形成輕度精神官能症，焦慮憂鬱症等精神病患，成為多重人格、反社會人格、自戀性人格及邊緣型人格異常的受害者（中國時報，記者陳建宇報導，民82）。

單親學生日增

家庭是子女成長的搖籃，也是子女受教育的第一場所，家庭環境對子女日後的行為發展影響至巨，是心理、諮商及社會學家們的共識。我國傳統的家庭倫理，素來是維繫個人及社會道德的支柱。而今天臺灣的離婚率已躍居亞洲之冠，根據內政部人口統計顯示，八十一年的離婚對數即高達二萬九千一百九十對，離婚率為千分之一點四一，較日、韓及新加坡為高。據內政部戶政司司長簡太郎指出，這項偏高的離婚數據，顯示國內一般家庭生活及子女教養問題刻正面臨衝擊，不可輕忽（中國時報，82.3.26）。根據台中地方法院的統計，民國八十一年中判決的離婚案件就有三百三十五件之多，其中由女方訴請的有二百一十四件，由男方申請的有一百二十一件。其中因外遇而訴請的二十二件，因受虐待者四十七件，因被遺棄者一百八十八件，因被判刑者七十六件，及其他原因者只有一件。這項統計數據足已顯示，暴力及社會性和個人失信是離婚的主因。這實在值得我們警惕。

離婚是造成單親家庭逐年增加的主因，聯合報（81.9.25）曾報導中部東勢國中的調查報告發現，該校二千七百八十多名學生中，有二百零五名單親學生，其中一百名是因為父母離婚。根據彰化縣教育局八十二年的統計，全省二十一萬七千四百七十七名國中、小學生中，有九千七百八十二人是單親家庭的孩子，平均每千人就有四十五名學生出自問題家庭。筆者在訪視中部一所鄉村國中時得知，該校學生不到一千人，竟有單親學生一百四十人，幾乎占學生總數的百分之十四。其中大多數是因為父母離異，而淪為單親學生。單親學生因家庭的缺陷，正常的身心發展會受到影響，異常行為自然也容易發生，無形中也就增加了輔導人員的責任。不僅如此，誠如作家李昂(82)所說，「隨著離婚帶來的子女、財產、心理問題，套一句老話說：絕對是需要付出很大的社會與個人成本……紛亂的社會現象、政治紛爭、無疑的使臺灣人失去種種準則，互信、互愛、互諒這類維持婚姻的基本元素，被整個社會忽視，甚且瞧不起。」(聯合報，論談，82.3.27)

性氾濫

貪婪之島的評語，暗示著臺灣中國人生活奢靡、紙醉金迷及性氾濫等。上述離婚的原因之一，就是外遇。飽暖思淫慾這句話，正好顯示爆發戶的心態。根據北市晚晴婦女協會最新的統計顯示，在向該會求助的個案中，結婚超過十年的夫妻，丈夫發生外遇的機率幾達七成。該會八十二年度上半年婚姻輔導個案中，求助的主要問題仍以外遇高居首位。成人的這種行為無形中給子女對性及婚姻觀念的不良影響。其他如色情場所的招牌林立、色情海報滿天飛、色情影帶的氾濫、色情表演、成人的黃腔穢語，黃色書刊的流傳，以及媒體對桃色事件繪聲繪影的報導等，使人不免產生性氾濫的臺灣印像。看在青少年的眼裡，也難免會激起非非之想，甚至爲好奇心所驅駛，付諸行動。原本清純的兒童和青少年，處在如此被色情污染的社會環境中，怎能不令人對其感染和影響怵目驚心。

實際上，色情污染的社會環境，確實引發了嚴重的青少年犯罪問題，和戕害青少年身心的嚴重後果。其中最明顯的是性觀念偏差、性行爲、性暴力、少女賣淫及墮胎等問題，以及因此而帶來的身心困擾。根據高雄市青少年保健門診的統計，自八十年五月到八十一年十二月，求診的青少年有五百五十五人，其中有性經驗的占百分之四十四。少年門診也發現三十七例未婚懷孕的個案，其中十六例最後採取了人工流產，此外，有二十個青少年性病案例，他們的行爲對象大多數是妓女（中國時報，82.1.8）。

毒禍蔓延

菸毒是許多國家的社會問題之一，而國內近年來，菸毒氾濫問題日趨嚴重，更嚴重的是純靜的校園也被侵入，使多少的青少年受到身心的傷害。從媒體的報導我們經常看到走私香菸毒品及製造和販賣毒品被破獲的案件，好像有抓不完，壓不住的現象。菸毒氾濫和走私販毒者不惜以身試法的心態，固然是暴利誘因所致，而吸毒者則是他們獲利的資源。根據法務部統計，全臺灣在監的受刑人有二萬七千餘人，只八十年度地檢署終結起訴的菸毒案件，共有三千兩百七十五件，人數爲五千零七十三人，是近十年來人數最多的一年，比七十九年增加了一倍。如果再加上因吸毒、持有或販賣安非他命被起訴的一萬四千一十二件，兩萬零九百一十六人，則國人濫用藥物的嚴重情形，實已不容忽視。

毒害不僅給個人、家庭及社會帶來災難，更害了不知多少青年學子。根據法務部(81)的報告，去年全台灣有二萬四千七百七十八名少年犯，比前年增加了六千一百八十人，其中除了偷竊犯一萬一千四百七十四人爲最多外，違反麻醉藥品管理條例者高達七千四百八十一人，占百分之三十點五九，居第二位。另根據陽明醫學院八十一年十一月的全國性調查報告指出，十二歲至十八歲青少年濫用藥物中，安非他命者居首，占百分之七十五點四，其他爲使用嗎啡、海洛因和大麻的青少年個案。十二至十八歲的在學學生濫用藥物竟達百分之一點三。這明顯的顯示，毒害已侵入校園，我們不能不提高警覺。

校園倫理式微

臺灣的教育表面上是很成功的，兒童的就學率，居亞洲各國之冠，接受高等教育的人口比率也非常高，知識教育的程度也超過其他國家同級學校的學生。 這不能不拜聯考制度之賜，及家長望子成龍，望女成鳳的期望，和學子苦讀的精神。正因此，許多學生是在多重壓力下完成學業，壓力使他們感受到許多心理上的挫折，缺乏面對如何因應挫折的技巧，而造成身心的傷害，自然損及到他們的身心健康。在心理壓力及心理挫折下的人，往往禁不起外來的衝擊，極易接受富刺激性的影響，以抗拒壓力，並用以補償所受的委屈和挫折。在壓與反的對抗中，傳統的尊師重道觀念蕩然無存，師生關係及校園倫理已逐漸式微。

我們無需抱著駝鳥心態，故作掩飾，或把五千年文化的榮耀和知識灌輸教育的成功，往臉上貼金；我們不得不承認，今天的學校教育已出現誤導社會化行為的現象。例如聯考導向的現實教學作風，屈從外來壓力以達明哲保身的目的，學校與商家勾結，教育工作者的言行不一致，為了校譽不惜謊言欺騙，只顧升學率而輕忽放牛班學生的受教權益等，都不免給學生以錯誤印象，誤導了學生社會化的對象。這種錯誤社會化的教育影響，必然導致錯誤的認同、錯誤的價值觀、錯誤的認知標準、錯誤的觀念及錯誤的行為。甚至善惡不分，投機取巧，凡事只循一己之私，而不顧他人、團體、國家及社會的公衆利益。在如此偏離正道的為人處事的導引下，學生的思想、感受和行為焉有不陷入迷失，及是非對錯不分的地步，校園倫理也焉有不趨於低落的道理。

上述的幾種今日臺灣社會的亂象，只是一些比較嚴重影響青少年行為較深的例證。它們不僅為社會帶來動蕩不安，倫理道德的淪喪，及外人對我們國家的觀感，最重要的是因而對兒童和青少年教育的反效果。當我們眼看著我們的兒童和青少年的行為日趨偏差，青少年暴力犯罪日增，學生吸毒人口躍升，以及青少年性犯罪和諸多行為不檢的現象時，與其責怪這些社會亂象影響下的犧牲者——青少年，倒不如反省我們成年人為何要製造這些亂象，並覺知我們對道德重建、改善社會風氣及謹言慎行的教化責任。從事心理輔導工作的人員，更要意識到其對青少年諮商及對維護學習環境的專業責任之重大，加強對現代青少年的瞭解，及對他們所處環境的認識，以協助他們建立正確的價值觀，增強自主的意志，認清自我的價值和尊嚴，及自我發展的潛力，來面對這個社會及其潛伏的危機，做好心理準備，安全渡過他們所面臨的危險期。

Chapter 2

輔導、諮商、治療釋義

有句話說，「名不正，言不順」，也就是說，如果觀念不清楚，則表達起來，也就亂無條理，講不明白。諮商這門學問也有名稱上的困擾，在學者們談諮商時，或在書刊雜誌和學術論文中，同時出現輔導、諮商、治療等名詞，使初學諮商的學員和一般大衆搞不清它們是異詞同義呢，還是各有所指，因而形成了認知上的混淆。此外，有些大師級的學者，稱他們的理論是治療理論，例如 Rogers 人中心治療 (Person-centered Therapy)，Ellis 給自己的理論冠以理情治療 (Rational Emotive Therapy)，Perls 則用完形治療 (Gestalt Therapy) 和 Glasser 的現實治療 (Reality Therapy) 等。幾個大學派，如行爲學派、人文學派、綜合學派、超個人心理學派等，也都稱他們的助人方法爲治療，而諮商學員所用的教科書，就是這些大師們的傑作。因此，就又產生了一個疑問：他們學的是諮商，還是治療？諮商跟治療是不是一回事？另外，輔導和諮商兩個名詞在臺灣被廣泛的運用，凡提供資料性的協助或服務，都叫輔導，凡屬意見交換或協商的集會，也稱之為諮商，不免要問，這種輔導及諮商與我們對學生和青少年實施的輔導與諮商有沒有區別？這些疑問確實顯示名稱的混淆會導致觀念的混淆。為了釐清觀念，正名是很重要的。

輔導是什麼？

從字義來看，英文的 guidance 是從動詞 guide 衍生出來的，含有指導（direct），嚮導（pilot），管理（manage），激發（steer）等。中文中的輔是助的意思，指輔翼或協助；導是引的意思，為川者決之使導。在中文中，輔導也與教、訓、管教、建議、規勸等詞，有互相為用的情形，這些字眼是專業輔導所忌諱的。但從儒家的解釋，教、訓、二字確有輔導的韻味，例如說文解字中的教字是上所施，下所效也，亦即上行下效的意思，也就是指身教。這與心理輔導人員的典範角色並無二致。說文解字訓，從言、從川，有引水入海的意思。也跟輔導的引導功能，意義相合，卻與現代教和訓的做法頗不相同。

一個名詞的定義不是一個或幾個字所能解釋清楚的，必須用簡單的詞彙，把它的性質、目標、和功能詳細說明，並給予充分的解釋。解釋的方式容有不同，但作用是一樣的。例如，Cormier & Hackney (1987)，林孟平（民 77），是由反而正來解釋輔導的意義，先指出輔導不是什麼，然後說明輔導是什麼。我們應注意的是，他們把輔導與諮商視為同意，輔導就是諮商，所以他們對輔導下的定義，實際就是諮商 (counseling) 的定義。此外，Gibson

& Mitchell (1986) 則以心理衛生的觀點，來說明輔導的意義，他們指輔導是「協助個人生活調適的過程，不論是在家庭、學校、社區及個人環境中，都需要輔導」(p.9)。Sertzer & Stone (1981) 給輔導的定義相當簡明，而含義深厚。他們認爲，「輔導是幫助個人瞭解自己及其周圍環境的過程」(p.40)。他們對輔導實務工作也作了以下的說明，「輔導工作乃爲一系列的專業性助人活動，它是整體教育計劃中的一部份，有其特定的目的及內容」。

從上述的定義不難瞭解，輔導不只是一種觀念，而是一個動的專業服務過程，一系列的活動，其服務的對象是每一個需要幫助的人。旨在使每一個人能充分瞭解其所以爲人的性質，達到自我認定，並從周圍的環境及人際交往中，獲得人生的體驗。這其中的論據是：如果人能眞正的自我了解，也瞭解其所處的環境，他便會做事得心應手，事半功倍，生活的更愉快、更幸福、更有目標、也更有成就。由此也可明顯的看出，任何形式的輔導之目的，即促進個人的成長與發展，藉心理的成長與發展，達到個人社會化的成熟。

輔導既然是一系列的活動過程，爲使活動有組織地實施，當然要有詳細的計劃。學校輔導計劃也必須配合各級學校的教育目標，以及各年齡層學生的需要，這個計劃才能落實。一般學校的輔導計劃，須先根據客觀和主觀的資料，評估學生個人的、心理的及人際的各種需要，再設計可能提供滿足學生需要的機會，並選擇適當的方法和技術，以及可能利用的校內外資源，徹底執行既定的計劃。

輔導就其廣義的和狹義的定義來看，它的服務內容包括的範圍相當廣，在執行輔導的方式和方法上，也有非常大的變化空間，可以彈性的選擇運用，諸如提供資料性質的個別晤談、專題演講、專題討論、工作坊、職業輔導、心理衛生講座……等；提供個人、團體及社區所用的諮詢；以及各類型的諮商和治療。目前爲幫助學生及青少年自我瞭解、成長和發展，最常用的方法就是諮商，因爲諮商不僅是實施輔導的最佳的技術 (technique par exellence ， Nordberg ， 1970) ，而且不論是個別或團體諮商，也能同時發揮其他輔導方法的功能。

諮商是什麼？

諮商一如輔導在定義方面衆說紛云，莫衷一是。 Cormier & Hackney (1987) 由反而正，先指出諮商不是什麼，然後再說明正面的意義。雖然諮商也提供資料，卻不只是提供資料；諮商不是提供建議；諮商不是運用勸告、威脅、和驅使，來影響當事人的態度、信念和行爲；諮商不是選擇和指定工作；雖然諮商也包括約談，而諮商不是約談 (interview)(pp.1-2) 。林孟平 (民 77) 更把上述的六項細分爲十二項諮商不是什麼，以說明一般人對諮商的誤解 (請參閱林 77 ， pp.2-6) 。那麼諮商是什麼呢？

當我們試圖瞭解諮商的意義時，應先認清一件事，那就是學者們界定諮商時，都有其理論背景，根據其理論來解釋諮商。諮商理論繁多與分歧，他們對諮商的看法與見解，也會有仁智互見的現象，因而許多不同形式的定義，也隨之出現。關於這一點，我們將在諮商理論簡介部分詳細說明。

如果把學者們對諮商的意見歸納起來，可分析出三種界定諮商意義的趨勢：諮商是一種專業及信任的關係，諮商是一種學習歷程，及諮商是關係也是歷程。

主張諮商是輔助關係的，是以 Rogers 爲首的學者們。Rogers (1957) 在他的一篇論文 "The necessary and suficient conditions of personality change" 中，特別強調諮商是一種輔助關係，只要諮商員具備眞誠 (genuineness) 、無條件的支持 (unconditional support) 及神會瞭解 (empathic understanding) 三種輔助關係的基本條件，便足以產生治療效果。在其理論的發展過程中，並在他以後的著作裡，始終堅持著這一主張。其他學者諸如 Pietrofesa 及他的同事們 (1978 ， 1984) 也有類似的觀念，他們認爲，諮商是受過專業訓練及有專業能力的諮商員，與其服務對象之間的關係，爲使他能更瞭解自己、做更好的抉擇、學習行爲改變技術、解決問題及促進成長 (p.6) 。

強調諮商是學習過程的學者，如 Gustad (1957) ，主張諮商是一學習導向的過程，在單純一對一的人際環境中實施。在此一過程中，對心理技術及知能有專長的諮商員，運用適當的方法以幫助當事人學習如何認識自己，及如何確定可實現的目標，以使他活的更愉快，對社會更有貢獻。 Shertzer & Stone (1981) 雖然也主張諮商一是一種過程，卻強調過程的互動性質。他們指出，諮商是一互動過程，以促進有意義的自我瞭解並瞭解其環境，以及爲日後的行爲澄清目標和價值觀 (p.20) 。

絕大多數的學者及實務工作者，均認爲諮商員與當事人之間的信任關係，爲使諮商持續發展，並爲達成諮商的效果，固然非常重要，但他們卻不同意 Rogers 所說足以產生人格改變的看法，他們認爲關係建立後的後續工作更重要。例如 Tolbert (1972) 就主張，一個廣被接受的諮商定義，要把諮商視爲諮商員與當事人兩人面對面的私人關係，在這個關係中，諮商員依個人的專業能力，提供學習機會，幫助正常的當事人認識自己及他現在和未來的環境，以使他能善用自己的特長和潛能，滿足自己，造福社會，進而學習面對日後的需要，解決以後可能遭遇的問題 (p.9) 。另如 Blakham (1977) 也抱持相同的看法，他認爲諮商是一種獨特的輔助關係，在這個關係中，諮商員依當事人所希望的方式，提供他學習、感受、思考、經驗及改變的機會。

以上三種界定諮商的方式，雖然著眼的角度不同，但三者都有一個共同點，那就是：諮商服務的主要宗旨在使當事人藉著諮商員的專業協助，能對己、對別人、對環境、對人生、對問題等有更深入的了解，學習到如何去面對它們，如何解決它們所帶給自己的困擾，並能使自己變得更成熟，也生活的更愉快。任何形式的諮商定義都應包括以下的幾項要素：

——諮商是兩個人之間的輔助關係，一方有需要也願意請求協助，而另一方願意也能給予協助。

——當事人是主角，他的需要是諮商服務的對象，也是擬定諮商目標的標準，而當事人的積極合作及參與是達成諮商目標的關鍵。

——諮商關係是建立在雙方互信的基礎上。

——互信關係的培養，要靠諮商員的接納態度和當事人對諮商員的看法。

——維護諮商信任關係的主要條件是保守諮商機密。

——諮商的內容是以當事人的個人生活和行爲爲中心。

——諮商員的溝通技巧影響當事人的學習過程和效果。

——所有諮商模式都重視並運用溝通技巧。(Cormier & Hackney，1987；Pietrofesa et al., 1984)

把上述諮商的基本要素作爲標準，就不必爲學者們對諮商定義的紛歧意見而困擾，也很容易地看出，諮商必須是在諮商員與當事人雙方同意下，建立的單向輔助關係，這個關係的特徵是其專業性、獨特性，並以互信爲基礎，以當事人的需要爲中心，透過諮商員的人格感召、專業溝通技巧的運用、和當事人的積極參與與合作，當事人可學習到處理個人生活問題的技術，因而達到自我成長與發展。從這個定義，一方面可以說明建立諮商關係的自主性、專業性、和獨特性，同時也勾勒出諮商進行的步調、方式、和方向，更清楚的指出以協助個人在生活中成長、發展、成熟爲中心的諮商目標。

治療是什麼？

顧名思義，治療就是醫治或減輕病情的處方，以使恢復其正常的功能(English & English，1974)。嚴格的說，心理治療是心理醫師的專業工作，心理治療者必須具備心理醫療的專業訓練和醫術，才能合法的執行醫師任務。爲什麼治療也被視爲輔導工作呢？爲什麼有些大師稱他們的理論爲治療呢？究竟治療在輔導服務中扮演著什麼功能和角色？首先心理分析是心理治療的一種模式，對瞭解潛意識和個人行爲的關係有建設性的影響，其理念和方法有助於行爲診斷，及發揮諮商的矯治功能。此外，許多諮商理論的創建人是醫師或心理分析學家，諸如 Freud ， Adler ， Jumg ， Berne ， Ellis ， Perls ， Glasser 等，他們接觸的當事人多係病患，或在思想、情緒及行爲上表現各種程度的偏激狀態。基於醫療的理念，發展出治療的方法和技術，來驗證矯治過程的療效，很自然的就把自己的專業經驗和技術，應用在幫助患者處理個人的心理困擾和行爲上。實際上，這些大師多係心理分析學家出身，比較強調診斷的醫療模式，是不難理解的。就連 Rogers ，雖然反對診斷，也稱其理論爲人中心治療理論，因爲他主張，諮商或心理治療是在幫助當事人運用其潛在的心理資源，解決他自己的問題。而問題的解決，是在不適當的情緒反應代替適當的情緒反應時，改變與否的決定，操之在當事人。這種主動解決問題及行爲改變的結果，就被稱爲療效 (therapeutic effect) 。

心理輔導或諮商的專業功能有三：預防、矯治（診斷）和發展。治療理論比較強調矯治功能。一般請求諮商的當事人，雖然有身心或行爲上的困擾或問題，但這些困擾或問題是生活中經常發生的正常現象，不見得是嚴重的心理疾病。心理困擾或心理問題能輕能重，若它影響到身心健康，而產生心理疾病，心理治療便是必要的處理措施。 Lehner (1952) 給治療下了一個帶有詼諧意味的定義，他說，治療是用於不明確的問題，及難以預期效果的技術。 Brammer & Shostrom (1977) 把 Lehner 的定義作了這樣的解釋：心理治療是幫助當事人重組個人的知覺、統整其對日常生活的觀念及面對過去因傷害經驗所產生的強烈感受。 因著現在防衛的改變，獲致重新適應(p.8)。總之，在強調行為改變、人格重組及治療效能的觀念下，有些人喜歡用治療這兩個字，未嘗不可。

異同之辯

輔導、諮商及治療三個名詞，究竟有沒有區別？這個問題確實在學者中引起了一番爭論。學者們，如 Bordin (1968)，Lewis (1970)，Patterson (1974)，Arbuckle (1975)，對這些爭論作過研究。有些學者認為諮商與治療是有區別的，堅持這種主張的有 Mowrer (1950)，Tyler (1969)，Steflre & Grant (1970)，Brammer & Shostrom (1977) 等人。他們多從當事人正常與不正常、困擾問題的嚴重程度、所用的方法及目標等方面，指出諮商與治療的差異。Shertzer & Stone (1981) 把他們所指出的差異，綜合成以下八點：

1. 輔導一詞所指的服務範圍較廣，經常用於學校活動及服務的整體計劃上，旨在幫助學生擬訂計劃、執行計劃、和生活適應。諮商只是輔導服務的一部份，與輔導這個廣泛的名詞並非同義詞。

2. 心理治療對人格有較深的涉入，所關心的是矯治嚴重的行為問題。諮商強調理性的規劃、問題的解決及支援當事人面對情境的壓力，諮商關係不似治療關係有那麼強烈的情緒表現。

3. 接受諮商的人是正常人，他沒有異常表現或極端的不適應現象，而心理治療的對象是有心理病的人。諮商的目的主要在幫助正常人克服妨礙其發展的阻力或挫折，而心理治療則偏重處理心障和分裂的人格衝突。

4. 諮商方法在強調現在及意識層面的問題，而心理治療法則偏重在過去和象徵性的情結，非常依賴再生 (reactivation) 及潛意識過程。

5. 諮商經常是在學校、社區服務機構及教會組織中實施，而心理治療則多是在診所、醫院或私下提供。

6. 諮商員強調當事人的積極能力及其在個人生活和社交環境中的運用，而心理治療者則著重診斷和矯治。前者用的是一般的諮商，後者則依重個人的資料分析。

7. 爲達到治療效果，心理治療比諮商費時，諮商經常在短時間的接觸即可完成。

8. 一般而言，諮商在幫助個人能清楚的自我認定，而心理治療則爲處理人際衝突。諮商著重幫助人面對其發展任務，認清個人的的天賦、能力、因應技巧及完成發展角色任務的有力資源。

大多數的學者從輔導的預防、矯治及發展的功能著眼，把諮商與治療視爲發揮輔導功能的方法，兩者是從不同的功能角度，協助當事人達到輔導的效果。不論是在理論基礎、輔助過程的運作歷程、技術的採用、及整體目標上，諮商與治療相互爲用。所以，許多大師們的諮商理論及實務工作者，有時命名爲治療理論，諮商員也稱作治療師，有時用諮商，有時用治療。從三〇年代以後，輔導被引進學校作爲幫助學生處理學業、就業、個人、人際及生活和行爲問題後，把從事專業輔導的工作人員或老師，統稱爲諮商員。當涉及心理分析、心理衛生、行爲改變等的重點服務時，則稱其工作人員爲治療師。其實，他們所做的都是在幫助解決一般學生的問題，很難分清是諮商或治療。近來美國的 APGA（後改為 AACD，現在又改為 ACA），不再以輔導爲學會的名稱，而改爲諮商學會。近代的輔導學術論著中，也少用輔導這個名詞，代之以諮商或治療。

美國各助人工作者學會，均把諮商作爲其會員的主要工作，而其任務皆爲協助案主解決各種困擾和問題，含有諮商的矯治功能，和治療的效果。例如美國學校諮商員協會（ASCA）就把諮商定義爲一種機密的、接納的、非批判的、自由的、面對面的關係，在這樣的關係中，諮商員利用其專業知能，幫助學生更妥善的解決他非藉諮商而無法解決的困擾和問題。美國心理學會的諮商心理學者協會（ACPA）界定諮商爲對個人及團體的服務工作，協助其處理個人的、社交的、教育的及職業的問題。APA 的第十七分會把諮商視爲對夫妻、家庭及團體中各年齡層人士的心理服務，幫助他們解決有關教育、職業選擇、工作、性、婚姻及家庭的問題。美國心理衛生諮商員協會（AMHCA）從心理健康的觀點，指出諮商是幫助個人或團體的過程，藉著輔助關係，使其在個人或團體的發展及適應過程中，獲致最佳的心理健康，以避免身體的和情緒的不良效應，及個人內在及人際間的失調。從這些學會的諮商定義中，明顯的看出諮商和治療並沒有什麼差異，諮商確實對於這些個人的、人際的、教育的、職業的、婚姻的及家庭等的各種心理困擾問題，有其治療的功能。

實際上，輔導是教育整體的重要一環，諮商與心理治療是實施輔導的專業性的方法，本來教育、輔導、諮商及治療是一個整體而連續的過程，均旨在幫助學生和青少年依個人的天賦資源和個別差異，充分的發展和成長，成爲一個快樂、充實、身心健康、積極而有用的公民。從教育到治療及從治療到教育，是認知和情感介入相互增減的循環過程。彼此間的差異不會沒有，但並不嚴重，更好說是大同小異，尤其是輔導與教育之間，及諮商與治療之間，差異並不顯著。教育若眞能做到有教無類和因材施教，就是寓輔於教，也就是輔導。當事人正常與不正常，困擾問題嚴重不嚴重，或嚴重到什麼程度，才算是不正常，很難劃分；而諮商與治療的方法和技術中，許多的都能相互運用。因此，我認爲異同不是重要的問題，重要的是從事助人服務的工作者對自己的專業知能，有清楚的自覺，正確的判斷自己能爲當事人做什麼。

中國人對輔導的看法

□我國儒家教育中的輔導觀念

我國儒家的教育體系中，教育與輔導不分，因爲當時的教育目標就是教人如何做人，教、輔的內容就是日常生活。做人的道理以仁爲中心，以孝爲基礎，本著孝與仁兩個本德，教人立身、處世、待人、接物、齊家、治國及平天下的道理。儒家的教育含蘊了濃厚的輔導精神。例如論語爲政篇孔子就認爲，當政者對人民應「導之以德，齊之以禮」，「舉善而教，不能則勸」。學記中也指出，「君子之教喻也，道（導）而弗牽，強而弗抑，開而弗違」。這與今日輔導所強調的引導、啓發和潛移默化的作風，有何不同？

孔老夫子的主要教學方式是「有教無類」及「因材施教」。他特別重視各人受教育的權利及各人的個別差異。他對自己的學生之性格瞭如指掌，對其弟子的評語是，　柴也愚，參也魯，師也辟，由也彥（先進），振也欲，焉也剛（公冶長），所以他才能因材施教。其弟子問孝、問仁，問政時，都是根據每人的個別差異，而予以不同解釋，以啓發盡孝及行仁的方向。例如，顏淵問仁，孔子答以「克己復禮爲仁」，問其目，孔子的答覆是：「非禮勿視，非禮勿聽，非禮勿言，非禮勿動」（顏淵）。爲什麼給顏淵這樣的答覆呢？因爲他知道顏淵是「語之而不惰，……見其進而未見其退」，意思是顏淵能做到克已復禮。所以顏淵稱讚夫子的教學之道是，「夫子循循善誘人，博我以文，約我以禮，欲罷不能」。再如孟懿子問孝，孔子的答覆是，「無違」，也就是「生事之以禮，死葬之以禮，祭之以禮」，這些盡孝道之禮是一般人都應該做的，所以程子解釋說，夫子之所以這樣答覆，認爲孟懿子是代表普通人。而當孟武伯起而問孝時，孔子則答以「父母惟其疾之憂」，這是因爲孟武伯愛子甚切，只怕子女生病，故爲人子者，亦應以父母之心爲心（為政）。我國歷代以儒家的教育思想爲正統，而孔孟的學說代表了儒家的思想，因此，上述的舉例當可顯見先儒寓輔於教，以輔導方式施教的基本理念。

我國在夏、商、周三代即有庠序之學的教育體制，庠序之學教育中，即已蘊藏著積極的輔導觀念。張植珊（民 67）就曾有這樣的一段描述，「其庠序的學校教育，對於大小支節，課目之別，因其資稟性向之所以分也。而其之所以爲教，則皆本乎其躬行心得，而求之於民生日用彝倫之外，是以當世之人，無不以知其性分之所固有，職分之所當爲，而各盡其力」（宗亮東主編，民67，p.17）。由此可知，儒家教育思想的傳承始自夏、商、周，而寓輔於教的觀念，也早在此時萌芽，世代相傳。吳鼎教授（民70）在其所著的輔導原理一書中，以兩章的篇幅，陳述了儒家學說對現代輔導的啓示，及輔導制度與中國教育，對瞭解我國傳統教育思想中的輔導概念，很值得參考。

□我國近代教育界及輔導學者的對輔導的看法

輔導運動在中國的發展，早在民國初年即已開始，一如美國的輔導運動著重在職業輔導。在中國職業教育學會的努力宣導下，發展相當迅速，也相繼推展到各級學校。中日戰爭開始，因戰禍而中止。民國四十年，爲使華僑子弟有接受祖國教育的機會，特訂定了輔導僑生回國升學辦法，對僑生實施生活輔導，開展了輔導在臺灣發展的歷史。民國四十六年，中國輔導學會成立，結合當時的輔導學者們，積極發展輔導學術研究，並把輔導向中等學校推展。民國五十一年，中國輔導學會與省教育廳合作，進行中等學校輔導工作之實驗，成績良好。民國五十七年，實施九年國民教育，在國民中學實施指導活動。自此，政府相繼大力推行各級學校的輔導工作（參閱張植珊，民67；吳鼎，民70；蕭文，民79）。

我國輔導學界，在傳統教育思想及歐美輔導觀念的影響下，早期的學者較偏重輔導的教育過程，例如中國輔導學會首任理事長蔣建白先生曾指出，「輔導本於人性尊嚴和個別差異的最高原則，運用科學方法，爲國家發掘人才，培養人才，並使適才適所，人盡其用」。宗亮東及張慶凱二位先進更清楚的界定，「輔導是對於個人各種幫助的一個教育過程，輔導人員須充分了解個體生理與心理的生長發展，及其所處環境的各種情況，在民主社會生活方式中，運用輔導的專業知識與技術，以一個有組織的工作計劃，爲青少年或成人作熱忱的服務。輔導的最終目的，在使青少年或成人認識其自身的各種需要與特殊能量，在學習、生活與就業各方面，用自己的思考與判斷作睿智的抉擇，以最有效的活動方式，來圓滿達成其最終目標和志願」（吳鼎，民70，p.3）。

上面所引述的三位學者對輔導的界定，顯然是把我國傳統的教育理念及現代心理輔導的觀念融於一體，呈現出濃厚的人文教育和心理學的思想導向。對國內輔導學術的發展及輔導實務的推展，有很大的影響。國內早期的有關書刊，皆冠以輔導或指導，少用諮商或治療兩個名詞。即使現在與心理輔導有關的機構、中心、研習及活動等，也都以輔導命名。似乎未受到歐美改用諮商或治療趨勢的影響。

新進的輔導學者們，雖然也肯定輔導的教育功能，也常以輔導這個名詞泛指助人服務；但在教學和研究方面，比較偏重諮商和治療方法的運用上，因爲，不論是理論的依據、方法的採納、技術的運用及目標的擬定，都是在諮商和治療的範圍內。對實務工作者而言，眞正表現其專業性質的工作也是諮商或治療。實質上，在輔導專業領域中，學者們慣用的是諮商一詞，涵概了預防、矯治及發展三種功能，較少用輔導一詞。然而在機構名稱，如系、所、中心、學會等，及工作計劃和活動計劃上，我國學者及實務工作者仍採用輔導一詞，為本專業的代名，未如歐美已改用諮商。

其實，學問和知識是不分中外的，沒有所謂的美國或中國輔導、諮商或治療，也很難區分輔導、諮商和治療三者之間的顯著差異。不過，我們應避免把輔導視為舶來品，而忽略了我國儒家教育中的輔導觀念和精神，也不必過份強調輔導中國化，而要多注意我國兒童和青少年的文化和需要，使輔導、諮商和治療的方法與技術運用，更能切合他們的行為反應模式。既然輔導是一個含義很廣的名詞，而輔導活動中有些活動並未建立輔導人員與受輔者之間的專業倫理關係，而諮商或治療既能呈現專業的倫理關係，又能在這種關係中同時發揮預防、矯治和發展的功能，且諮商又是實施輔導的最好而慣用的方法，就無需一定堅持在任何情形下必須用輔導一詞。為此，以後的論述中，筆者將改用諮商，心理輔導或治療的代表詞，以符合諮商員教育、諮商專業輔助關係的建立、諮商專業技術的運用及諮商的專業輔助功能。

Chapter 3

諮商的目標與功能

人的行為是目標導向的，我們在日常生活中，不論做任何事，一定會有一個目標，以作為行為的指導方向。例如你要去台北，那麼台北就是你行程的目標，也就是你目的地和去的方向。你去台北不一定是為去台北而去台北，可能有其他的目的，也許是為看朋友、探親、觀光或讀書等，因此，目的是指為了什麼，與目標不盡相同。如果你去了台北，就達到了目的地，也完成了去的目的，平安的回來，這就是你這次旅行的結果。由這個例子可清楚的看出，目標、目的和結果是有區別的。不過三者是一體的三面，如果目標不定，目的不明，則必然沒有結果。

諮商的目標

諮商既然是一種服務，自然也有其目標和目的。從前面所列舉的定義，顯然諮商所強調的服務目標，就是幫助學生個人的成長和發展。由於諮商員所秉持的理論不同，所接受的訓練不同，價值觀不同，個人對諮商員角色認知的差異，及其所處理當事人之問題不一，各人所認定的諮商目標，也難一致，因爲這些因素均會反映在諮商的目標認定上。因此，我們必須把諮商實務本身的目標和目的、諮商員的諮商目標及當事人接受諮商的目標，分別討論。

諮商服務本身的目標

根據學者們共同的看法，諮商的基本目標是導致行爲上的改變，藉使受諮商的當事人生活的更有建設性和滿足感 (Shertzerand Stone，1981，p.172)。如依一般學校實施諮商工作計劃來分析，諮商的主要目標是幫助學生探討自己和瞭解自已，藉使他們能成爲自我指導的人。如此界定諮商目標，顯然在強調幫助學生做決定的諮商目的，認爲學生生活在這個多變的社會中，必然會遇到許多個人和環境轉變的危機、價值觀的衝突，角色的混淆及疑慮等，若把這些困擾消除，學生就自然能對自己生活做較清楚的決定。由此可見，諮商的目標與目的有相關。此外，主張這一諮商目標的，在假定人只要在安全的諮商關係中，他有能力探討自己，包括探討他的思維方式、感受、價值觀、對別人的觀感、人際關係、焦慮和恐懼，以及生活選擇等。藉著這樣的自我探討，可獲致自我瞭解，價值澄清，角色釐清，自我計劃及行爲改變。實際上，大多數的諮商員也希望自己的諮商工作，能達到這樣的效果。

學者們對諮商目標的看法不盡一致，Robinson (1950) 認爲諮商的目標在幫助人獲得高層次的適應技巧。Brayfield (1961) ；Blocker (1962) ；Gordon (1971) 等人強調，諮商旨在增強做人的效能：成熟、獨立、個人的統整及負責。Ivey Simek & Downing (1980) 綜合指出諮商的目標：在幫助人發展企圖心 (intentionality) 及文化專長 (cultural expertise) ，亦即使當事人想出積極而具彈性的方法面對問題，當事人應該學習屬於自己文化的溝通技巧，並在可能的範圍內全力以赴。Brammer & Shostrom (1982) 則認爲，諮商強調更合理的計劃、問題的解決、做抉擇、企圖心、預防嚴重的適應問題、並對一般人日常生活中的環境壓力給予支援。

□諮商員的諮商目標

雖然大多數的諮商員希望達成上述的諮商目標，但是諮商員因各人教育背景、理論背景、價值觀、人性觀、服務機構、擔任角色及服務對象的不同，在認知諮商目標上，也會不同。Corey (1991) 在他的 Theory and Practice of Counseling and Psychotherapy 一書中，第十四章，表列出幾個主要學派的諮商目標，顯然有相當大的差異。

——心理分析學派的諮商目標是：提升潛意識到意識；基本人格重組；幫助當事人重活過去的經驗並處理壓抑的衝突；及理性的自覺。

——個人心理學派的諮商目標是：質疑當事人的預設目標；鼓勵他發展對社會有用的目標；改變他的錯誤動機，並幫助他與別人平等的感受。

——存在諮商學派的諮商目標是：幫助人看清自己是自由人並覺

知自己的能力；激勵他認知自己對所發生的事情的責任；找出阻礙自由的因素。

——人中心諮商學派的諮商目標是：提供當事人有利自我探討的氣氛，以使他們認清成長的阻力，並能經驗到過去否定及混淆的自我層面；使他們能自我開放、自我信任、樂意改變、並增進主動力和活力。

——完形諮商學派的諮商目標是：幫助當事人時刻的自覺；激勵他們接受內在支援及不依賴外在支援的責任。

——溝通分析學派的諮商目標是：幫助當事人擺脫腳本和遊戲，能自主的選擇自己的前途；幫助他們檢視以前的決定，並根據知覺重新做決定。

——行為學派的諮商目標是：消除不適應的行爲，學習新而有效的行爲；從影響行爲的因素中找出解決問題行爲的辦法；當事人應積極參與擬訂諮商的目標及評估目標達成的情形。

——認知行為學派的諮商目標是：消除當事人的自我挫敗的生活觀，並幫助他們找到更有靭性和更理性的生活觀；幫助他們在以後的生活中，運用科學的方法解決情緒的和行爲的問題。

——現實諮商學派的諮商目標是：幫助人能有效的滿足需要；激勵他們評估他們的所做所爲，及此行爲是否行的通。

由此看來，要想擬訂一個諮商員都滿意的諮商目標，實非易事。不過，我們應把握一個主要的原則：諮商是爲幫助當事人，諮商員是爲當事人服務，諮商的主角是當事人，那麼諮商員的諮商目標應依當事人的求助目標爲目標。Krumboltz (1980) 提供了一個擬訂諮商目標的標準，值得參考。他指出，這個標準是：(1)目標應是當事人所希望的；(2)諮商員應該願意幫助當事人達成的目標；(3)應該能評估當事人達成此目標的程度。Arbuckle (1975) 也提出擬訂諮商目標的原則，也是以當事人的需要爲主。他的四原則是：(1)人類基本上是自我決定的；(2)當事人須致力於高度的自我接納和自我瞭解；(3)當事人應發展高度的誠實，特別是要對自己誠實；(4)目標要基於當事人的需要而非諮商員的需要。

當事人的諮商目標

根據上述的原則與標準，既然諮商的目標要基於當事人的需要，那麼當事人的需要是什麼？他請求諮商的目的何在？他希望得到什麼樣的結果呢？一般而言，求助者的個別差異非常顯著，他們的求助問題更是五花八門，求助的目的也是各不相同。但是，不論他的問題及需要多麼特殊，這個就是當事人請求諮商的目標，也是諮商員據以擬定輔導計劃的指標。當事人也是諮商對象的總名稱，一般的當事人在個人的特殊問題和需要外，也有共同的問題和需要，這些也是當事人的諮商目標。爲此，我們必須找出當事人的共同而基本的需要，才能確定基於當事人需要的諮商目標。Patterson (1974) 在他所著的 Relationship Counseling and Psychotherapy 一書中，提供了一個很好的意見。他指出，擬訂諮商目標要分幾個層次，一是終極目標，二是中間目標，三是直接目標，以幫助當事人解決他的問題。根據 Patterson 的意見，每人的基本需要是自我實現、自我充實及自我功能的充分發揮，以此來作爲基礎，建立諮商的終極目標。在這個總方向的指引下，針對當事人的問題，擬訂出諮商的方法和過程，以引導當事人達成其終極目標。在此一諮商過程中，可能建立多個中間目標，諸如學習技巧訓練、職業諮商、婚姻問題處理及其他困擾問題如消除恐懼、考試焦慮及怕當衆發言等。直接目標是諮商員技術的運用及當事人在諮商中的經驗，以幫助當事人藉以達成中間目標。

Patterson 的目標層次論，是基於人本主義人性觀的架構，其基本理念在確認人有天賦的發展潛能，有自由主導自我成長和發展這些潛在的動力，有決定自我發展方向的能力，有對選擇發展方向負責的能力。因此，人的生活目標即在充分發揮這些天賦的潛能，以達到自我實現。也因此，自我實現就是人人最基本的需要，以此基本需要而建立的諮商目標，才是眞正符合各種諮商模式的共同目標。一般學校諮商計劃中的總目標：在幫助學生成爲能自我指導的人，與 Patterson 所說的終極目標極爲相似，在這個前題下，再發展出適合個人問題和需要的行爲目標。如果諮商員誤認當事人某些表面的需要，而據以擬訂諮商的目標，那就不對了。 Arbuckle (1980) 指出四種類似的錯誤諮商目標：(1)解決當事人的問題；(2)使當事人高興或滿足；(3)社會喜歡或滿意當事人；(4)勸說當事人放棄某些決定或選擇，以接受正確的。 Walker and Peiffer (1957) 早就指出一些似是而非也難被接受的諮商目標，諸如(1)純以個人爲基礎的適應；(2)使當事人喜歡高興；(3)不顧社會責任的心理自主；(4)只以與社會妥協爲藉口的適應；(5)當事人的心理健康一如諮商員的心理健康。以上列舉的這些目標中，有的能是諮商的連帶效果 (by product) 。例如使當事人高興、喜歡或滿足，有的，如適應能力，是中間目標，有的則純屬錯誤，既不能視爲當事人的眞正需要，更不能據以作爲共認的終極諮商目標。

Patterson 的意見雖然很符合 Krumboltz 及 Arbuckle 所指出的建立諮商目標的標準和原則，也被大多數的諮商學者們同意，而其他理論導向的學者和實務工作者，不見的會同意，諮商目標之爭，仍然在所難免。歸根，還是由於個人對人的看法有差異，無法確定諮商終極目標的一致性。假如撇開理論的約束不談，而以我們中國人的想法，把做人爲生活的指標，那麼人的基本需要就是學習做人，諮商的終極目標自然就是幫助當事人做個堂堂正正的人－君子。整個的諮商過程、方法、技術和活動，即在使當事人突破各種困境、煩惱和阻力，學習因應生活問題的技巧，並在諮商關係的自由氣氛中，探討自己、了解自己和別人，並在個人的生活環境中，發展自己，以達到好好做人的最終目的。

諮商的功能

諮商不僅是一種服務、一種助人的方法和技術，也是一種藝術。藝術是人類才華的產品或創作藝術產品的技巧，由於作品的精緻和表現的美，或製作的技巧，而激發起欣賞者的驚奇的快感。這種激發美感、快感和驚奇的作用，便是藝術的功能。諮商的功能是什麼？ Kehas (1974) 認爲諮商的唯一獨特的功能，就是提供學生發展自我瞭解的機會和協助 (Farwell，Gamsky & Mathieu-Coughlan，eds，1974，p.88)。沒錯，學校的諮商服務應著重在協助學生積極成長和發展的功能上，若說這是諮商唯一獨特的功能，不一定能獲得學者們的共識。Bordin (1974) 就把諮商的功能分爲工具性的 (insturumental) 及個人的 (personal) 兩種，前者是指技巧的運用，以激起好奇、幻想及開拓認知的廣度；後者則指個人人格的發展、持續、和改變（同上，pp.75-76）。Bordin 在發展功能之外，也特別強調諮商的診斷和矯治功能。

諮商的定義即在說明諮商服務能爲當事人做些什麼，若從諮商服務的內容分析，不難看出諮商本身的主要功能。就以 Tolbert (1972) 的最通俗的諮商定義爲例，諮商是兩人面對面的關係，在此關係中，諮商員運用關係及其專業知能，提供當事人一個學習環境，藉此幫助他認識自己及其現在和將來所處的環境，使他善用其人格特質及潛能，滿足自己並造福社會，進而能學習如何解決可能遭遇的問題，及如何面對需要。在這個定義中，可以發現諮商的三種功能：⑴預防功能：提供學習環境，以認識自己和別人。⑵發展功能：善用特長和潛能，滿足自己並造福社會。⑶診斷或矯治功能：如何解決問題和滿足需要。至於如何發揮諮商的三種功能，我們將在下一章諮商員的角色與功能，及以後有關諮商過程及技術時，再詳予說明。

Chapter 4

諮商員的訓練、角色與功能

在個別諮商中兩個主要的人物是諮商員和當事人，對諮商的開始、進行及成效，兩者都扮演著非常重要的角色和任務。雖然當事人是主角，但他表現的行爲是積極或消極的，諮商對他能否達成預期的效果，諮商員具有關鍵性的催化或抑制影響。諮商員如何認清並扮演他的助人角色，及充分發揮諮商的功能，是一個非常重要的課題。

諮商員其人

我國教育界有句話說，「言教不如身教」，意指老師的行爲比他的說教更能產生教導的效果。諮商員的典範角色正好與身教的意義相呼應。近來由於輔導工作已推展到各級學校及社會機構，諮商員的品行和操守也相當受到重視，學者們也做過不少研究，探討諮商員應具備的人格特質。民衆或許有一種誇大的想法，認爲諮商員必是一個對心理輔導無所不能的人，必是醫治心理百病的再世華陀，也是年青人的完美典範。其實，諮商員也與其他人一樣是個平凡的人，有他的特長、專長、限制和人性弱點。

學者們的調查研究結果，也反應出大衆對諮商員的這種看法。例如 Cottle (1953) 在他的一篇 "personal characteristics of counselors: a review of the literature" 文章中，綜合研究的結果發現，人們期望諮商員應具備的人格特質，竟達二十四種，包括公正、誠懇、平易近人、溫和、有同情心、情緒穩定、興趣廣泛、知識淵博、判斷正確、常識豐富……等（牛格正，民 80）。Kennedy (1966) 在其 "Characteristics of the counselor" 一文中，也指出十五種諮商員的人格特質。不過，他隨後質問說，難道諮商員是天生的，而非訓練出來的嗎？確實，我們要問諮商員是什麼樣的人，我們是在問他對生活的態度及他對自己和對別人的態度，而不問他是不是一個完美的人。

世界上沒有完人，我們不能把所有最好的人格特質集合起來，硬要諮商員具備之。比較正確地評估諮商員其人的方式，應是以有效而成功的諮商員的爲人，作爲借鏡，反映出諮商員爲培養專業人格應努力的方向。Brammer (1985) 根據 Rogers，Carkhuff，Combs 等學者及其個人的研究結果，歸納出七項有效諮商員的人格特質：⑴自我認識及價值自覺；⑵有分析自己感受的能力；⑶有文化經驗的知覺；⑷具有典範和影響的能力；⑸利他主義；⑹有強烈的倫理意識；⑺有責任感。Brammer 認爲，諮商員具有這些特質，他才能發揮催化功能。Combs (1986) 綜合分析了十三篇這方面的研究，發現在有效及無效的諮商員人格之間，有很明顯的差異。主要的區別是在於助人者對會心瞭解(empathy)、自我(self)、人性(huaman nature)及自己的生活目的(own purposes)的信念不同。根據Combs，這些研究意指與效能有關的信念是：有效的諮商員最關心當事人對世界的主觀意識。他們對人有積極的看法，把人視為可信任、有能力、可靠及友善的。他們對自己有積極的看法，並信任自己的能力，他們是根據自己的價值實施諮商(Corey，1991，p.12)。

基於上述的研究分析，諮商員應確實而清楚地覺知自己的為人，清楚地瞭解自己的專業角色，覺知自己的價值觀、人生觀，以及內隱的動機和潛在的需要，並有強烈的自信及信任當事人信心，以眞正做到有效的諮商服務，眞正成為一個名符其實的助人者。有效的諮商員不是天生的，他必須培養自己的專業人格，專業態度和專業知能，這是專業諮商員應有的兩項必備的條件，前者要有正確而積極的人生哲學為基礎，後者則是發展輔助能力及自信心不可或缺的。就如Corey(1991)所說，「努力成為有效諮商員的意願才是關鍵特質」(p.13)。Corey，Cory & Callanan(1988)列出十項有效諮商員具體的特質，後來Corey(1991，pp.13-15)把它們擴展為十八項，提供諮商員努力學習的參考。筆者認為，其中的十項有效諮商員的特質，確實值得諮商員努力學習與培養，特轉述於後：

1.有善意，亦即為當事人的福利著想，鼓勵他面對自己的生活。

2.能給予情緒的支援，即與當事人坦誠分享心情的感受。

3. 認知並接納個人的影響力，即承認自己比對方強的感受。

4. 抱持個人諮商方式，即表現自己的人格和立場。

5. 有開放及冒險的意願，即以自己的生活勇氣及開朗爲榜樣，鼓勵當事人。

6. 自我尊重及自我欣賞，即能感覺自己是贏家。

7. 願爲當事人的典範，即眞誠的評估自己生活的品質，以身作則。

8. 不怕犯錯並勇於認錯，即從錯誤中學習，而不爲此過份自責。

9. 成長導向，即放寬個人的視野，檢視自己的存在、價值及動機品質，並依個人的價值和標準而生活，不斷的自我追尋及自我探討。

10. 有幽默感，即嚴肅中能以自嘲與當事人歡笑（牛格正，民80，pp.105-106）。

上述的這些特質，對一個諮商實務工作者來講，是非常實際而具體的努力目標，能具備這些基本的特質和態度，諮商員才能表現出身爲專業人員應有的風範，才能獲得當事人的尊重與信任，也才能發揮助人者的催化功能，使當事人在安全而溫暖的氣氛中，檢視並瞭解自己的問題，滿足他的需要。誠如 Cormier & Hackney (1987) 所說，助人者的人格表現能促進或破壞諮商過程，比他的技術和知識更爲重要。其他學者，如 Bergin & Lambert (1978)，Jevne (1981) 等，也有同樣的看法，他們列舉的與有效諮商員有關的八項特質，與上述 Corey 等學者所提示的，可謂英雄所見略同。特摘錄以供參考：

1. 覺知並瞭解自己的需要、動機、感受和個人的能力；

2. 心理健康良好，至少不爲嚴重的心理問題所困擾；

3. 靈敏地覺知當事人的資源、因應方式和弱點；

4. 達觀，不固執己見，能清楚的覺知自己的信念系統，不強制當事人接受或採納自己的信念和價值；

5. 客觀，把當事人的問題看做自己的問題，並站在當事人的立場看問題；

6. 具備必要的資訊、知識和技巧，並能把個人的優點和知識合而爲一；

7. 值得信賴，可靠、負責和公正；

8. 有吸引力，使當事人覺得跟他合得來，喜歡他的態度、友善和親切。

宋湘玲、林幸台及鄭熙彥（民74）把輔導人員的特質從情意、認知及行爲三方面來分析，指出諮商員應有(1)對人關心，因爲除非有關懷別人的心，否則他無法成爲一個諮商員。(2)肯定自我，也就是有自信、情緒穩定及接納他人的特質，因爲自我肯定必先自我瞭解，瞭解自己才能自我控制，自我控制的人比較能接納別人。(3)保持彈性，亦即能按當事人的需要做適當的反應。(4)瞭解自己，就是覺知自己的價值與需要。(5)瞭解人的特質與行爲法則，這樣才能針對當事人的行爲和問題，幫助他做適當的處理。(6)善於控制自己，否則易於損及當事人的利益。(7)負責任，即保護當事人的權益，並在個人權益與社會規範之間取得平衡。(8)具備良好的溝通能力，如此才能具體而明確的相互傳達訊息(pp.113-119)。Egan (1986) 在他所著的 The Skilled Helper: A Systematic Approach to Effective Helping 一書中，給有效諮商員繪出一個完整的肖像，從外在的健康美和專注神態、工作的細膩表現和關懷當事人的態度，到內在的專業修養、自我成長的意願，以及助人者應有的健康心態，描繪出一個完美的輪廓，形成一個有效諮商員的典範，可供從事諮商工作的人員，奉爲師法的理想模式。

綜合以上學者們對諮商員之爲人的看法，我們不能期望他具有所有的優良人格特質，因爲諮商員不是完人或聖人，而是跟你我同樣的普通人。但是，由於他助人專業的身份，他應該具備爲做好本職的工作應有的專業人格，也就是專業態度和作風，至少可依有效諮商員的風範爲借鏡，努力師法並培養有效諮商員的人格表現，自己也勉爲有效的諮商員。這種企圖心才是最重要的，就如 Carkhuff (1969) 一再強調的，就是努力成爲有效的人。他不僅要有善意 (Ivey，1980)，能與當事人建立親切 (I-thou) 關係 (Buber，1937)，能表現的光明磊落 (Jourard，1971)，也要努力自我實現 (Maslow，1968，1971)，及充分發揮自我的功能 (Rogers，1951)。用咱們中國人的話來說，諮商員在他的專業工作中，應勉爲君子。

諮商員的專業訓練

前面我們討論的是諮商員的爲人。我們不要把諮商員視爲完人或在助人工作上無所不能的人；但由於他的專業任務和專業角色，他應該有專業人格的修養，至少要有努力成爲有效諮商員的意願與企圖心，向著那些典範的優良表現，努力學習。諮商員的人格雖然比他的專業知識和技術更重要，而非意指後者不重要，究竟他是專業諮商員，必然也應具備爲做好其專業助人工作的專業知能，否則難能發揮輔助的功能。

□影響諮商員教育課程的因素

諮商員該接受什麼樣的專業教育才能成爲專業的諮商員呢？這個問題的答案與專業教育對象的層次，期望學成後服務的機構和對象，以及諮商員本身的角色，有密切的關係。同時，由於諮商員養成機構師資的專精程度，也影響專業教育課程的編排。例如美國在一九六四年代，已有三百二十七所大學設有諮商員教育課程，並有七百零六位專業師資支援。及至一九八三年，設有諮商員教育課程的大學增至五百零六所，而專業師資也高達三千零六十四位(Hollis & Wantz，1983)。換言之，一九八三年美國的每一諮商研究所平均就有至少六位專業的專任教授，加上兼任教授的支援，則開設課程的範圍寬廣也易於專業化。

諮商教育對象的層次應是諮商員教育另一考慮的因素，我們把輔導視爲教育的一環，全體教師都有輔導學生的責任，而一般導師和教師與專任的輔導老師，以及小學、中學及大專校院，甚至非專業、半專業和專業，諮商員有角色和服務層次的差異，在專業知能的教育和訓練的要求程度上，自然也不一樣。Gibson & Mitchlell (1986) 把諮商員訓練及責任分爲三個層級：第一級的是一般導師，只需要有教育和教學經驗背景，因爲他們的責任是提供資料和建議。第二級的是專業諮商員或專任輔導人員，需接受研究所的諮商專業教育，領有諮商及輔導碩士學位。第三級的是持有諮商、輔導及諮商心理學博士學位的諮商員，他們的責任是處理較嚴重的人格失調等心理問題（p.40）。我國的情況特殊，是唯一設有輔導學系的國家，因此，有學士級的專業諮商員教育及訓練，形成學士、碩士及博士三層級專業諮商員教育及訓練模式。因此，必須考慮三層級專業諮商員教育的目的、課程內容的銜接、訓練方式及能力評估等。

諮商員預期的工作環境及在機構中所扮演的角色，也是課程設計的影響因素之一。諮商學員畢業後受顧的工作環境，包括在各級學校從事教育、生計和行爲方面的輔導及諮商、諮詢工作；在社區服務機構，如心理衛生中心、張老師青少年諮商中心、生命線、醫院或工商機構，及就業輔導中心、老人養護中心等，他們的服務能涉及心理診斷、行爲矯治、心理治療、危機處理、就業安置、婚姻與家庭諮商、老人輔導與諮商及悲傷和頻死輔導與諮商等；在復健機構，他們雖然主要在從事復健諮商和行爲矯治，但他們所服務的對象，包括各年齡層的當事人，自兒童、青少年以至老人，諮商過程會有很大的差異。針對這些不同環境的需要，以及諮商員不同角色和任務的要求，教育課程的設計，必須是多元化、精緻化及富彈性的。實際分析美國各大學訓練諮商員的教育課程內容並不一致，其專業分科也不相同。我國雖然只有三所培養專業諮商員的輔導研究所，加上其他相關研究所的輔導組，在他們的課程之間，仍存有差異。這些差異將對專業諮商員的資格檢定產生困擾。

我國彰化師大輔導系的成立，是爲因應延長九年國民教育，實施國中指導活動，急需培養專業輔導師資之權宜措施，是國內外僅有的惟一系級諮商員教育。另有五花八門的短期研習班或進修班，以使導師、教師，甚至教官具備輔導的知能，達到全體教師參與輔導學生的目標。立意雖好，但這樣的課程設計內容和訓練方式，也將會形成專業諮商員資格檢定的困擾。美國目前也有一種所謂的諮商專士 (specialist) 教育計劃，以造就輔導活動的指導員或督導員或人事指導員 (director of pupil personnel service)。Brown & Pate (1983) 認為，此一趨勢將把人際關係訓練專士與專業諮商員，明顯區分為兩個層級。甚至隨著時代潮流的演變，諮商專士教育將為碩士級諮商員教育取而代之，迫使學校取消專士培育計劃 (Gibson & Mitchell，1986)。基於上述的各種因素的影響，諮商員教育須對專業層級、專業類別、服務對向、社會需要、訓練方式及能力分析等，做慎重的考慮和研究。

□諮商員教育的內容

正規的諮商員教育課程之間，雖容有差異存在，仍須有共同的核心專業課程，使各層級的諮商員具備最基本的專業知能。諮商有關的學會，在強調接受專業教育和訓練及不斷充實專業知能的重要外，也明確地指出諮商員專業教育課程的基本內容。如美國諮商與發展學會 (AACD，1981) 指出四個基本的範圍：(1)廣泛的教育學背景；(2)基礎心理學知識；(3)熟悉諮商過程和技術；及(4)瞭解諮商情境。中國輔導學會的會員專業倫理守則，也很強調會員在從事諮商工作時，應具備適當的專業知能，並不斷努力進修以充實自己，卻沒指出應修習的範圍。類似 AACD 的這樣的原則性指示，使各諮商員教育課程在學科的選擇上，有非常大的彈性，也因此，造成課程與課程之間結構的差異。美國的諮商員教育是以碩士級諮商學員爲起點，進入專業諮商實務工作的諮商員也是以碩士資格爲最低要求，並須經過國家諮商員證照局 (NBCC) 或美國諮商及相關教育認可委員會 (CACREP) 或美國心理學會 (APA) 檢定與認可，才能從事專業諮商工作。

諮商學者們對課程內容的設計，作了不少的研究，也提出了很多的建議。Hollis & Wantz (1971，1974，1977，1980) 曾在十年之內，連續研究諮商員培養教育及發展趨勢。Gibson & Mitchell (1981)，Hart (1978)，Hollis & Wantz (1972)，Krumboltz (1980)，Scott (1979)，Shertzer & Stone (1980)，Sweeney (1979) 等人的著作中，都深入討論了諮商員教育發展的方向。根據 Hollis & Wantz (1982) 的調查發現，在課程科目的增減及輕重排序上，有了很大的變化，學校課程中增加最多的科目有婚姻與家庭諮商 (123)，諮詢 (113)，老人諮商 (80)，生計及生活規畫 (75)，婦女研究 (75)，法律及倫理問題 (58)，濫用藥物 (52)，其他在二十五學校以上增加的科目尚包括：住院實習、團體實習、團體諮商、特殊個案、行爲改變、諮商理論、同儕諮商，及多重文化諮商 (52) 等。取消的科目很少，以一至四所學校取消了團體實習、行爲改變、濫用藥物、多重文化諮商，及特殊個案研究。在專業分化諮商方面也有了很大的改變，以學校發給的畢業證書的名稱分：碩士級有諮商碩士 (113)，諮商與輔導或輔導與諮商碩士 (124)，復健諮商碩士 (75)，學校諮商碩士 (71)，中等學校諮商碩士 (66)，小學諮商碩士 (64)，學生人事發展碩士 (57)，社區諮商碩士 (53)，諮商心理碩士 (25)，機構諮商碩士 (26)，心理系主修諮商碩士（20），諮商員教育碩士（34），輔導碩士（18），學校心理碩士（16），生計諮商碩士（9），專科學校諮商碩士（9），婚姻與家庭諮商碩士（11），及其他人類發展諮商、臨床諮商、牧靈諮商等碩士多種；博士級以學位證書分，最多的是諮商心理（42）、諮商（36）、諮商與人事（36）、諮商與輔導或輔導與諮商（28）。

從上述的調查結果得知，美國的諮商員教育已有專業分化的趨勢，主修的課程也有其強調的課程分化，以確立其學員的專業知能與資格，故課程之間不會一致。此一科目增加及專業分化的趨勢，值得國內諮商員教育機構參考，以因應社會的變化，及滿足人們多方面諮商的需要。諮商員教育的專業分化，旨在培養不同諮商領域的專長人員，而任何一種專職的諮商員，都須接受諮商員的基礎教育和訓練，修習爲諮商員所規定的主要學科。Malcolm（1974）認爲，兩年研究所的課程是必要的，學習的科目應包括：行爲動力在團體中的運用、聯課教學、各種諮商理論及實際參與團體的經驗等。其次，應強調環境動力、獨立研究及諮商實務。第一學年就應修完這些科目。第二學年的學習重點，應放在行爲動力的進一步研究、個別指導、選修科目、撰寫研究報告、課外閱讀及各種諮商技術的運用。Nugent（1981）也認爲，碩士級的諮商學員應修習個人及人際動力學、學習理論、人格理論、諮商理論與技術及人類發展等理論。同時，Nugent 也特別強調嚴格的督導和訓練，督導學員建立自己的哲學立場，並藉實習及見習增進其實務經驗。博士級的學員須對理論學科擴大研究，延長其實習時間，以培養處理較廣泛和艱難的問題。同時，加強諮詢技術訓練、實務督導、行政及諮商員教育之能力（牛格正，民

80，p.108）。

我國學者也有對諮商員專業教育的研究，例如賈馥茗教授認爲，專業訓練內容應包括學識、技能和品格三方面。宋湘玲、林幸台及鄭熙彥（民74）依賈氏的架構，把諮商學員應修的科目分成基本學科、專業學科、技能學科、其他學科及實習五種類別，並於各類學科下，列舉了應修的科目（pp.123-124）。我國諮商員教育機構在實際的課程編排上，由於師資資源的限制及現實社會的最迫切的需要，學科的選擇頗有彈性，而且是較基本的學科，不像美國的研究所課程專業分化的精細。不過，我國近年來，在學校輔導／諮商極力推動外，社會機構的輔導／諮商服務也正逐漸發展。由於服務的性質及對象的不同，工作的內容亦呈多樣化。因此，諮商員養成教育的課程也不能不隨之多樣化及專精化（柯永河、陳秉華，民81）。針對國內輔導及相關科系所培養學校輔導及相關課程內容，鄭熙彥、林義男（民81）曾做了分析及比較研究，研究發現各輔導及相關系、所所開的課程內容相當分歧，與美國CACREP所提供的課程標準相比較，在社會文化基礎課程及社會問題的認識和處理上，我們的諮商員養成教育課程都明顯的缺乏。

訓育委員會輔導工作六年計劃中，特別列入一子題「我國各級學校輔導諮商員教育課程之分析及規劃」，由陳秉華（民83）主持。這篇研究是以輔導／諮商領域之專家學者及各層級資深輔導工作人員各十人，並依小學、中學及專上學校諮商員之需要爲諮商員教育課程規劃之標準。其調查結果顯示，各級學校輔導／諮商員教育的共同核心領域及課程包括四個領域：諮商與輔導、測驗與評量、專業定向及專業實習。在這四個領域中應修的共同核心課程分別爲諮商理論與技術、個案研究、團體動力及團體諮商理論與技術；人格測驗；輔導專業理論；輔導與法律、輔導與諮商專業組織、輔導學的歷史與發展（後三科為次核心科目）；實習方面分爲實習前階段，做每週二～四小時的個別及團體諮商和心理測驗實習；初級實習階段包括每週四小時的個別及團體諮商和心理測驗及督導實習；進階實習及駐地實習仍包括上述項目，增加了輔導行政，而時數依需要不同容有差異的彈性措施。依學校層級分別是，小學輔導／諮商員教育應包括七個核心領域的及四個次核心領域的核心課程，計有八十四種科目；中學輔導／諮商員教育也分七個核心領域及四個次核心領域的核心課程，計有九十三學科；大學輔導／諮商員教育課程則分六個核心領域及五個次核心領域，計有九十四種科目。這些學科都是由百分之六十以上的調查樣本同意的。

上述研究的結果顯示出各級學校諮商員所需要的專業知識相當廣，研究所二至三年的學程不可能全數提供這些學科，必然會再行規劃，從這些核心領域中的核心科目中擬訂最需要的核心課程。另外，以學校層級諮商服務爲標準規劃諮商員教育課程，固然有其實用的參考價值，若依學士、碩士，及博士三層級諮商員教育標準來規劃專業教育課程，並依其所希望的服務對象和服務性質作次核心課程規劃，或許更爲適當，也更易建立資格檢定制度，因爲各國諮商員教育課程均以研究學員層級及應具備之能力來規劃課程，並爲因應多方面的需要，規劃特定專業服務精緻化的分類課程。茲舉彰化師大諮商員教育爲例，說明目前國內層級諮商員教育的課程規劃現況。

國立彰化師範大學輔導研究所課程已邁向專業分化之途，課程的編排依組別分研究訓練、心理諮商、企業諮商及學校諮商四組各應修習的科目。此外有核心課程，四組學員均應修習。輔助課程包括其他的選修科目。茲就該輔研所八十二學年度修定之碩士班及博士班之課成內容摘錄於下：

彰師大輔研所碩士班課程
（八十二年度修訂）

核心課程（全體必修）	：諮商理論與技術，輔導研究法，心理評量，諮商實務 (1.2) 。
研究訓練（組必修）	：高級統計，實驗設計，無母數統計，電腦統計程式之應用，質的研究法，迴歸分析，多變項分析。
心理諮商（組必修）	：人格發展與輔導，心理衛生，變態心理學，個案研究，兒童期異常行為診斷。
企業諮商（組必修）	：團體動力學，人際關係訓練，管理心理學，組織心理學，企業員工輔導。
學校諮商（組必修）	：教育哲學，學習輔導，青少年犯罪問題，學校輔導工作，教育行政。
輔助課程（各組選修）	：諮商原理，生計輔導，諮商理論專題，團體諮商，諮商倫理，人文諮商，行為諮商專題，婚姻與家庭諮商，社會劇，死亡心理與諮商，諮商名著研究，人格評量，測驗編製，性項測驗，魏氏智力測驗。 註：以上各組組必修科目其他組可選修

彰師大輔研所博士班課程
（八十二年度修訂）

核心課程（全體必修）	：教育哲學專題，諮商理論專題，輔導研究法

	專題，諮商技術專題，諮商實務，諮商督導理論與實務，諮商實習 (1.2.)。
研究訓練（組必修）	：質的研究法，多變項統計分析專題，電腦統計程式之應用，統計專題，獨立研究 (*A.B*)。
心理諮商（組必修）	：變態心理學，兒童期異常行為診斷，行為發展專題，臨床診斷專題，臨床督導實習。
企業諮商（組必修）	：人事心理學專題，組織行為與員工輔導專題。
學校諮商（組必修）	：學習輔導專題，犯罪青少年輔導與諮商專題，行為改變技術專題，學校輔導與諮商專題，學校行政與評鑑專題，輔導專題研究。
輔助課程（選修）	：人文諮商專題，完形諮商專題，現實諮商專題，行為諮商專題，綜合諮商技術專題，生計諮商專題，婚姻與家庭諮商專題，老人心理與諮商專題，婦女問題與諮商專題，家庭與兒童福利專題，人格心理學專題，心理測驗專題，社區心理學專題，投射測驗研究，及諮商倫理專題研究。 註：以上組必修科目其他組可選修。

彰化師大輔研所的課程規劃的特色，在其一貫性、專精分化、彈性及統整性。其一貫性係配合該校輔導系之基礎課程，延續設計碩士級課程，並以核心科目之學習研究，加強學員諮商理論、技術、研究方法和實務訓練的基礎，以確定其專精研究的方向。根據國內現階段推展輔導與諮商的現況、需要及展望，把課程分化為專精研究的四個領域，以使學員能在畢業後具備專長。為顧及研究生個人的學習興趣，除各組的學員可選修其他組的某些學科外，特開設共同選修的科目。博士班的課程也是在同一原則下，加強思想訓練、擴大理論研究的範圍及研究深度，提昇研究、諮商和督導的技術，延長實習時間、並加深其專精學習，以培養其成為諮商行政、諮商員教育、專業諮詢和有效的督導人

員，並能處理較為廣泛及艱難的問題。為了因應社會變遷及新的社會需要，逐年做課程的適當調整，正計劃在八十四～八十五年間做學士、碩士、博士三層級諮商員教育課程的規劃及專業能力分析與評估，以使三層級的課程一貫性的承接，並根據各層諮商員教育的目的、課程內容、教學方式、專精導向及專業能力評估標準等，做通盤的研究。

□諮商員的資格檢定

諮商是一種專業，實施專業工作，需要有專業資格，這是很明顯的。不過目前從事學校及社會機構心理輔導或諮商實務的人員資格相當複雜，有專業、半專業及非專業人員，這不但影響諮商服務的專業品質、諮商員專業角色的混淆、社會大衆對諮商工作的信任，也會影響當事人接受專業諮商服務的權利。如何認定諮商實務工作者的專業資格，實是一個值得研究的問題。

資格檢定是認定執行某專業的權利和權威的過程。檢定資格的方法有⑴執照授與（licensure）：是法律授權的過程，以約束專業的執行和資格。因有法源，凡未持有執照而執行該專業者，要受法律制裁。對私人開業從事諮商工作者較有必要，以防止不規。⑵合格證明（certification）：是認可專業實務工作者能力的過程，正式授權使他們享有專業的資格。此類證明是由學校、機構、學會或政府機關所發給的文憑、證書、證明文件等，也多經法律認定。⑶資格認定（accreditation）：是經學會或機構承認學校、協會、研究所及研習班等建立的資格標準，或經評估後而承認其訓練課程。凡受過以上訓練的畢業生就有專業資格（Foster，

1977）。

Gibson & Mitchell (1986) 指出四項資格檢定的好處：⑴向社會大衆保證反對冒充的專業人員；⑵保證最低限度的專業訓練和經驗；⑶對專業人員提供法律保障；⑷提供特殊福利的依據。Gibson & Mitchell 對這四項好處也做了詳細的解釋 (pp.42-43)。不過，不同教育背景及不同類型的諮商員之間，存在著許多差異，因此，諮商員資格檢定的幾個主要問題是：由誰來檢定？以什麼作爲檢定的標準？訓練課程在訓練什麼諮商員的角色和功能？誰有裁定或認可的權力等。

美國各州幾乎都有其專業人員資格檢定的專門委員會，各學會也有其會員資格審核委員會，以確認會員的專業資格及專業能力。關於諮商員的資格檢定及證照核發，是相當嚴謹的。各州有國家諮商員證照審核局 (NBCC) 負責諮商員證照核發工作。專業學會如美國人事與輔導學會 (APGA)(曾更名為 AACD，現在又改為 ACA) 擁有十幾個相關領域分會的專業組織，於一九八七年共同組成諮商及相關教育方案認可委員會 (CACREP)，並於一九八八年擬定出認可程序與申請手册，以認可初級諮商員（碩士級）教育課程及專業資格的標準。根據 CACREP 的標準，諮商員教育課程應包括八個核心領域：人類成長與發展、社會與文化基礎、助人關係、團體、生活型態與生涯發展、評量、研究與評鑑及專業取向。研究生應於兩年研究所的修業時間修完四十八學分，對以上八個領域的知識有所認識。此外，研究生還要接受一百小時的督導實習，其中四十小時爲面對面個別諮商。不同特殊領域的諮商學員須加強其專門領域的知識，以具備此專門特定服務的能力。

CACREP (1993) 為學校諮商員有新的規定，除上述的八大領域的課程外，更應對學校輔導的基礎學科、情境向度、學校課程發展、諮商與輔導、諮詢及臨床教學等，有所認識（林幸台、蕭文，民 81；陳秉華，民 83）。

博士級諮商員資格檢定多是向美國心理學會申請，主要的理由是因為 CACREP 的審核標準是為碩士級的諮商員，雖然也自一九八一起核發過三十個博士級諮商員證照，但在就業時頗受限制 (Wittmer，1988；Randolph，1990，Hollis & Wants，1986)，而持有 APA 發給的合格證書者則能順利就業，所以大多數的博士級諮商員教育課程仍尋求 APA 的認可，博士班畢業的諮商員也樂意申請 APA 的證照。根據 Lanning (1988)，美國已有三百五十個諮商員教育課程申請了 APA 的認可，而由 CACREP 認可的只有百分之十。不過，專業諮商員與心理學家是不同的，兩者應該有所區別 (Lanning，1988；Wittmer，1988；Gladding，1985；Ivey & Cocalves，1987；Howard，1986)。因此，博士級諮商員是否應由 CACREP 而非 APA 核可其資格，已成為諮商學界的爭論課題。

教育部訓育委員會的輔導工作六年計劃中，對輔導／諮商員證照制度的建立列為專題研究之一，由林幸台及蕭文（民 81）主持「先進國家輔導專業人員層級及專業標準制度之分析研究」，以作為規劃建立證照制度的參考；另由陳若璋（民 83）主持「我國各級學校輔導／諮商員證照制度架構之分析與規劃」。前者是以美國各種與輔導有關的證照制度做了詳細的介紹和分析，後者則參考 CACREP 及 APA 的模式，以 Delphi 專家座談及各級學校諮商實務工作人員為對象做意見調查。此調查研究是以學校層級區分輔導諮商員的資格檢定標準，規劃出具共識的四層級學校（國小、國中、高中及大專）輔導諮商員的證照制度，包括基本教育的養成、專業經驗、專業審核標準與程序。結果顯示，「絕大多數學校輔導／諮商員希望由證照制度再提昇輔導工作之專業素質，也極爲看重養成教育中的必修課程、實習及合格督導的重要性；多數人肯定臨床經驗的貢獻，但過半數的工作人員反對以實務經驗來取代養成教育，……大多數人也同意，未來十五年內，在學校體制內，每一個學校至少有一位有照之輔導工作人員。」(p.133)

諮商員的角色與功能

諮商員角色與功能的界定，會受到許多因素的影響，如服務環境、別人對他的期望及他個人的認定等，都會對諮商員所應扮演的角色與應承擔的任務，有很大的差異，因而造成角色認知的混淆。就以學校諮商員爲例，雖然像美國學校諮商員協會 (ASCA Role Statement) 已陳明諮商員的角色，卻不見得獲得諮商員及相關人員的共識。Baker (1981) 就曾指出，「在討論諮商員角色時，只得到幾項結論：諮商員多依其發揮的功能界定其角色，而他們在學校表現的功能相當分歧，他們要考慮哪些比較優先，諸如諮商員、學生或學校諮詢員、行政人員、職業輔導專家、心理教育人員等。由於這些角色名稱的變化，使許多諮商員感到挫折。而挫折的原因在於諮商員覺得應由他們建立自己的角色 (p.247)。

實際上，諮商員角色不僅受限於他的職務及功能，也因機構內勢力團體的壓力和多方面對他的角色期望，使他的角色認知模糊、混淆及擴散。因此，要界定諮商員的角色，必須先認清角色的意義，釐清角色的優先順序，並解決角色的衝突問題。

□角色是什麼？

爲瞭解角色是什麼，得先說明角色 (role) 一字的來源。角色是舞台上演員所扮演的劇中人物，人物中有主角，有配角，一個好的演員，不論演的是主角或配角，能專心投入，把劇中人演活，也就是一舉手，一投足，均能表現出角色的人格。簡單一句話，演什麼像什麼。在生活的舞台上，我們都是演員，各人扮演著一個或多個角色，如丈夫、妻子、父親、母親、子女、老師、學生……等。我們要注意的是，角色的界定與角色人格、社會地位、身份、個人的能力與期望、別人的期望等有關。因此，對角色的認知，各人站在不同的立場或不同的角度，會有不同的看法。

不論從那一種立場或角度來界定角色，都會有一共識，角色是個人、別人或團體對特定人員所期待的行爲表現模式。諮商員的角色也就是依其所擔任的職務、職位、工作及功能，個人或他人或其服務機構所期待的行爲表現。爲此，個人的專業知能、專業經驗、價值觀和期望，以及諮商員與服務機構的契約、專業聲明、機構規章及同仁和學生等的期望，都是決定諮商員角色的因素。由此觀之，角色是隨著這些因素的變化而變化，難以控制而不變。角色的扮演是一動的行爲表現過程，隨著環境和期待的變動而變換。

□角色與期望

諮商員雖然可以期望自己應扮演的角色，但是諮商專業以外的人會抱著與諮商員不同的角色期望，即使他們對諮商員角色並不清楚。因此學者們爲釐清角色期望的眞相與差異，做了不少這方面的研究。在小學諮商員角色方面， Boy (1972) 指出，許多專業學術著作中，付予諮商員諮商以外的責任，例如任小學諮商員的主要責任是識別資優及低成就的學生 (Harrison，1961，1963)；領導教師在職訓練及協助教育評鑑 (Apostal，1962)；施測、保管資料、協助編班、協助教師瞭解學生、行政顧問、與校外機構合作及個別或團體輔導 (Meyer，1958)；輔導專家、諮詢及協調 (Garry，1963)；公關及諮詢 (Datjen & Datjen，1963)。 Shertzer & Lundy (1964) 研究發現，行政人員心目中的小學諮商員，應是協調、諮詢及諮商人員。 Foster (1967) 研究發現，小學教師、行政人員、諮商員、中學諮商員及諮商員教育學家都認爲與諮商有關的活動，是諮商員的主要功能。 McDougall & Reitan(1963) 調查一百六十九位小學校長發現，有百分之六十九校長認爲個別諮商協助學生解決其個人和人際問題，是小學諮商員最主要的功能。 Miller (1966) 問卷調查小學的一百七十五位諮商員、一百一十八位校長、三百一十二位教師發現，他們也都把諮商列爲諮商員功能的首位。

我國輔導學界對國民小學諮商員角色期望的研究不多，林幸台 (民 66) 的「我國國民小學輔導教師的角色及其背景與專業教育之研究「校長的期望與意見之分析」一篇研究，在探討校長對列舉的角色是否滿意，從中瞭解校長對小學諮商員角色的期望。

有關中學諮商員角色的研究很多，特別針對行政人員、教師、學生及家長的期望。行政人員與諮商員對諮商員角色的看法，往往有相當大的差異，Hart & Prince (1970) 指出，兩者之間對角色的認定會有衝突，行政人員不相信諮商員特別能幫助學生解決個人的和情緒的問題。Arbucle (1971) 綜合許多這方面的研究指出，行政人員比較重視諮商員爲⑴學校主管的助手，⑵學業及就業的顧問，⑶給行政人員提供學生資料，⑷幫助、規勸、說服學生適應學校的實際環境。而諮商員則認爲自己是⑴藉個別或團體諮商幫助學生自我認識，⑵保守諮商機密，⑶對自己負責比順應組織系統更重要。可能基於這些觀念上的差異或衝突，許多國內外的研究 (Agro，1971；Kriedberg，1972；Osorno，1972；Schreiner，1973；鄭熙彥，民 65，67；吳正勝，民 67；曾漢榮，民 68) 均發現學校行政人員、諮商員及教師等，對諮商員的角色功能不甚滿意（宋湘玲，林幸台，鄭熙彥，民 74）。不過滿意與否，意義模糊，很難藉以做客觀的判斷。然而爲什麼他們對諮商員的角色與功能都不滿意呢？值得做進一步的研究。

□諮商員角色的優先順序

優勢團體的壓力及外在不同的期望，是造成諮商員角色混淆的主因，而諮商員本身的認知模糊和來者不拒的心態，也是原因之一。誠如 Thompson (1965) 所說，沒有優先順序的指引，自然各人均依自己的看法，來決定諮商員該做什麼。Boy (1972) 也指出，如果諮商員自己不建立角色的優先順序，他將永遠從事那些與兒童個人基本問題無關的工作。

什麼是諮商員最重要的角色呢？Gibson (1990) 的研究發現，自一九七二到一九八〇教師們對諮商員角色的認定有了極大的改變，但他們始終認爲，對學生個別諮商是學校諮商員的首要責任。Foster (1967) 的調查研究也發現，一九六〇年代就公認與諮商有關的活動是諮商員最重要的功能。其他的研究如 McDougall & Reitan (1963)，McCreary & Miller (1966)，都認爲諮商員的主要角色是諮商，即運用諮商的過程及行爲科學的方法，幫助學生學習如何解決問題 (Boy，1972)，或在生計、個人成長、婚姻、家庭及其他人際問題方面做決定 (APGA，1980)。

美國學校諮商員協會 (ASCA，1977) 聲明，特別提出了小學、初中、高中及高中以上學校諮商員的優先角色與功能。小學：諮商員的責任在使每一學童認知自己的興趣、學習溝通的技巧、在家中的角色、做選擇和決定、發展積極的自我意像、能解決與別人的衝突、幻想未來的生活角色、並瞭解人際關係及工作社會。初中：提供全體學生個別諮商的環境，幫助學生瞭解自己而達到自我認定，幫助改善教育環境，並培養其個人及人際行爲的發展。爲此，諮商員應與教師們分享他的專長，敏覺青少年的需要，提供家長諮詢，及與其他助人機構的協調。諮商員對生計發展及團體輔導與諮商負有特別的責任。高中：諮商的功能在於不斷的幫助學生認識並滿足他們在教育、職業及個人和人際方面的需要。幫助學生發展做決定的能力，並能對他們的未來做計劃。諮商員應在評估學生的需要及擬定輔導計劃上，表現他的專長。對同事、家長、學生提供諮詢，提供學生自我評估、教育及職業計劃的資料，及轉介工作。高中以上：幫助個人蒐集資料、藉個別和團體諮商，幫助他們發展對自己、別人及環境的態度、洞察和瞭解，以使他們獲得最佳的成長和發展。提供學生教育、生計及個人和人關係方面的諮商。其他如諮詢、研究、定向輔導、協調、督導等，也是大專諮商員的份內工作。

從ASCA的諮商員角色聲明不難看出，學校諮商員的最主要的角色是個別和團體諮商，針對各發展層面的學生需要，幫助學生達成他們的發展任務，獲得最佳的成長與發展。學生的成長與發展受到多方面的因素影響，如何準備一個好的成長環境，剷除成長與發展的障礙，以發揮諮商的預防功能，也是諮商員理應考慮的。為此，諮商活動之外，諮商員尚有其他的次要及相關的角色，其中比較重要的包括諮詢(consultation)、協調(coordination)、需要評估(need assessment)、定向輔導(orientation)及生計發展(career development)等。預防角色旨在警覺學生可能發生偏差行為的信號，預先擬定計劃，期能預期、防範及阻止問題的發生(Gibson & Mitchell，1986)。

當學生發生嚴重的心理問題和困擾時，諮商員要扮演矯治的角色(remedial role)。矯治角色主要在幫助學生解決各種困擾問題，諸如學習困擾、人際困擾、心理困擾、單親學生心理及行為問題、喪親之痛、濫用藥物等。諮商員的矯治角色難免會與訓導扯上關係，而且會誤導行政人員認為矯治是諮商員的主要角色，老師也會把需要訓導的學生送給輔導中心，混淆了諮商與訓導的角色與功能，這是很危險的。如學生們看到同學因為行為不檢，而被送往輔導中心，很容易把諮商員與訓導人員聯想在一起，結果會造成諮商員的角色衝突（Remley & Allbright，1988；Stickel，Satchwell & Meyer，1991）。

□諮商員的角色功能

所謂角色功能就是諮商員能爲學生做什麼，並對學生會產生什麼影響。換句話說，就是諮商員所做的能產生什麼作用。爲瞭解諮商員角色的功能，多以諮商工作評鑑，對受輔者實施滿意度問卷調查，並建立客觀的標準。從諮商員本身的角度來看，有其所屬學會爲他們指定的角色功能，例如美國學校諮商員學會（ASCA）就有明文規定各級學校諮商員的角色與功能。然而，諮商員在實施諮商服務時，經常會受到各種外在因素的影響及別人對他們的期望，致使諮商員有角色認定的困擾，而產生挫折及無助感（Beker，1981）。

Morrill，Oetting & Hurst（1974）根據一般人通俗的看法，以魔術方塊結構圖形指出諮商員在學校各種情境中的角色功能。他從三個向度：諮商對象，包括個別及各種團體諮商；諮商目的，包括預防、矯治及發展；諮商方法與技術，包括直接服務、諮詢、訓練及媒介來說明（參閱 Gibson & Mitchell，1986，p.47）。藉此一解釋模式可識別並區分各種不同的諮商方案或諮商方法，同時也可作爲諮商員在各種情況下分類並說明可能的活動。

環境因素影響諮商員發揮角色功能甚巨，然而既使在不同的環境中，總有一決定諮商員角色功能的共同因素。這些共同因素包括專業機構的指導原則、證照制度的限制、尋求專業認可的規定及諮商員教育課程的期望等。此外，諮商員個人的因素，諸如個人的興趣、他人的鼓勵、校內外支援個人的工作意識、價值觀、態度及經驗等，都會影響諮商員的角色功能。傳統文化及社會變遷所引發的限制和人們新的需要及問題，也難免對諮商員的角色功能產生影響。

問卷調查是常用作評估諮商員角色功能的工具。國外如美國學者們對各級學校諮商員的角色功能做過研究（Finkel，1976；Conyne，1983；Dodge，1983；NCASC，1977；Ibrahim，Helms & Thompson，1983）。他們發現小學的諮商員多在發展預期、預防及處理問題發展方案方面，扮演主要的角色，從事個別及團體諮商、諮詢、價值澄清及升學輔導等任務。初級中學的諮商員則應重視青少年的發展及轉變期的需要。高中的諮商員的角色與功能在延伸傳統的諮商服務，兼顧社會變遷的需要，發展新的輔導方案，除個別與團體諮商外，強調生計輔導與諮商、提供教師及家長諮詢，及輔導行政。不同受訪者中，諮商員及學校行政人員比家長和商人更強調諮商員的諮商、諮詢及公共關係功能，家長和社會人士則重視諮商員的教育、生計規劃及轉介功能。

國內學者們，也有不少有關學校輔導老師角色功能的調查研究。綜合這些研究的結果，宋湘玲、林幸台、鄭熙彥（民74）指出，國民中學輔導教師對本身所表現的角色功能，多未感滿意；……在國民中學校長對國民中學輔導教師的角色功能，也多不表滿意……（p.107）。以學生為對象所做的研究，也發現學生雖然認為輔導工作對個人有幫助，但其評量水準並不高……（p.108）。

而以高中三年級學生對評量與輔導工作的反應而言，亦偏向少有幫助及沒有幫助兩種反應（p.108）。

總之，諮商員在多重壓力及期望之下，難免會對自己應扮演的角色認定產生困擾或衝突，但是他應依個人的專業背景、主要職位及工作性質，釐清自己角色與功能的優先順序，確定其主要的任務，行有餘力，再從事其他相關的工作。他必須認清什麼是最重要的，他不可能滿足所有人的期望，也不能爲所有的人做所有的事。爲幫助諮商員確定自己應扮演的角色，Podemski & Childers，Jr.（1982）建議學校諮商員與校長訂立心理契約（psychological contracting）。這樣的一份契約可幫助諮商員，陳明自己在學校角色的操作定義，對角色的清悉認知，有助於扮演好此一角色，並發揮諮商應有的功能。

諮商員的專業倫理

從事任何職業，要遵守職業道德。諮商不僅是一種職業，也是一種專業，諮商員自然也應遵守專業道德。道德偏重在解釋行爲本身好、壞、對、錯、善、惡，是否符合道德原則，在字義上與倫理不同；而倫理則是規範行爲的原則，據以檢視行爲的對錯（牛格正，民 80）。但在諮商專業倫理中，專業道德與專業倫理兩個名詞可以通用。不過我認爲，用專業倫理比較適當，因爲諮商員的專業操守須遵照專業倫理，而專業倫理所規範的行爲，不一定是道德行爲，例如諮商員的責任中，有些只是專業倫理的責任，與道德沒有直接的關係。

□什麼是諮商專業倫理？

諮商倫理是建基於諮商員與當事人之間的專業關係上。諮商關係是一種特殊的人際關係，也是一種單向的輔助關係。在這種特殊關係中，諮商員對當事人以及與他有關的個人、團體、機構和社會，負有專業行爲上的責任，並受到專業倫理規範的限制。Van Hoose & Kottler (1977) 給諮商倫理的定義是，「諮商倫理是諮商員在諮商實務中，根據個人的哲學理念及價值觀、服務機構的規定、諮商專業倫理規範等，作合理而正直的道德抉擇之系統方式。」(p.18) 實際上，諮商專業倫理與個人的價值觀、人生觀、諮商立場、道德原則、法律規章、特別是諮商專業倫理守則，有密切的關係，諮商員在對自己的專業行爲做判斷時，須做多方面的思考。

諮商倫理是一種實踐哲學，實踐倫理就是要按照專業倫理守則和道德規範踐諸實行，而專業倫理行爲就是經過正直的理性判斷和自由抉擇的行爲。要注意的是，倫理行爲必須是理性的及自由的行爲，從而產生行爲的倫理責任；但是理性的或自由的行爲不一定就是倫理行爲。因此，要判斷諮商員的行爲是否是符合倫理或不符合倫理，必須要看此一行爲是否合理，並是否在非被強制的情形下，由諮商員自主決定的行爲。

□專業倫理規範

諮商專業倫理規範是諮商員一系列自我行爲約束的倫理原則，或界定諮商關係中諮商員與當事人之間權責的原則（牛格正，民 80，p.49)。Van Hoose & Kottler (1985) 指出，所有的專業都有規範行爲的原則。爲諮商員一如爲其他的專業人員，都訂有專業操守的規則，以使此專業得以正常發展。因此，一個專業不只是一些修養的知識，而跟制裁、適法性、情境、知識及運作的方法或技術的運用等問題有關。簡單的說，一個專業試圖建立一系列獨特的規範，以表現及控制行爲，建立標準的結構以發展、測驗及控制這些象徵規範 (Bolan，1980)。專業倫理守則不像基本的道德原則或規律那麼有絕對性、不變性及普遍性，它是富有彈性的原則性準則，使諮商員在實施諮商實務時有所遵循。

專業倫理規範的目的，是在提供諮商員實際工作的立場和標準，爲幫助本專業的人員，遇有衝突時，決定他應該如何處理；幫助諮商員澄清他對當事人及社會的責任；提供本專業不因諮商員行爲而蒙羞的保障；使社會大衆對諮商員尊重社會風俗和期望的信心；最後，倫理規範使諮商員得以保障其專業自由及完整 (Van Hoose & Kottler，1985，p.10)。此外，專業倫理規範是爲保護大衆不爲冒牌諮商員所欺騙；保護本專業避免以下的三種危險：(1)政府或立法人員的干擾，(2)因內在分歧而自毀，(3)別人對諮商員的搔擾 (ibid，p.11)。應注意的是，專業倫理規範只是原則性的指示，未對個別的問題提出解決之道，諮商員個人的倫理意識及倫理責任感，在處理倫理衝突問題時，仍屬倫理判斷的關鍵。

中國輔導學會已於民國七十八年，建立了會員專業倫理守則，其內容是根據倫理原則、社會規範及法律規定，並參考國內外既有的諮商員倫理規範及國內實際情況，說明諮商員的專業倫理責任及操守準則。內容共分十二項九十九目，主要包括諮商員實施諮商的一般原則，諮商員的倫理責任，當事人的基本權益，有關保護諮商機密的指示，團體諮商的倫理問題、測驗與評量的倫理規範、研究與出版的注意事項、諮詢服務倫理規範、給青少年諮商的倫理守則及諮商員教育與督導有關的倫理問題等。近年來台灣社會的急遽變化，社會問題的擴增，以及諮商服務需要層面的擴張，本倫理守則有待修訂與補充，包括諮商資料電腦系統化的倫理問題、婚姻與家庭諮商、老人諮商、濫用藥物諮商、受虐兒童諮商、墮胎諮商及同性戀諮商等的倫理問題。這些特殊的諮商服務，均需要有特定的倫理規範，以保障當事人的權益和諮商員的專業安全。

專業倫理知識

對專業的諮商員來說，諮商倫理知識是非常重要的，瞭解諮商關係中的倫理問題，不僅能保護當事人的基本權益，諮商員自己也可避免行爲上的錯誤。尤其在消費意識不斷升高的情形下，倫理知識的充實，也可免除因處理不當而導致的法律訴訟。Cormier & Bernard (1982) 曾指出，「近年來，當事人對諮商專業的態度逐漸改變，當事人變成消費者。其結果使諮商員及接受諮商者都很重視責任心 (accountability) ，並引發出倫理問題的法律牽連。這種變化不能說不好，常久以來，當事人分不清想像中的失敗是助人者的還是他自己的，迄今仍然如此」(p.486) 。

諮商員的專業倫理教育逐漸受到重視，在美國據，Lipsitz (1985) 指出，研究發現過去三十年中，提供倫理訓練的機會增加了七倍，約有百分之九十二的受訪者承認，在他們的課程中有系統的倫理訓練，其中有百分之五十一接受過正式的倫理教育，其他百分之四十一在所修的科目中討論過倫理的問題。我國輔導學界也開始重視諮商倫理的問題，彰化師大自輔導研究所成立之初，就開設了諮商倫理課程，雖然由必修而改爲選修，仍然選修此課的研究生不在少數。民國六十九年輔研所開辦教師在職進修，各班也都有諮商倫理課。其他短期諮商員訓練課程中，偶而也排有諮商倫理。

諮商員應具備的專業諮商倫理知識，至少應包括下列幾項：⑴當事人的知後同意權：自主是當事人的基本權利，他有權接受或拒絕諮商，諮商員不可以予以強制，而應徵得其同意。爲使他能決定是否接受諮商，諮商員有責任提供他有關諮商員及諮商過程的資料，以幫助他做決定。在實施測驗及做研究方面，也應尊重接受測驗或參與研究者的知後同意權。⑵諮商機密：諮商關係是一種機密關係（confidential relationship）。基於當事人的基本隱私權及溝通特權，他在諮商關係中所說的，有權要求保密，諮商員也有責任爲他保密，沒有他的許可，諮商員不可外洩。由於保密責任中有一些限制，例如當事人控告諮商員，他便自動放棄了溝通特權，……所以不要輕易答應他絕對保密。但是在諮商以前，要告知當事人有關他的權利及保密問題的細節。其他如與當事人諮商有關的來往信函、文件、錄音、錄影、談話記錄、測驗資料等，也都屬專業機密，不得任意公開。⑶雙重關係：諮商既然是一種專業的特殊人際關係，與一般的人際關係不同，也不能讓其他的人際關係介入諮商關係，以免防礙諮商的正常運作。例如諮商員與當事人有親屬關係、朋友關係、親密關係或性關係時，均不宜在他們之間建立諮商關係，如果及時發現存有這種雙重關係，應立刻停止諮商關係，因為感情介入會影響諮商員對當事人問題的客觀判斷。⑷轉介責任：諮商員若因當事人的問題超越了自己的專業知能，無法提供專業協助，或因上述的雙重關係必須停止諮商關係時，應將當事人轉介給其他可提供其專業協助的專家，若當事人不同意轉介，諮商員沒有義務繼續諮商關係。⑸安全措施：個別或團體諮商進行時，應注意安全措施，避免可能引發當事人心理不安的言行、技術及活動，若必須使用某些具有危險性或可能產生副作用的技術或活動時，應預先做好安全措施，並尊重當事人的自主權，以免他受到傷害。⑹結束諮商：諮商員應對諮商的結束負起責任。一般而言，諮商過程是漸進的，諮商的結束也要看諮商的進展而決定。諮商員可在諮商進行時，視情況與當事人研商結束的時間。當事人有權隨時結束諮商，而諮商員若因故無法繼續諮商，應做好轉介措施，以免被當事人提出被遺棄之訴怨。至於其他有關當事人的權益及諮商員的專業、倫理及法律責任等問題細節，請參閱中國輔導學會會員專業倫理守則，及牛格正（民80）諮商專業倫理。在本書的最後一章也將作簡要的說明。

Chapter 5

諮商的理論基礎

諮商服務的對象是當事人，如何瞭解當事人是諮商員首要解決的問題。研究人學，諸如生物學、心理學、社會學、人類學及哲學，已有相當深入的研究成果，並建立了行為科學及哲學的理論，作為解釋人類生活的原則。諮商拜這些理論之賜，把它們融合為一，作為建立諮商理論與實務工作的依據。以下分別說明諮商的幾個主要理論的基礎。

諮商的生物學基礎

生物學是研究包括人、動物、植物的生物組織、生態及生理現象的科學。人既然屬生物之類，自然也有生物共有的特徵。例如人的身體組織、生理結構，與動物類似，是多元化的，包括細胞組織，神經系統、消化系統、分泌系統、泌尿系統及生殖系統等，這些構成人的動物生命。人與動物之間，雖有許多人之所以爲人的基本差異，以及人獨有的人的生命，但動物生命中本能的反應與需要，以及身體各組織系統間的調適與失調，都會影響人的行爲。爲此，生物學的研究結果，對人類行爲的解釋與瞭解，有很大的幫助。

□生物學對心理學的影響

心理學是研究人類行爲的科學，而人的行爲受到許多生理因素的影響，因此，心理學家和諮商員研究如何處理行爲問題時，會考慮行爲的生理因素。他們的努力產生了許多以生理爲基礎的處理行爲的方法，諸如生物回饋（biofeedback），默想（meditation），鬆弛訓練（relaxation training），瑜珈（yoga），運動治療（exercise therapy），以及 Freud 的心理分析等都是以生物學爲基礎的心理療法。其它如完形心理學、發展心理學，以及濫用藥物治療、酗酒治療、墮胎諮商、保健諮商、性治療、復建諮商等，多少都基於生物學的理論，研究其與行爲和心理的關係。

□行為的生物環境因素

我們日常生活及諮商中所遇到的問題，幾乎都跟人的發展過程中生理與環境的交互作用有關。遺傳造成人身體及智能的個別差異，母胎中及初生時的狀況會影響嬰兒的健康或不正常的發育；在發展的過程中，生活環境的好壞會影響人內在的生理變化，而外顯行爲也與人的內在生態有關。許多偏差、異常及病態行爲多起因於個人有機體及環境交互作用的影響。衣、食、住、行、慾是人日常生活的基本需要，而這些需要的滿足與否，直接影響人的健康、情緒、心態和行爲。因此，諮商員在諮商過程中，不能不注意人的生理機制以及其與環境的交互作用，對他所遭遇的行爲困擾和問題的影響。許多研究證實，人的生理結構與心理結構是互依及互相關聯的，人的腦中樞及腦半球的特殊部位，與人的特種心理狀態和過程有關(Butter，1968；Schwartz，1978；Harper，1981)。這意味著生理層面的現象一如其它的社會、心理及發展因素介入人格的發展過程，同時，也提示諮商員在試圖瞭解當事人的行爲時，要多關心他的生物層面，以作更有效的診斷、諮商及轉介。

□生物理論在諮商中的應用

從生物學的觀點來看，就如 Harper (1981) 所說，諮商過程可視爲兩個生物系統或有機體的互動過程，一方有意幫助另一方在各種生態環境中生存、適應及發展。諮商員要提昇此一互動的品質，就得覺知生物狀況如何影響諮商的過程。例如身體的疲倦狀態、飢餓、暴飲暴食、疼痛及緊張等，會對諮商員的感覺和思維有不良的影響，也會分散他對當事人行爲的注意力。若諮商員的生理保持鬆弛不緊張的狀態，他才能與當事人好好晤談，心神集中，他才能注意別人的生理需要。

由此可見，身體的狀況不僅影響人的心情、態度和工作效能，也與整個人的行爲有密切的關係。拉丁文有句成語："Mens sana in corpore sano"，譯成中文就是，「健康的心理寓於健康的身體」。這正說明了生理與心理的相互影響，也提示諮商員，若要眞正瞭解人的行爲，不能不考慮影響心理及行爲的生理因素。

諮商過程是很吃力的，諮商員必須專注於觀察、傾聽、分析及統整記憶中的新舊資料、並過濾語言訊息，設計問答方式和溝通技巧，以適應當事人接收和反應的能力。這一連串的腦力激盪是頗耗費精力的，久而久之，也會成爲諮商員職業倦怠的因素之一。

諮商的心理學基礎

心理學是研究行爲科學的一種，諮商與心理學的關係最密切，因許多心理學的原則提供了諮商理論和實務的依據。Harper (1981) 甚至批評人格心理學及其相關的諮商理論，過份依賴心理結構，諸如思想、知覺、情緒、心理發展、自我觀念、刺激反應、認同、動機及人際動力等，而忽略了人格的生物層面。實際上，心理因素對瞭解人的行爲是非常重要的。以下就應用於諮商理論與實務的心理原則，作一簡單的說明。

一人格發展理論

人格發展理論是建立諮商理論的基礎之一，諮商實務也是諮商員依其對人格發展的瞭解，而採用的諮商模式。發展心理學的研究提供了有關人發展的過程、原則、階段及任務，諮商員得藉以策劃各發展階段的諮商目標、方法、技術和活動，以幫助人充分的成長與發展。例如 Frickson 的八階段發展過程，清楚地說明各階段中發展的角色和任務，其對嬰兒養育、幼兒保育、兒童教育與輔導、青少年輔導與諮商，以及青年、成人和老人輔導與諮商，提供了很明確的方向及原則，頗有值得諮商員參考的價值。

人格心理學的最大貢獻，是組成人格的人格特質（characteristics）及其與環境的交互作用。人格是人的非常複雜的實體，包括他的一致性、可變性、主體性、客體性、分化性、統整性、獨特性、適應性以及他的生理層面、心理層面、精神層面和超個人層面的特性，幾乎沒有一個人格理論，能把人的人格作完整的解釋，但每一人格理論可提供我們從某一角度去瞭解人格的方向。例如人格是人獨有的特徵，據以分清人與其他動物的基本差異；主體我的一致性及自主性，使我們尊重人的人格及其對自己行爲的主導能力；由各人格特質組成的客體我觀念，使我們了解自我觀念的形成，及其對行爲的影響；人格特質的不變性和可變性，讓我們知悉人的自我認定及適應和因應方式，以及改變自我觀念、重組人格及塑造人格的可能等。

□個別差異原則

心理學研究的另一成就，是發現人的個別差異外。人在心理方面也有個別差異，並爲測驗及解釋個別差異的意義，發展出科學化及標準化的工具，對輔導及諮商提供了非常有利的參考。藉標準化的測驗，諮商員可知悉當事人在人格、智能、性向、情緒反應及興趣各方面的差異，常態分配曲線的建立及統計方法的發展，幫助解釋差異間的意義及其對各人做人、處事、升學、就業及生活計劃的影響。諮商員了解了個別差異的原則，才能幫助當事人確認其人格的獨特性及其與別人不同的原因所在，並依自己獨特而具體的才智和能力，爲自己的學程和生計作適當的發展計劃。

□學習原則

人的行為絕大部分是學習來的。心理學在學習過程、學習原則、學習方法、學習動機、學習興趣及學習行為各方面有非常高的成就。行為學派的古典及操作制約學習理論，提供了連接及增強的學習原則；認知學習理論發展出信念辨識、認知重組及自我指導的學習方法和原則；社會學習理論更指出觀察、模仿、示範、操習、演練及社會劇和心理劇等的學習方法和原則。這些學習的原則都成為諮商員協助當事人成長、發展、改變行為、計劃未來的有利工具。人生本來就是一個學習過程，人在學習過程中成長。同樣，諮商也是一個學習過程，當事人在諮商過程中，學習什麼該學習及不該學習，學習如何學習，學習做人處事、面對問題、解決問題及做決定的技巧，並學習認識自己及自己所處的環境。為此，心理學所提供的學習原則，在諮商中最能派上用場。

□需要理論

人的問題是因為身心的不平衡所引起，失衡則多肇因於身心需要的未獲滿足，因此，心理學家依生物學的持平原則 (homeostasis)，發展出心理需求理論。Freud 從性需求的未獲滿足，而建立了行為的潛意識動力理論，對心理分析和治療產生了極大的震撼。Perls 也強調覺知自己未完成的事 (unfinished busines)，以說明需要滿足與否對個人行為的影響。Maslow 的需求理論更成了諮商員做輔導工作計劃時，評估學生需要的依據，及瞭解行為、情緒和思想失衡的參考。根據 Maslow ，人的基本的需要，包括生理、安全、愛與歸屬、自尊、自我實現、求知、審美及超個人等需要，這些需要的滿足是彼此相關聯的，而且有層次或等級之分。生理的需要是最基本的，安全需要可分為身體的及心理的兩個層面，生理和身體的基本需要不能滿足，會影響其他心理及精神需要的滿足。

諮商服務的主要目的，即在滿足個人的心理及精神的需求，使他能在獲得身心需求滿足的情況下，保持生理和心理的平衡，充分發揮他的潛能，達成最佳的成長和發展。為此諮商員若要做好諮商服務，眞正發揮諮商的功能，就須了解各年齡層當事人的身心需要，以擬訂適當的輔導與諮商計劃和技術，幫助他們滿足他們的需要。為達到此一輔導與諮商的效果，諮商員得熟悉有關的需要理論，並瞭解各層面的需要對個人行為、成長、與發展的關係、影響及意義。

人的需要除生理的基本需要外，還有類似生理的需要，Maslow (1969) 稱之為 (instinctoid) ，意指這些需要不是生理的，卻類似生理的，因為從遺傳的觀點來看，多少受基因的決定。這些是人的高層次的需要，包括愛的需要、友誼的需要、尊嚴的需要、自尊的需要、獨立的需要及自我實現的需要。其中尊嚴的需要是人的最基本的權利。如果這些需要不能獲得滿足的話，就會產生心理的困擾或心理疾病。即使這些需要獲得了滿足，另一種需要出現， Maslow 稱之為超人文的 (transhumanistic) 需要，它們會促動、興奮、激發已經覺得幸運、發展和自我實現的人，追尋更高層的滿足，那就是終極的眞理、內在價值，亦即眞、善、美、聖、卓越、純樸、精緻等 (Hartman，1967)，也就是超個人心理學研究的超經驗 (transcendental experience) 或超價值 (transcendental value)。

▢超個人經驗的事實

超個人心理學 (Transpersonal Psychology) 被稱為心理學的第四勢力。根據 Sutich (1969) 的定義，超個人心理學是根據實驗科學研究的事實，研究個人及人類的超越的需要 (meta-needs)、最終的價值 (ultimate value)、統合意識 (unitive consciousness)、高峰經驗 (peak experience)、幸福 (bliss)、自我超越 (self transcendence)、終極意義 (ultimate meaning)、合一 (oneness)……等。超個人心理學的興起，已激發了心理學者及諮商學者們對人的終極和積極需要的研究，並發展出許多促進精神成長的方法和技術，在個別及團體諮商，特別是成長團體中，已被廣泛的運用，其成效亦頗為顯著。

超個人心理學的迅速發展，已從個人成長中心或個人發展中心，到超個人心理學院或中心，不斷的增加，有關超個人心理、諮商與治療學術和文獻也越來越多，超個人諮商方法和技術更不斷的推陳出新。其用於提昇諮商境界及對未來諮商發展的影響，是可預期的。諮商員應有心理準備，充實超個人心理學理論及實務經驗，以面對人們的超個人需求，使諮商工作發揮更高的功能。

諮商的社會學基礎

諮商不論是個別或團體的，都是人與人的互動與溝通過程。尤其是在團體諮商中，團體動力學的原則是團體領導者必備的知識。對社會規範、社會倫理以及傳統文化和習俗，諮商員也都應有相當的認識。此外，社會組織的變化及社會環境變遷對青少年及青年行爲及發展的影響，諮商員更不能不清楚。社會學就是研究人的社會組織、社會環境、社會變遷及人在社會中的集體行爲。社會學領域中的社會心理學及社會工作，與諮商有密切的關係。社會心理學是研究人在其所處社會環境中的個人或團體行爲，特別是人與人之間的互動關係及相互影響。社會工作則著重促進社區住民福利活動及服務的研究，包括家庭保健、社會福利、 照顧貧病、老人安養等。這些社會學、社會心理學、社會工作、人類學等有關人類行爲及文化發展的理論與原則，諮商員在輔導與諮商過程中都會涉及到。以下僅就其中與諮商最有關聯的理論，作一簡單的說明。

□社會變遷對人的影響

人生於社會、長於社會、死於社會。社會組織、型態、制度及各種現象的變化都會影響到人的生活。例如我國從農業變爲工業社會，造成職業婦女的日增、夫妻異地而居、爲工作而奔波等，難免就疏於對子女的照顧，導致許多兒童和青少年的行爲問題。再如家庭制度由大而小的改變，離婚率的增加、各種社會亂象的浮現，隨之出現單親子女的行爲問題、暴力犯罪的傾向、色情泛濫、青少年犯罪日增、濫用藥物等問題，自然就需要助人者更多的關懷，也隨之增加了他們的責任。

□系統理論

系統係指部分與整體有秩序及一致的相互關係。在一個系統中，各份子藉團隊的運作發揮指定的功能。系統理論強調個人與團體之間、行爲與行爲之間的關係。個人是團體的一份子，個人的行爲影響整個團體的運作、效能、團結及聲譽。團體的系統組織、結構、型態及運作，也會影響個人的行爲。一般青少年的行爲與家庭系統、學校系統及社區環境有密切的關係。例如當事人的行爲問題直接與其家庭系統有關，包括親子系統、同胞系統、或婚姻系統的運作失調以及祖父母與父母的關係等，都能是影響他行爲問題的因素。爲此，諮商員在試圖瞭解學生的問題時，有必要參考系統理論的互動理念及原則，以洞察個人與系統之間的相互影響，恢復其應有的功能。

□團體動力學

團體動力學在研究社會團體變化的內在動力因素，並探討團體的形成、組織型態、團體進行的過程，及改變團員行爲的技術，以達成團體組織的目標。團體動力學的理論與原則，是諮商員領導團體必備的基本知識。舉凡各種輔導及諮商團體，諸如訓練團體、會心團體、成長團體、諮商團體、治療團體，以及各學派的團體模式，莫不以團體動力學的原則爲領導的指南。爲因應現實的需要，團體輔導與團體諮商已成爲社區機構及學校最常使用的助人方法，諮商員若要有效的發揮領導的功能，必須對團體組成的原則、團體發展過程中的起伏動盪現象、團員行爲與團體行爲之間的相互影響、團體思考與團體凝聚力，以及團員及領導者的行爲及其相互關係等，有深入的瞭解。沒有團體動力學的基本知識，諮商員不易處理團體中的問題。

□社會影響理論

社會影響(social influence)是產生諮商效果的動力因素之一，也許就是促進諮商過程順利進行的主要動力。許多學者對社會影響做過深入的研究和實驗，早在一八九七年 Triplett 就社會催化功能(social facili-tation)做過實驗，以驗證競爭對個人行爲的影響。Travis (1925) 及 Pessin & Husband (1933) 研究個人及團體行爲在觀衆面前表現的情形。這些早期的研究沒有證實觀衆的在場會對行爲表現有一致的影響，實是由於環境的其他因素之干擾。Markus (1978) 卻證實，有別人在場，能對熟悉的工作做得更好。其他學者如 Allport (1920)，Weston & English (1926)，Farnsworth (1928) 等人特別對社會影響做研究，結果雖不一致，卻激起後進對這方面的研究。

在社會影響應用於諮商方面的研究，以 Strong (1968) 的人際影響過程理論影響最大。他依社會學的社會影響及態度改變等理論，來探討諮商的歷程。他認爲，諮商初期，若諮商員在當事人的眼中具有專家(expertness)、吸引力(attractiveness)及可信任(trustworthiness)形象，將會增強他對當事人的影響力，在後續的諮商過程中，也會對當事人行爲及態度的改變產生影響。根據 Strong 的理論，Egan (1986) 建立了他的問題處理諮商模式 (Problem Mamagement Model)，強調助人過程就是社會影響過程，當事人在諮商過程中的經驗，亦即他對諮商員的知覺，與諮商的效果密切相關。

□社會測量及社會資源之利用

諮商的主要功能即在預防、矯治及發展。爲達到這三種功能，必須先瞭解學生的情形，包括他們的需要、行爲型態及其與生活環境的互動關係。在瞭解學生情形的方法中，社會測量、(sociome-tric) 是很實用的方法之一，它以最簡便的方式，測知個人在團體中的地位、人際關係、親和力、受重視的程度及影響力和領導力等。測出的結果有助於學生潛能發展的計劃、同儕諮商員的選擇、孤立行爲的輔導與矯治及班級問題的預防及輔導。

諮商是一個團隊工作，需要多方面的支援，藉多元社會資援的協助，才能發揮其輔助功能。此外，當事人的成長與發展、行爲問題或問題行爲的發生以及協助解決問題過程等，往往涉及許多外在因素的影響，而非諮商員獨力所能解決，必須藉助多方面的支援。個人的行爲問題或問題行爲固然應歸因於他個人的自主性抉擇，但也受到許多外在因素的影響。爲解決這些行爲的影響因素，需要相關人事的配合，非諮商員一人能力所及。例如未成年的當事人或老人的問題，不僅是他們個人的問題，也與家庭問題、居住環境問題、師生關係問題、同儕關係、師生互動、學校政策、社會規範、社會福利、兒童及青少年福利法、老人福利法等問題有關，這些問題的解決有賴家庭、學校、社區、政府、社工人員、立法人員等的介入與配合，諮商員才能有效的發揮諮商的功能。

諮商的哲學基礎

哲學是形成宇宙存在的統整而一致的觀念，以瞭解其最終的性質。換言之，其他自然科學、社會科學、行爲科學所研究出來的各種自然現象，是由哲學來做最後的解釋，找出最終的原因，提供存在的終極意義與目的。哲學研究的範圍很廣，包括形上學 (metaphisics) 或實體論 (ontology) ，在討論宇宙中各存在的意義與目的；認識論 (epistemology) 研究知識的眞象、知的過程、知的性質及眞理；邏輯或理則學 (logic) 說明人類理性思考的法則及思維、抉擇和判斷的過程；宇宙論 (cosmology) 研究宇宙的最基本的性質及特質；倫理學 (ethics) 亦稱爲實踐哲學，在研究人類行爲的規範及做人的道理，故也稱爲人生哲學；神論 (theodicy) 以理性的邏輯思考，驗證宇宙之源，大自然系統秩序背後的最高智慧。

諮商的主要目的，在幫助人瞭解自己、瞭解其環境及個人與環境之間的關係，以便在所處的環境中實現自己，生活的幸福愉快。由此可見，諮商本身就是一套哲學理念體系，以哲學的理念及原則爲基礎，來幫助人建立他的人性觀、價值觀、人生觀、宇宙觀、及自我觀念，並學習如何肯定自己的尊嚴和價值，如何對自己的行爲負責，如何爲自己的人生規劃可行的發展途徑，使自己活的更充實更有價值。具體而言，哲學爲諮商所提供的最基本的基礎原則，包括以下幾項：

□人的基本尊嚴與價值

我是誰？諮商員要先能答覆這個問題，他才能面對當事人，也才能幫助他瞭解他是誰。哲學告訴我們人之所以爲人的基本特質、人與其他動物的基本差異、人的尊嚴與價值及人發展的最終目標。諮商最特殊的一點就是要有人味（humane），這也是諮商關係與其他人際關係不同之處，在富有人味的諮商關係中，當事人感到溫暖、輕鬆、自在、無拘無束的談問題，因爲他感覺受到尊重。因而他也覺知自己的價值、尊嚴及責任，釐清他自己對自己及對別人的看法，肯定自己的自主能力，並爲自己的的選擇、決定及行爲負起責任。

□人有天賦自我指導的能力

諮商不是替人解決問題，而是幫助他瞭解自己，自己處理個人及人際的關係，調適個人的生活，在生活過程中成長與發展。我們面對的一個問題是：社會、學校、或人自己能提供多少對他發展的協助？如果沒有專業輔導與諮商的協助，能不能面對其生活的問題呢？這就要看個人的人性觀，如果我們承認人有天賦的自我發展及自我指導的潛能，那麼人只要在有利的環境中及個人本身的條件下，就能自我成長與發展。關鍵就在人是否覺知自己的能力及必要的資訊，環境是否有利於其長發揮他的潛能。諮商就是在這一信念指引下，提供人有利於發展的環境，幫助他覺知自己的能力，掃除不利其成長的障礙，教導他一些人際交往必備的技巧，人自己便會指導自己發展的方向，充分發揮其發展功能。

□自我成長繫於自己與環境的互動關係

人是在所處的環境中實現自己。換言之，人的生存無處不需要別人的幫助，但是他必須有一個清晰而現實的自我意像，並肯定自己能藉與別人及物質環境的互動，來滿足自己的需要。他的價值觀、人生觀及生活態度直接影響他與別人、團體、社會、文化及物質還境的關係，進而影響生活滿足的層面，及自我實現的程度。

□學習的基本法則

諮商是一個學習過程，行爲的改變是由經驗學習所致，一方面人的理性決定他的學習能力，另方面諮商員提供他有利的學習環境及技巧，以促進他的學習速度和效果。在諮商學者中間雖有指導與非指導之爭，這一有組織的學習原則是不變的。不論是人格發展理論或學習理論，也不論學方式是制約(conditioning)、認知(cognitive)或社會(social)學習，都遵循此一不變的學習原則。我們應注意的是，人的學習不只是一種本能的反應，雖然人也能做本能反應的學習，但人的學習主要是經驗的反省，是象徵符號的理解，是藉歸納形成抽象的觀念，藉演繹導出類化的原則等。對人的知的問題，哲學中的知識論所提出的基本原則，是諮商員必備的知識。

□倫理原則

諮商是一專業的人際關係及單向的輔畜關係。人與人之間的關係由倫理來維繫，諮商員與當事人之間的關係則由專業倫理來規範。諮商專業倫理雖然有其獨特的規範限制，而其整體的規範架構不能逾越道德原則的範圍。倫理學既是實踐哲學，它提供人行爲的準則，以作爲行爲的道德基礎。換言之，倫理學即在說明人與人之間如何彼此相對待，才符合做人的道理。就諮商來說，倫理即提示諮商員如何對待當事人，才不會對當事人造成傷害。

諮商員判斷自己的行爲是否符合倫理，離不開價值的問題。諮商員的價值觀指引他確認什麼爲當事人最好，如何做才爲當事人有利，遇有兩難問題或角色衝突時，怎樣處理應對等。價值觀的形成是根據他的倫理意識，亦即他對人、地、 事、物及行爲之本質的看法；倫理意識導引他的倫理思考和判斷的方向，進而責成他執行判斷的行爲責任。倫理學的規範原則幫助諮商員建立其價值觀。成熟而正確的倫理價值觀，在他與當事人的價值觀存有衝突時，有利於幫助當事人釐清他的價值觀，而產生行爲的改變。

總之，人是非常複雜的，借用 Aristotle 的話，人是一個小宇宙，要瞭解人的行爲，並幫助人瞭解自己，不是一件容易的事。所幸科學與哲學的研究，提供了我們許多有關人的知識，使我們可從人的生理、心理、精神及本質各方面來瞭解人。諮商員可借重這些科學與哲學所建立的理論和原則，對當事人的問題和困擾，做有系統的分析、整合、與解釋，才不致誤導。應注意的是，人雖然是一個身、心、靈的接合體，也可從這三種不同的角度來瞭解人各層面的運作，但不能只從單一層面的現象，解釋人的整體行爲，因爲人是一統整的實體，身、心、靈是在自我的自主控制下，相互配合與調適，形成整個人的行爲。

Chapter 6

諮商理論與實務的關係

生物學、心理學、社會學及哲學提供給諮商建立理論與實務的理論基礎。諮商理論學者對這些理論基礎重視的程度不同，採用的範圍有異，或以不同的角度解釋行為，產生了諮商理論彼此之間的差異。究竟有多少諮商理論？形成諮商理論的基本要件是什麼？理論與實務有何關係？以下就對這幾個問題予以討論。

諮商理論的性質

首先要說明的，理論是什麼？對這個問題學者們也沒有一致的看法。English & English (1974) 指理論是一套有事實為根據的普通原則，以描述某些現象，或說明這些事實之間的關係。Pepper (1961) 認為，理論應建立於事實及事實之間的關係上，並予以說明這些關係，把有關的原始資料簡化，便於記憶，這裡我們要分清的是，主張理論是一套原則的，比較符合邏輯，但不一定實用，也不一定能用科學來驗證；以事實為根據的理論，說明事實之間的關係，這一主張比較科學化。以事實為基礎來解釋理論，是把理論視為一認知模式 (conceptual model) ，就是由發生的事件來推論其理由的合理化過程。要使對發生的事件作合理的解釋，就得先假定一些推理的過程，然後預測這些假設的理由可能解釋事件的發生。Freud 的理論就是這一類型，根據他對病患的觀察，以推理的方法解釋人格的結構及人格發展。

心理學及諮商理論比較強調實徵性而有系統的假設 (systematic assumptions) ，說明它們之間的關聯性，並作有意義的解釋。故理論也可說是一系列的定義，包括事實資料、相關的假設及實徵性意義。有些學者以比喻來說明理論的性質，例如 McCabe (1958) 把理論比作一面鏡子，可使我們藉以看清事實之間的關係；Pepinsky & Pepinsky (1954) 把理論比喻為一個可能的世界 (a possible world) ，能以眞實的世界來驗證。Stefire & Grant (1972) 以地圖來比喻理論，他們認為理論就像一張地圖，根據地圖上標示的地點，我們可從這些地點之間推論出通路。一個好的地圖能加入新知，並指明正確的方向，一個不好的地圖會誤導我們，要把它撕毀。

從上述的的一些看法可找出一個共同點，理論是一種基於事實的信念系統 (a system of belief based on reality) 。誠如 Patterson (1986) 所說，「理論不只是一種意見 (opinion) 、一種臆測 (speculation) 、一種立場聲明 (statement of position) 或一種觀點 (a point of view) ，也不只是從經驗或研究衍生出來的知識、原則或方法的摘要；理論是組織並統整知識的企圖，以答覆為什麼的問題。理論是以規律或原則的形式組織、解釋及說明一領域的事實和知識。把已知的加以組織，可使我們作有系統的說明，從而導出解釋和預測，繼而作有系統的驗證」(xix)。

諮商理論與其他理論在架構上並無不同，都應具備理論建構的條件。但是若從功能及目的來看，諮商理論有明顯的解釋和預測個人行為改變的功能和目的。因此，Berger & Seaborne (1966)強調，諮商理論有預測價值，也就是說，諮商理論具有前瞻性，它提供諮商員一系列的行為後果。基於這個原因，Belgin (1977)肯定地指出，諮商理論是一系列有關行為的假定，以解釋行為的型態，指出諮商過程中可能產生的結果。這些假定乃集合哲學、心理學及直覺對人、諮商本身的理念和諮商員個人的假設而構成。為此，諮商理論實際上就是諮商學者的人生哲學、人格理論及行為發展理論的綜合價值系統，用以作為行為判斷的基礎及實務工作的依據。誠如 Patterson (1986) 所說，「一個解釋性的理論能賦予實務意義、方向及理性。它能在新的或不同的情境中，提供諮商員應用、擴充、推測及變化的指導」(xix)。這正說明了諮商理論與諮商實務的密切關係。Prochaska & Norcross (1994) 更直接了當的指出，「就科學而論，理論就是在某一領域中解釋事實的聲明」；「就諮商或心理治療而言，理論(系統)就是對人的行為及治療改變過程的一致的看法」(p.3)。

辨識理論好壞的標準

我們如何辨別理論的好壞呢？這個問題是很重要的，因為諮商理論是諮商員教育中的主要學習科目，而諮商理論之多，發展之快，有令人不知所從之感。根據 Herink (1980) 所編的 The Psychotherapy Handbook ，他從三百五十種諮商與治療理論中，就選出二百五十種，依序從 A-Z 逐一做了簡單的介紹。諮商員在這些形形色色的理論中，不能不予以選擇，擇優運用，辨識與評估其好壞，是諮商實務工作者必經的步驟。誠如 Prochaska & Norcross (1994) 所說，學習諮商理論，我們最關心的是它的實用性……學習諮商理論的最佳方法，就是學習那些最好的思想家說些什麼，並予以比較。另外，在心理治療（諮商）中，沒有絕對的眞理，不論我們的知識進步多快，做過多少研究，事實就是如此。然而，我們常需要理論，以提供我們近乎眞理的指引。……因爲諮商或心理治療理論在描述臨床的現象，解識相關的事實，組織資訊，並把它們統整爲知識體系，以指導我們做優先理念的選擇及處理問題。好的諮商實務工作者是有彈性的，把好的諮商理論能做廣泛的運用 (p.5) 。

除此之外，一個好的理論還有什麼特徵呢？根據 Patterson (1986) 的意見，一個好的理論⑴應有一套信念和假定，作爲其理論的前提，而信念與假定之間不僅要彼此相關，亦應有其內在的一致性。⑵理論中所用的術語或觀念，有明確的定義及與觀念相關的事實，以便予以驗證。⑶這些相關的術語及觀念之解釋，應具有邏輯性。⑷從這些理念、定義及關係中能擬出假設，並可藉以做正確的推論，作爲預測何者爲眞的條件。換言之，理論的效度是以其定意和假設驗證後的事實爲效標，如果沒有事實的支持，則此理論就應予以修正。

在如此繁多的諮商理論中，有什麼標準據以判斷其爲好的諮商理論呢？ Steflre & Grant (1972) 提供了五個評估的標準：清晰 (clear) 、完整 (comprehensive) 、明確 (explicit or precise) 、簡單 (parsimonious) 、刺激研究 (generate useful research) ，同時，他們也對每一項做了說明。 Patterson 在這五個標準以外，另加上重要性 (important) 、操作性 (operational) 、可驗證性 (verifiable) 及實用性 (useful or practical) ，並把 precise 和 clear 合併爲一，成爲八個評估標準。如果一諮商理論符合這八個標準，我們便可確定它是好的理論。

理論與實務的關係

實用性雖然是理論的特徵之一，但仍有人懷疑理論的實用性，總以爲抽象的理論觀念與實際的工作之間，存在著一段距離，甚至根本派不上用場，因爲理論跟實際相差甚遠。這種看法聽起來，好像有道理，仔細分析起來，不免有點似是而非，因爲任何諮商技術的運用，必然有其理論基礎，否則就無從解釋爲什麼要用這個技術，或者諮商員根本就沒有自己的立場，或者他沒注意到技術的的理論背景。每一項諮商工作或諮商員選用的方法，都應有其諮商理論的支持，根據這些理念的的引導，諮商員選擇其認爲適當的技術，建立他與當事人的諮商關係，進行諮商過程，設計諮商活動，以達成諮商效果。沒有諮商理論基礎的諮商實務工作，就像沒有方向的航行，難能達成諮商的目標。

理論與實務是一體的兩面，相互爲用。理論指引實務工作的方向，實務驗證理論的眞僞。誠如 Steflre & Grant (1972) 所比喻，沒有什麼比一個好的理論更實用的，好的理論就像一個好的地圖，它會告訴我們找什麼、期盼什麼、往那理去、循什麼路線。運用理論也像學習生活，它會幫助新生嬰兒從成長和迷惘中找到意義。自然的現象本身不一定有秩序，爲操縱他們，我們就得把它們統整，統整就是理論的功能 (pp.2-3) 。實際上，重實務而輕視理論，或反對理論的實用價值，就是一種理論，因爲輕視或反對也是遵循著他們的一套理念和假設，理論無用論者比諮商理論家更堅持他們的信念。爲此，諮商實務工作者必須承認此一事實：理論與實務是分不開的。

如何運用諮商理論？

諮商理論與諮商實務既然密切相關，而諮商理論又如此繁多，諮商員如何選用諮商理論呢？首先要注意的是，問題不是理論與實務孰輕孰重，而是適當的運用諮商理論，以達成最好的諮商效果，因爲有的理論不見得適用，用了反而會誤導。誤用諮商理論，或對理論選用不當，很可能會誤導諮商員對當事人的覺察，因爲理論能幫助諮商員瞭解當事人，也能誤解他。選擇理論時，諮商員應注意是否受到自己潛意識或直覺的影響，而非依當事人的問題性質和好理論的評估標準。

諮商員選用諮商理論時，要保持客觀的態度，亦即根據評估理論的標準及實際的需要，避免介入個人的內隱動機和直覺；然而個人的人格特性是選擇理論時應考慮的重要因素，因爲這樣才使選擇的諮商理論符合自己的人格，發揮諮商員個人的特色。正如 Belkin (1977) 所提示的，理論就像藝術家的調色板，它只是一塊可能調合個種彩色的盤子。諮商員就像一位畫家，在這塊調色板上，依他個人的獨特的風格調合出各種顏色，繪出表現他獨特風格的具體畫面。諮商員的個人人格與諮商理論之間關係密切，每一位諮商員或明或暗都會依循某種理論輔導當事人，雖然他所依據的理論各有不同，而他所選的理論一定是他所喜歡的 (p.68) 。

在諮商實務中要把理論作適當的運用，諮商員應先認清各理論的優長和限制，也就是要以批判的思考，瞭解各理論的基本理念和其諮商模式，並予以組織和統整，而形成自己的理念系統和立場，據以評估個人的行爲，並瞭解當事人的行爲。就像 Dimick & Huff (1970) 所說的，諮商員應該發展出自己的諮商理論，以幫助他解釋他的信念和行爲。發展自己的理論，可使諮商員自己更自由，而非限制自己 (p.59) 。爲建立自己的諮商理念系統或立場，諮商員宜⑴熟悉一些長用的諮商理論，知道他們說什麼，他們認爲什麼該做，及他們實際怎麼做。⑵瞭解理論的基本架構，及其在實務上的應用。⑶瞭解該諮商理論創始人的生平、思想背景、及其思想與其理論之間的關係。⑷認清自己的價值觀、人生觀、及生活方式。⑸辨識各理論的優缺點，並與自己的諮商理念作比較。⑹把別人的理念及自己的理念合併統整，形成個人具體的理念系統。如此才眞正能代表自己的諮商風格和立場。

在所有的理論中，每一種諮商理論均有其獨特性及綜合性，前者係指理論反映出其人格和思想模式，後者則是指其理論的形成之思想背景，及由其他諮商理念中歸納、統整及吸收的過程，而創建出的綜合性的諮商模式。此一個人的諮商理念系統指導他在具體的諮商情境中、對當事人的個別差異及具體的問題，彈性的發展其諮商行為。諮商就是諮商員以其人格和對當事人行為的敏覺，作為其發展諮商過程及效果的主要動力，而不是一味模仿別人，因為你不是別人，你就是你自己，是你在做諮商。所以沒有比你自己的諮商理論更實用的。

諮商理論的基本架構

諮商理論的研究是辨識、選擇及建立自己的諮商理論之必經過程。為便於瞭解各種諮商理論，也要先認清諮商理論的基本架構。諮商理論是建基於諮商學者對人的基本看法，及其對人格和行為發展的主張，由此導出他幫助當事人的依循過程，及達到諮商效果應用的方法、技術、和活動。以下摘要逐一說明理論架構的一些基本要素。

□人性觀

在諮商關係中，諮商員所面對的是當事人，所討論的是當事人的行為，他要如何看待當事人呢？決定他對當事人態度的就是他所秉持的人性觀。對諮商員來說，人性觀是非常重要的，這不但關係著他對諮商理論的選擇，也實際影響他的諮商態度及其諮商模式。每一位諮商理論學家首先要自問的問題就是「人是什麼？」，他必須有了他認為正確的答案，才能知道如何去幫助人。西方哲學多從人性來解釋人是什麼，所以他們討論的是性善或性惡的問題，因而就產生了許多不同的意見，有的主張性善，有的堅持性惡，也有的主張亦善亦惡，或不善不惡。中國人不太強調人性善惡的問題，雖然先儒中也有孟、荀二哲人的人性善惡之辯，卻未爲後學造成氣候，結果是不了了之。中國人一貫講究的是如何做人，比較實際導向。

人性觀的差異導致諮商學者們諮商理論的分歧，因爲人性觀所涉及的問題很廣，尤其是涉及人的價值、人生的意義與目的、人的行爲導向、自主、抉擇、 改變和責任，以及諮商員在諮商過程中對當事人的影響功能等。以下把影響主要諮商理論宗派的人性觀予以說明。

1.性惡論

傳統的心理分析學派如此主張。所謂傳統指承襲 Freud 心理分析的嫡系學者們，以別於新心理分析學派。新派與 Freud 的人性觀有明顯的差異，比較接近人文學派。 Freud 認爲人的獸性多於人性，基本上，他的人性觀屬性惡論，或可謂悲觀的決定論。Freud 強調人是由他的心理能量 (psychic energy) 及其早期的經驗所決定。人現時的行爲是由潛意識的動機及衝突所主導，強勁的非理性動力，以及性和攻擊的衝動操弄著整個人。日後人格的問題多植基於兒童期壓抑的衝突，爲此他非常強調早期發展的重要性。

人性惡論導源於悲觀的哲學思想、誓反教的原罪信條及以生物原則對人類行爲的化約解釋。希臘哲學中的唯樂主義者，例如 Epicurus (3431-270 ， B.C.) 及 Aristipus (435-350 ， B.C.) 就主張人生即在追求感官的快樂，換言之，人是被本能所驅使，受唯樂原則的制約。我國先哲荀子在其性惡篇就明說，「人之性惡，其善者僞也」。又說，「今人之性，生而有好利焉，順是，故爭奪生而辭讓亡焉；生而有疾惡焉，順是，故殘賊生而忠信亡焉；生而有耳目之欲，有好色焉，順是，故淫亂生而禮義文理亡焉；然則從人之性，順人之情，必出於爭奪，合於犯分亂理，而歸於暴。故必將有師法之化，理義之道，然後出於辭讓，合於文理，而歸於治」。

2.性善論

一般從屬人文學派的各支系諮商學派，包括存在諮商理論、人中心諮商理論、完形諮商理論、現實諮商理論、溝通分析理論等，都強調人性好的一面，容有強調重點的一些差異。其中存在諮商學派人性觀的中心思想，在於他們深信人之所以爲人的主要條件，包括人的自我知覺的潛能、自由選擇的能力，自己決定自己命運的能力、對自己的行爲負責、焦慮的重要性、追尋宇宙及生命的意義、疏離感及人際關係，以及健康與死亡等。

存在哲學與心理學的這些基本人性觀念，影響了其他人文導向的諮商理論。Maslow 及 Rogers 對人有非常積極的看法，他們認爲，人有無限天賦的潛能，及發展這些潛能的傾向，所以人生主要的目標就是 Maslow 所謂的自我實現 (self-actualization)，或 Rogers 所指的充分發揮人的功能 (fully fumctioning)。Maslow 看人是以人的基本需要內涵，包括身體需要、安全需要、愛與歸屬的需要、受尊重的需要、自我實現的需要及求知和審美的需要。這些需要是基於人有天賦的能力來滿足它們，爲此人生即在實現自己，以使這些需要獲得滿足，由其是實現人的超個人的需要，才能發揮至高的人性。Rogers 在其人中心諮商理論中，強調人的尊嚴、價值及可信任性，因爲人有自主、自覺、自我指導及自我實現的潛能。在這一前提下，只要在適當的條件和環境中，人能提昇個人的自覺、自信及自我發展的方向，主動的實現自己的潛能，面對現實，充分發揮人的功能。

其他人文導向的諮商學者們對人性也有積極的看法，其中 Perls 把人看成一個自主、自覺、自制的人，能統整自己的思想、感受和行爲，並能自己處理自己的問題。主要的是因爲人有能力覺知自己過去的經驗及其與現時行爲之間的關係，並能把命運掌握在自己的手中。溝通分析學派很強調人的選擇能力，人能對過去所做的決定，重新予以評估，再做新的決定。所謂人非聖賢，孰能無過，過而能改，善莫大焉這句話，正好道出溝通分析學派的基本理念：知過能改。Glasser 的現實諮商認爲人有自決的能力，個人的生活變化操之在己。根據 Glasser，人的基本需要是歸屬、權勢、自由、休閒及生存，人被這些需要驅使，力求滿足，而滿足需要的方法即在掌握環境及負責的態度，並且各人有個人追求滿足需要的方式。滿足需要最有效的方法，就是起而行。Adler 的個人心理學也對人性抱持積極的看法，並有極濃厚的人文思想。他主張人的行爲是目標導向的，而行爲目標就是追求卓越與完美。追求目標行爲的動力是社會興趣、努力及生活任務。人是命運的主宰，而非命運的奴隸。每人有其獨特性，而此一獨特性表現於其思想、感受、信念、誠信、態度、性格及行爲上，並形成其獨特的生活方式，藉以達成其個人的生活目標。

3.亦善亦惡論

所謂亦善亦惡，係指人有好的一面，也有壞的一面。Alber Ellis 就主張人生來具有理性及非理性的思考能力。人天生傾向於自保、快樂幸福、思考及語言表達、愛、與別人溝通、成長及自我實現；同樣，人天生也傾向於自我毀滅、避免思考、延宕、一再犯錯、迷信、偏激、小氣、自艾自怨、完美主義及懶散而不願實現潛能。因此，人經常會成爲自己非理性思想的奴隸，並把這些非理性的思想和信念內化，而表現的偏激和頹廢。

4.不善不惡論

主張人性不善不惡論者，把人性看成一張白紙，染於蒼則蒼，染於黃則黃。換言之，外在的影響是人格及行爲的主要動力。行爲諮商學派就認爲，人無善惡之分，人的行爲及人格完全受環境刺激的影響，是學習來的。所謂近朱者赤，近墨者黑，正是行爲學派用以解釋行爲學習的原則。他們認爲人是環境的產物，激進派的行爲學派如 Skinner 排除人的自由及自我決定的可能性，是徹底的環境決定論，把人的行爲視爲對刺激的反應，人受制於環境的刺激，毫無選擇的餘地。不過，有的行爲學派的諮商學者，如 Bendura ，雖然也主張人是環境的產物，但也承認人也能創造環境。主張認知學習及社會學習的行爲學派，雖然也強調環境是塑造行爲的主要動力，卻不像激進的行爲學派否定人的內在動力，人受環境的制約，但也能改變及創造學習環境。

□人格理論

基於諮商學者們對人性的看法不同，他們在解釋人格的結構及發展的主張也有差異。古典的心理分析學派及激進的行爲學派均強調行爲決定論，對他們來說，人的人格及行爲或由遺傳或由環境而決定。既已決定，則人格型態及行爲模式即無從改變，諮商或治療只能予以重新導向，使其對行爲有新的瞭解，解決其基本的衝突或改變刺激行爲的環境。站在相對立場的人性善論及亦善亦惡論者，因確認人內在的基本條件，強調人的自主性人格，主宰自我的成長與發展。以下就諮商理論的不同人格架構，做簡單的說明。

1. 人格決定論

受科學主義的影響，有些心理學者及諮商理論學家試以自然科學的原則，來解釋人的基本組織及行爲發展。所謂科學主義，是一種哲學理念，主張科學是一切知識的唯一正確的根源，深信科學萬能。秉持此一信念，他們把人視同機器、力或能量、原子系統、或純被動及純反應的生物機體，排除任何自主或自決的可能，人就像一個機械人。他是大自然的一部份，一如大自然的一切，是一個可以被觀察、被測量、被分析、及被分解的客體。先天的本能是人格結構基礎，後天的環境控制著人格的發展，人的各種行爲均爲本能或對環境的反應，脫不開生化和物理定律的規範和制約。

主張人格決定論的諮商學派，不論是遺傳決定論或環境決定論，都強調人的行爲或由其心理能量所決定，或由外在的刺激所控制，否定了人自主決定的可能性。根據 Freud 傳統的心理分析學派，行爲是由非理性的力量、潛意識動機、生物本能的驅使、及六歲以前的心理性 (psychosexual) 情況所決定。人格的發展也就是心理一性能量的發展，一切行爲均受性本能及潛意識動機所驅使。這種嚴格的人格決定論已被他的一些同事及學生們所揚棄，而強調文化及社會因素對人格發展的影響。Kovel (1976) 指出，「既然意識與潛意識之間有對話，Freud 學派所標榜的嚴格決定論……已趨沒落。不錯，思想是被決定的，但不是垂直的方式決定，因爲心理分析告訴我們，人的行爲遠比想像的更爲複雜」(Corey，1991，p.96)。

激進的行爲學派的人格決定論否定人自我決定的自由，因爲操作行爲是操弄環境所產生的結果，或是行爲對刺激的反應。但這種主張已不爲新的行爲諮商學派所接受，他們不認爲人的行爲是完全受社會文化環境制約，或人只是環境的產物，而人也能改變環境及創造環境 (Bendura，1974，1977，1986)。換言之，行爲學派的新趨勢承認人有某種程度的自由，能在可能範圍內作選擇。激進的行爲學派，除了外顯行爲，不談人的內在行爲。因此，所謂的人格理論，爲他們是莫須有的，最多只能說是制約學習理論。

2. 人格發展理論

一般的諮商理論學者雖然不否認人格的一致性，並受到遺傳因素的影響，而決定了人的某些身心特質，但在人整個的成長過程中，由於內外在多方面的的因素影響，人格是可以改變並持續不斷的發展。人格的持續性一方面說明人由遺傳所獲得的天賦特質，如體型、容貌、體質、智力和個性等，形成個人的獨特性；另一方面，人的自我 (self) 是終生主宰著個人一切的主體，使我成爲永遠的我。但是人是生長在社會環境中，經成熟與環境的交互影響，經由社會化及學習的過程，人的固有特質會發生變化，學習到新的行爲、觀念、價値觀、態度、情緒反應、以及生活方式等。換言之，人的客體我，也就是人所擁有的許多人格特質，都會隨著發展的過程及其人生的歷練而有所改變。這就是爲什麼人需要受教育及輔導的主要理由。

由於人格的複雜性，學者們在界定人格的意義上沒有一致的見解，各人有所偏重，有其各自獨特的解釋，也因而產生了紛云不一的人格理論。有的強調生理的需求，有的重視心理的動機與情感，有的把重點放在人的特質上，有的把人格看成社會的產務，有的強調自我的功能，也有的更強調人格的超個人層面。總之，要統整出一個人人都接受的綜合的人格理論，實非易事。不過，人格的變異、發展及持續和獨特四種特性不容否認，皆有共識。爲此，諮商理論學者們就從這些基本的人格特性，導出他們對人格發展的解釋。

□改變過程

根據其對人格及行爲的解釋，各種理論都會擬定出符合其理論的行爲改變的過程（process of change），來進行其認爲問題行爲的處理。再根據他們處理問題的方式，創發或選擇適當的技術和活動，試圖達成當事人行爲改變的目的。由於各家諮商理論彼此間的差異，以及對病態行爲、異常行爲、自我挫敗行爲或偏差行爲等的解釋不同，他們對行爲改變過程進行及技術的運用也有很大的差異。Porochaska & Norcross (1994) 以戒煙爲例，研究指出健康專家曾用過五十多種治療方法及一百三十多種技術，有效地戒煙成功（p.11）。

行爲改變過程雖然依諮商理論而異，仍可歸納成幾個主要的理論學派，如心理分析、行爲治療、人文諮商及折衷諮商學派，作爲代表性的行爲改變過程。由於行爲改變過程中所重視的，主要是有關思想、感受、行爲及人際關係方面的改變，而這些又都涉及某些特殊問題及生活型態，不同的行爲改變過程也有共同之處。Prochaska & Norcross (1994 ， pp.12-19) 以比較的方式把上述主要諮商學派的行爲改變過程分爲提昇意識、抒發情緒、做選擇、瞭解環境及做適當的控制五個步驟。不論那一種諮商或治療理論，必先幫助當事人覺知自己的行爲以及跟行爲有關的各種資訊，因爲只有在意識的經驗層面，才能知所改變。提昇意識的方法因理論而異，如提昇潛意識到意識（psycho-analysis），經驗學習環境（behavioral counseling），此時此地的經驗（huma-nistic counsel-ing），或資料處理（inforamation processing)(system theory）。

當事人能做適當的選擇就是諮商的結果，實際上，選擇不只是一個行爲，而是一個過程，因爲人的行爲就是自由的選擇，就連一向反對自由行爲的激進派行爲諮商理論，也不能不承認人有選擇刺激而做反應的自由。當我們面對各種解決問題的方法時，自然會有所選擇，並意識到我們對選擇的行爲應負的責任（human-istic）。心理分析提昇潛意識到意識因而獲致領悟的過程，就是從焦慮自我解放（self-liiberation）的過程。此一過程涉及焦慮的經驗和如何面對焦慮，所以自我解放正是增進選擇的經驗層面。爲此，選擇能力的功能即在說明我們對改變與否而負責的能力。

自由選擇改變的反面是環境的改變。不可否認的，我們的許多行爲受環境的制約，然而我們也能控制環境，使刺激不良行爲反應的環境因素減低其影響力。環境的重組以降低挫敗行爲的發生，是改變過程中各諮商或治療理論所考慮的，以強化當事人爲改變而需要的自我控制的力量。反制約不僅是行爲學派慣用的技巧，用以增強學習新而好的行爲，或抑制壞行爲再生，認知及人文諮商也承認個人對某特殊結果的評估，是影響改變的重要因素。

總之，諮商理論與實務的關係密不可分，理論是實施諮商實務的指導原則，諮商實務的成敗驗證諮商理論的價值。一個好的理論有它的實用價值，但是沒一個單一理論是完美及絕對有效的。運用理論的唯一原則，就是保持彈性，針對當事人的需要做愼重的選擇。任何諮商理論都是發展理論者的一套哲學理念系統，也就是他們對人性、人格發展、行爲及諮商過程及效果的信念。因此，爲瞭解任何一種諮商理論，可從其理論的基本架構洞悉他的基本理念和諮商方法的運作情形，評估其思想的邏輯性、正確性、實用性和有效性。依個人的價值系統及具體的、眞實的生活經驗，驗證其眞僞，並做合理而適當的選擇和取捨。

Chapter 7

諮商理論簡介

諮商理論的發展建基於理論學者個人的生活經驗及其對人生的理念上，各人的人生歷練有別，價值觀及人生觀不同，因而產生了許多諮商立場上的差異。諮商理論發展速度驚人，新的諮商或心理治療理論不斷出現。Parloff (1980) 從三百五十多種現有的諮商理論中，選出二百五十種諮商理論，從 A-Z 依序排列，並作簡短的介紹，彙集成書。Butler (1983) 也指出，每年仍有新的諮商理論不斷推出。據最新的估計 (Karasu，1992)，現有的諮商或心理治療理論已超過四百種，仍在繼續發展。盡管個別諮商或治療理論不斷的推陳出新，而這些新的嚐試均可納入心理學的四大勢力範圍中，即心理動力學派、行爲學派、人文學派及超個人心理學派。就其應用的普遍情形而言，教科書中所介紹的雖不一致，歸納起來，大致包括傳統及新的心理分析學派、古典及認知行爲學派、具有人文思想的存在諮商、人中心諮商、完形諮商、現實諮商、人際溝通分析，以及綜合或折衷學派中 Thorne 的理論折衷、Lazarus 的技術折衷、Hart 的功能折衷及 Assagioli 的心理綜合等。超個人心理學是人文思想的延伸，目前在國內尚未獲應有的重視，它在國外已相當盛行，因此，以下介紹上述各理論時，也會對超個人諮商予以簡介。

傳統的心理分析諮商理論

我用傳統心理分析一詞，是要把傳統的心理分析諮商理論(traditional psychoanalysis)與新心理分析理論區分。所謂傳統，是指 Freud 所發展的原始心理分析及其傳承者：而新的心理分析理論，如 Aldler 的個人心理學、Jumg 的分析理論、Erikson 的自我心理學等，雖然仍有與傳統心理分析一些觀念上的相同，但放棄了 Freud 的氾性論，而把文化、社會等因素，視爲影響行爲的主要動力因素。新的心理分析學派已不像 Freud 那樣堅持行爲的決定論，而在他們的理論中，納入人文思想的一些觀念，承認人的自由選擇能力、也強調人的意識和價值功能、及人際互動的影響、和行爲的目的導向等，這在 Adler 的個人心理學的諮商理念中至爲明顯。

□創始人

Freud 是心理分析的創始人(Freud，S. 1856-1939)，Freud 其人可從他的自傳(An Autobio-graphical Study，1925)及心理分析運動(The Psychoanalytic Movement，1914)兩本書中獲得瞭解。他是八個孩子中的長子，由其父第二任妻子所生。父親經商，家境卻不很富裕，而他父親不惜一切地來培育他，使他順利地接受全程的教育，於一八八一年榮獲醫學博士學位。他回憶童年的經驗，發現自己對父親有敵意，而對母親卻有強烈的慾力，他多次夢到自己弒殺父親，並因此產生強烈的罪惡感。他第一次受到感情的創傷，歸咎於其女僕的挑逗，使他聯想到與母親共宿的經驗，而挑起女僕帶給他的創痛。他對弟妹頗爲嫉妒，也常夢到殺死他們，因而也常產生罪惡感。對弟妹的愛恨交織的情感，影響了他的人際關係，對朋友也有親蜜及憎惡的交錯感受。

這些童年的經驗使他成爲情緒化而又有點神經質的性格，容忍力很差，他無法忍受異議，經常生活在情緒化的衝突中。當他的得意門生如 Jumg ， Adler 及 Rank 等，因不肯接受他的典範及某些基本觀念而離去時，對 Freud 是非常大的打擊，也使他對他們恨之入骨。不過，從他對自己童年經驗的回憶及陳述，我們也可看到他誠實的一面，不得不由衷敬佩。同時，他畢生致力於研究，著作等身，是一位頗具創發力、生產力、及敬業精神的人，他經常每日工作十八小時，其論著集成二十四卷，因此積勞成疾，病魔纏身，動過三十三次手術，終因癌症不治，於一九三九年病逝於英國倫敦。

□基本觀念

1. 人性觀

Freud 的心理分析理論受到其時代背景、生活經驗、及臨床經驗之影響。十九世紀末及二十世紀初是自然科學、唯物論、機械論、進化論、決定論及化約論盛行的時代， Freud 本身又是醫生，在科學崇拜及當時思潮的影響下，以及其個人生活和與病人爲伍的經驗，他以自然科學的原則來解釋人的一切行爲，以生理的需求來解釋人的動機，把人看成過去的犧牲品。

Freud 的人性觀是基本的決定論，人的行爲受制於非理性的內在動力，即本能或驅力 (instinct or drive) 。發動的本能（需要）產生緊張和激動的心理狀態，一般而言，這些心理狀態是不愉快的。人的基本行爲目標就在追求快樂，並逃避痛苦，因此，爲了滿足需要並消除緊張，就設計如何採取行動。如果本能的需要不能滿足，則緊張狀態繼續存在，直至滿足爲止。有些童年時（六歲以前）的心理——性需求無法獲得滿足，就壓抑到潛意識中，形成行爲的潛在動機，控制著個人以後的行爲。

本能，特別是性本能，是 Freud 立論的中心，他稱它爲慾力 (libido) ，或生的本能 (life instinct) ，旨在維持生存及生命的延續，因此，生的本能是成長、發展及創造導向的，生的本能不只限於性慾望，而是一種動力源。 Freud 把所有的快樂行爲都導源於此，對 Freud 來說，人生的目標就是追求快樂，及避免苦痛 (Corey ， 1991 ， pp.96-97) 。生的本能以外， freud 也主張死的本能 (death instinct) ，也就是人的攻擊性驅力 (aggressive drive) 。他發現人有尋死、自我傷害、及傷害別人的潛意識動機。生的本能及死的本能對人的行爲有決定性的影響。顯然的， Freud 的決定論遵循著因果原則，爲 Freud ，人的生理及心理行爲取決於前因，前因就是本能及壓抑的潛意識動機。

2. 人格結構

基於他的人性觀， Freud 把人格視爲一能量系統 (energy

system）。此能量系統是由三個次系統所組成，也就是本我（id）、自我（ego）及超我（superego）。此三者並非人格的三個不同的成分，或各自為政；而是人心理運作過程的三個層面，三者分享人格系統的動能，以發揮整個人格的功能。其中本我（id）是天生的原始系統，也是能量的總源，包含所有的本能，並為其他系統所需能量的供應站。本我會把生理的需要轉變為心理的欲求，造成緊張狀態，驅使人盲目地追求快樂或避免痛苦，以消除緊張。它行動的唯一原則就是快樂原則。在本我中把盲目的本能驅力轉變為心理欲求或思想意像的過程，Freud 稱之為 primary process。

自我（ego）也被稱為主體我（I），是在六到八歲時才發展出來，也就是說，自我的形成始自人我分際及其與外在社會接觸的經驗。當兒童考量外在的環境是否能滿足本我的需要時，就得區分本我的意像和現實。這種實際驗證的過程（reality testing），是根據現實原則（reality principle）並延宕緊張的消除，直至找到能滿足欲求的適當目標為止。自我的主要功能在管理、控制及節制人格，並協調本我與超我之間的衝突。基於此，自我的控制及仲裁功能可滲透到意識、前意識及潛意識三個層面，做理性思考、延遲滿足、解決問題及仲裁，Freud 稱自我的運作過程為 secondary process。

超我（superego）是由內化外界輸入的道德價值而形成，特別是父母對其行為的獎懲、愛憎影響至深，因為嬰兒不知什麼是對或是錯，只會與父母認同。超我是自我的一環，負責做行為的倫理判斷。超我的發展約在三到五歲時，並繼續內化師長、偶像、權威人物及社會的價值觀，作為他判斷的標準。不過這些繼續外來的影響只是間接的，因爲它們在反映早期父母給他的價值。超我的功能在禁戒本能的衝動，促使自我把現實的目標轉換爲倫理道德的目標，以使人格導向完美。

3. 人格發展

人格既然是一個能力系統，而本我又是本能的總源，提供慾力，故人自出生就不斷的發洩其慾力。兒童人格的發展就是一系列的心理——性發展，藉各官能部位的快感功能，作爲求取快樂的泉源。Freud 把人格的發展限定在六歲以前的階段，並分爲五期：口腔期、肛門期、戀親期、潛伏期、及性器期，而各期的心理-性慾求之滿足與否，決定他以後的人格表現。口腔期始自出生到一歲，藉吸吮母乳來滿足其食慾及快樂需求。口腔是嬰兒快感之源，在此發展期所產生的挫折或衝突，影響其成人後的行爲，特別是過份貪食或語言諷刺、罵人及攻擊等。滿一歲至兩歲的幼兒開始能控制大小便，並由排洩而獲取快感，他也能藉排洩收放來控制外在的環境，以表示他妥協或反抗。如廁訓練在此期非常重要，因此而產生的挫折或衝突或自我控制困難，會導至嚴重的敵對及尿床行爲。及至二到四歲之間，兒童的主要快感區域轉移到生殖器部位，戀親情結是此一發展期的特徵，兒童的心理性活動較前更爲增強。Freud 認爲，這一年齡層的兒童發展，一方面對自己的性器產生興趣，另方面對異性雙親發生戀情，而導致討好異性父母、與同性雙親認同、及性幻想等現象。五、六歲時，兒童的人格組織（本我、自我、超我）已形成。直到十二歲的兒童的興趣集中在玩伴上，對性的注意降低，並形成對異性的反應行爲型態。這種以社會化興趣取代性衝動的發展期，被 Freud

視爲潛伏期。口腔期、肛門期、及戀親期，合稱爲前生殖器階段，此期的主要特徵是自我陶醉。及至十二歲以後到十八歲，兒童已成長爲青少年，Freud 稱這個發展期爲生殖器期，他們的主要性趣集中在異性身上，尋求與異性的親蜜關係，甚至企圖嚐試性經驗。隨著年齡的增長，他們也逐漸負起成人的責任，並拓展人際關係。

4. 意識與潛意識

Freud 認爲意識就像杯水上面的一層薄膜，只是整個心理的一小部份，大部分的心理成份是在知覺表面以下，Freud 稱之爲潛意識。潛意識儲藏著人的所有經驗、記憶及壓抑下去的事情。這些潛意識的需要和動機我們並不知覺，也不受我們意識的控制，卻無形中影響人的心理功能和行爲。潛意識的過程是所有神經官能症狀及行爲的肇因，所以心理分析治療的主要目的，就是要把這些潛意識的動機提升到意識中（make unconscious conscious），只有覺知到這些動機，人才能做選擇。爲此，對心理分析學家來說，治癒病癥乃基於對病因、行爲的成因及壓抑之事影響健康功能的了解（insight），並鼓勵病患努力摒除以前的行爲模式。

5. 焦　慮

根據 Freud，焦慮是一種緊張的心理狀態，與怕懼密切相關。焦慮的產生是本我、自我、及超我互相爭取心理能量所引發的衝突之結果。Freud 把焦慮分爲三種：(1)現實焦慮：即對外在事物可能產生的危險，有所怕懼。(2)神經質焦慮：這一種焦慮是個人內心所引發的恐懼，並無事實的根據。(3)道德焦慮：道德焦慮是對個人行爲的罪惡感。

6. 自我防衛機制

有焦慮時，人們如何處理焦慮而免受傷害呢？Freud 認爲各人有其防衛機制（ego-defense mechanism），也就是以個人的價值觀來逃避面對現實。自我防衛機制的主要目的，即在消滅恐懼感；其主要的特徵就是歪曲事實及受潛意識的運作影響；其實施防衛的方式多係⑴否定：不承認事實，不睹爲快。⑵壓抑：把怕的思想或感受排除於意識之外。⑶反制：做與威脅相反的行爲，以爲掩飾。⑷投射：凡事歸罪於他人，以自欺。⑸轉移：即轉移目標，以策安全。⑹合理化：找理由以自圓其說。⑺內射：把別人的價值觀內化，而認同。⑻認同：係指角色認同，以求他人的肯定。⑼倒反或回歸：回反到以前的行爲模式，以獲安全保障。⑽補償：以掩飾或積極發展來彌補自己的限制。⑾昇華：把缺點導向正向的發展。

以上 Freud 的基本觀念，尤其是他的汎性論，不爲新心理分析學者所接受。他們雖然不否定本能和性心理因素對人格發展的影響，卻更強調社會因素的重要性。潛意識的功能雖然不可忽視，而意識在人的生活中扮演著更重要的角色。特別是 Aldler 及 Jumg 等學者，他們的理論中融合了人文思想，強調行爲的目的導向、意識的選擇、責任及價值等。

□治療過程與技術

心理分析的主要目的就是爲提升潛意識到意識中，並強化自我的功能，以導正本能的慾求符合現實的原則。簡言之，治療的目的就是重組個人的人格。爲此，治療者的角色是保持中立，不做任何的自我開放，只先鼓勵當事人情感轉移地關係，藉以瞭解他早期的情感衝突。分析及處理情感轉移的功能在使他能自由地抒發感情、選擇工作及休閒活動，並提升他的自覺、眞誠、及人際關係，以減輕他的焦慮，面對現實。治療者的另一角色及任務是處理抗拒。以專心地傾聽和學習的態度，爲當事人做適時及適當的解釋，以加速潛意識的揭發。當事人的合作意願是關鍵，因爲心理分析者就是要聽他說出抑壓到潛意識的感受、經驗、記憶和幻想等，以做出合理的解釋，使他瞭解這些潛動因素與其病態行爲的關係。

根據 Freud 的見解，這些潛意識的動機和需要經常會從聯想刺激、夢境中及語病中表現出來，所以心理分析治療者所用的技術，是自由聯想、解釋、夢的解析及解釋情感轉移和抗拒等。自由聯想技術即讓當事人說出即時進入腦海中的思想、感受和意像，不管是快樂的、痛苦的、合理或不合理的、可笑的或不相關的，不加任何考慮。自由聯想技術的主要目的在蒐集當事人早期的慾求、幻象、衝突、動機及感受經驗等，使當事人把抑壓的情緒和封閉在潛意識中的事情浮現在意識層面。從這些浮現的線索治療者做分析及解釋，使當事人瞭解這些他不知道的行爲動力因素，對其行爲所涵蘊的意義。

解釋技術主要在點明、辨解及指陳這些表現在夢中，自由聯想、抗拒及情感轉移中的行爲之意義，以增強自我的功能。解釋技術運用的適當與否，端視治療者用的是否適合時機，及是否接近當事人的意識知覺，以及解釋的深度能否符合當事人的理解能力。Freud 認爲夢是進入潛意識的捷徑，因爲人在睡夢時，意志控制力降低，被壓抑於潛意識中的衝突、感受、需要、慾望等會自由地浮現夢中，並轉變成不受威脅的夢境和象徵性的表象。這些夢中的情境幫助治療者瞭解其象徵的意義，並對當事人做合理的解釋。

Freud 認爲抗拒及情感轉移是潛意識傷痛及早期衝突的表徵，當事人拒絕談及這些痛處，或把壓抑的感受、信念及慾望表現在諮商關係中，正是治療者要發掘的重點。因此，分析及解釋抗拒和情感轉移，爲提升潛意識到意識的過程，是非常重要的。抗拒是自我防衛的一種方式，用以防備難以承受的焦慮再現。此一潛意識的動機很容易從抗拒中表露出來，治療者正好可與當事人討論此一潛意識動機的功能及對行爲的影響，使他瞭解抗拒的原因，並指導他如何實際地去處理他的心理衝突。同樣，情感轉移也是壓抑於潛意識中的早期人際關係痛處之表現，治療者正可藉此情感轉移的關係，給當事人解釋它對其現在行爲的扭曲，以矯正他過去的想法、感受和行爲型態。

綜合心理分析的整個理論及治療過程， Corey (1991) 做了一個很簡明的結論：「心理分析治療致力於找出潛意識中可以處理的問題。早期的經驗是其強調的重點，予以討論、重建、解釋及分析。其基本的假設是：藉治療中情感轉移的處理探討過去的經驗，對性格的改變是很重要的。心理分析實務中所採用的主要技術，是自由聯想、解釋、夢的解析、抗拒分析及情感轉移分析。」(p.125)

心理分析的新趨勢

Freud 的人格理論及早期經驗、潛意識動力、抗拒及情感轉移等觀念，確實對以後心理學的發展及心理治療有深遠的影響和貢獻；但他的汎性論卻未獲得廣泛的支持，即便他的許多得意門生和伙伴，也多因對此意見的不同，離他而去，爲心理分析理論做了新的詮釋。新心理分析運動的發展，不再認爲心理——性是唯一決定人格的因素， 而把文化及社會因素納入，並強調其對人格發展的重要性。

心理分析理論的發展，就如 Arlow (1989) 所說，「從 Freud 開始，心理分析的發展是衆多而分歧。……較新的發展更是多的難以描述」。有的以廣泛的心理原則和研究結果，把心理分析理論加以統整：有的從組織理論的架構中，把新的臨床經驗予以綜合；有的對傳統心理分析的一些理念不滿，而創建以溝通理論爲基礎的心理分析理論；更有的強調人際關係爲塑造人格的重要因素 (Sullivan ， 1953) ，或主張認同 (identification) 在人格發展的過程中扮演著重要的角色 (Erikson ， 1968) ；至於 Jung ， Adler ， Erich Fromm 等學者不但把文化、社會及政治等納入影響人發展的因素中，也接受了不少人文思想，拉遠了其與傳統心理分析的距離。其中以 Erikson 及 Aldler 的理論，在人格發展過程之擴展及滲入人文思想的趨勢上，最具特色，對新心理分析理論的演變也最有影響。

□ Aldler 的個人心理學 individual psychology

Adler ，一如其他的新心理分析學者，強調人的行為是在社會環境中形成。因為人是生於環境、長於環境中，並與其周圍的環境互動，所以行為是個人與環境的互動表現。人不僅與環境互動，他也是整個社會環境的一份子，為此，人不僅對社會有一份感情，也要對社會有所貢獻。我們不能從單一的角度來看人，而要重視人的整體性。過去的經驗雖然重要，但如何解釋過去的經驗更重要。個人的行為是由意識的動機所促動，所以人的行為是有目的的，不論其目的是虛構的或具體的，行為總是有目的及意識導向的。既然如此，人有選擇行為的能力，並應對其選擇的行為負責。人的最高目標就是追求完美，人生的意義也建基於此。

Adler 認為，意識是人格的中心，各人在看現實的事情，都有其主觀的認知參照架構 (subjective frame of reference) ，所以我們也應站在他的立場來瞭解他的行為。人格是一個無形的整體，但可從人的社會行為、創造行為、自由決定行為及其行為導向，來認識其為人。換言之，人的思想、情緒、信念、理想、態度、特質、行為等的表現反映出人的獨特人格。不過， Aldler 認為，由於人的獨特性，人都會有一些天生的限制，對他造成某種程度的自卑感。為了克服各人的自卑感，人人都有追求卓越的企圖，以獲得補償。這點是我們瞭解人行為的主要參考，因為這正是人所以能自我調適及克服困難的動力。個人所追求的目標代表著他對生活的看法，因此，他的各種行為都會跟他的生活目標一致，並形成他獨特的生活方式。 Adler 把人視為自己生活的演員、創造者及藝術設計師，所以 Adler (1964) 認爲，瞭解人的生活方式，就像瞭解作曲家的風格，「我們是從選擇的起點開始：任何行爲表現均導向一個方向、一個動機、一個曲調，由而建立我們的人格」(Corey，1991，p.140)。

根據上述的基本觀念，Adler 把諮商界定爲諮商員與當事人合作關係，共同探討當事人的生活目標及社會價值觀。Adler 強調諮商的再教育功能，使當事人認清自己的生活方式及與生活方式相關的任務。所以諮商的主要目標即在幫助當事人發展他的社會興趣，因爲社會興趣跟個人的基本信念及生活目標密切相關，藉著對錯誤觀念及錯誤目標的的認知，當事人可以矯正以前的生活方式，重新建立生活的方向。爲此，在諮商過程中，諮商員要讓當事人知道他有絕對的自由，改與不改的決定權完全掌握在他自己的手中。諮商員的主要任務是提供他需要的資訊、教導、啓發和鼓勵當事人。幫助他分析他的生活方式，瞭解影響生活方式的動力因素，並認清其生活方式對其生活任務的影響。生活方式的分析不能不涉及其出生的家庭環境、人際關係及社會生活環境，這些方面的評估是非常重要的。這些成長的環境因素，直接影響他對自己、對別人、對世界及對人生觀的發展，而這些觀念實際主導著他的行爲。

生活方式的分析雖然是探討過去，但諮商員所著重的是過去的經驗與現在和將來的關係，也就是以前所形成的觀念、感受和行爲，如何影響其現在及將來的行爲。所以諮商員要針對這些關係幫助他做邏輯的分析、推論和解釋，使他瞭解他過去如何，現在如何，以及將來會如何，以引領當事人找出成長與發展的新途徑，創造更好的未來。Adler 的諮商技術偏重在運用鼓勵，鼓勵當事人探討過去的錯誤觀念及因而引發的情緒和行為，鼓勵他發掘自己的能力和才華，並鼓勵他向自己的錯誤思想及挫敗行為挑戰，勇於改變，勇於冒險，重新做決定，以糾正他的生活目標，並改變他的生活方式。

總之，Adler 可說是心理分析出身的人本諮商理論的前輩，他的基本觀念充滿了人文色彩，因為他強調行為的意識層面，主張行為是目的導向的，重視人的自由選擇及行為責任，認為個人是自己生活的創造者，並重視現在的感受及未來的理想等。難怪他被譽為人本思想運動之父。他不把當事人看成病患，而是正常人，當事人之所以有行為問題，就是因為沒受到鼓勵。為此他的諮商方法多採用鼓勵，幫助當事人覺知自己的生活目標及生活方式的盲點，引導他對其行為目標及生活方式重新評估或改變。他與當事人的諮商關係具有合夥 (aliance) 的特色，共同探討當事人生活的方向，幫助他面對眞實的生活環境。

□ *Erikson* 的自我心理學 *ego psychology*

Erikson 比較忠於 Freud 的傳統觀念，在他的理論中仍保持慾求 (libido) 對行為的主導功能、本能的驅力 (instinctual drive) 等，但在解釋它們的功能時，較抱持保守而審慎的態度。他不認為性驅力是唯一的行為動力，在本能的驅力之外，社會和文化因素對行為更有影響力。為此，Erikson 不特別強調本能和慾求，而更重視塑造人格的社會力量及自我 (ego) 的角色。

對 Erikson 來說，自我 (ego) 不只扮演本我 (id) 與超我 (super

ego) 之間的仲裁角色，自我的主要而基本的功能，是積極地維護自我認定的意識 (a sense of identity)。此一自我認定的心理狀態包括四個層面：即與衆不同的獨特人格意識、整體與不可分的人格意識、人格的一致性及持續性及與社會價值及理想的內在穩定性。他也強調人有超越及控制環境的需要，控制是自我的功能之一，以提昇人對生命之愛，並克服毀滅性的衝動。他對人性抱持積極而又理性的態度，不像 Freud 視社會爲仇敵和製造挫折的原兇，他把重要人物的支持、鼓勵與肯定，視作自我認定及自我控制的主要動力。人與人之間的互動關係 (mutuality) 是人的主要需要，爲此，社會對促進自我的發展，具有關鍵性的影響，但是社會影響能好能壞，所以社會影響也能阻礙自我認定。

基於上述的基本觀念，Erikson 雖然仍維持 Freud 人格發展的基本架構，並承認潛意識的動力影響和早期經驗的重要性，卻不同意它們是唯一的因素，用來解釋五歲以前的人格發展，因爲人格的發展是一生的過程。他把人格發展分爲八個階段：信任或不信任、自主或羞愧及疑慮、主動或罪惡感、勤勉或自卑、角色認定或角色混淆、親蜜或孤獨、創造或懶散、統整或失望。顯然地，他認爲，人自出生到老年持續地在發展，但在每一發展階段，有其心理社會性的危機，而每一危機須靠他人的幫助來解決，一個階段的危機不解決，會影響下一階段的發展。

Erikson 原先也是用傳統的提升潛意識到意識的方法，使當事人領悟潛意識動機對其行爲的影響。他發現這樣的領悟，固然能幫助他增強自我的選擇功能，然而，若要使當事人滿足其自我認定的需要，必須用更積極的方法。同時，他認爲傳統的暗示及提示會引發退化及移情，阻礙當事人瞭解正常情況中的行爲。Erikson 的看法是：當事人應該大致上是健康的及聰明的，才可治癒；心理治療用在不適當的人身上，會使他更糟（Erikson，1977，p.128）。所以他的治療方法盡量減少 Freud 心理分析的偏見，一如其他的新心理分析學者們，用面對面的晤談，盡量避免過份強調當事人的過去，以免當事人對自己的行爲合理化（rationalization），而推卸他應負的責任。他雖然肯定自由聯想技術的價值，但他認爲，遊戲比夢更是深入潛意識的通路（royal road to unconscious）。所以他爲兒童治療時，偏愛用遊戲治療法。同時，他也強調，社會變遷與個人的角色認同混淆很有關係，社會對自我認定的發展影響很大，所以他非常強調社會改革的重要性及人際互動關係的訓練，如此才能消除不正常的心理危機。

以學習原則爲基礎的諮商理論

以學習原則爲基礎的諮商理論（learning theories），強調社會環境因素對行爲的影響，認爲人的行爲，無論好壞，都是學習來的。基本上，行爲諮商或治療就是把這學習心理學的原則，應用在評量及處理心理困擾的問題上。至於環境對行爲的影響程度、強度及方式，則有相當分歧的看法和主張，並衍生出幾個不同的諮商或治療理論，包括古典及操作制約學習理論、應用行爲分析、認知學習理論理論、社會學習理論等的應用，以作爲其諮商或治療的理論基礎。

□古典及操作制約治療

古典及操作制約治療 (classical and operant conditioning) 這兩學派是同出一源的激進的行為學派 (radical) ，強調刺激反應的因果原則，認為行為是對刺激的習慣反應，在刺激環境的制約下，必然會產生行為反應的結果，因此，行為是受環境的決定，激進的行為諮商理論也是一種決定論。

二十世紀初期，是一個集科學主意、唯物論、機械論、決定論、化約論為一體的時代，試圖以自然科學為典範，排除意識型態的抽象理論，建立客觀的心理學。 Watson (1914) 曾肯定的指出，「由行為學派的角度觀之，心理學乃是自然科學的一支，要求純粹客觀且具實驗性，所謂客觀和具體，就是可觀察及可測量的，心理學就是研究可觀察及可測量的行為之科學。意識的地位，就好像在化學及物理中一般，無足輕重」。為此，他就根據 Pavlov 的刺激制約反應實驗的結果，建立了他的制約學習心理學理論。同樣， Skinner (1953 ， 1965) 也強調，「若想運用科學方法來研究人類行為，最基本的條件便應假定人不是自由的。」 (李安得， 1992) 。不過， Skinner 並不認為反應是純被動的，而是積極的。若因環境的改變而產生的行為獲得增強 (reinforcement) ，則被增強的行為會再出現，否則，行為復現的機會很少。他稱這種以獎懲導向的學習原則為操作制約學習。他根據此一學習原則，對心理病患做了系統的研究，他的結論是：沒有任何的正或負增強，學習是不會發生的，被增強的行為會一再出現，未獲鼓勵的行為會逐漸消失。所以要改變某些不良的行為，環境的評估與控制是必須的。

Wolpe (1954，1958) 把古典制約學習理論用於治療上，建立了他的倒反抑制 (reciprocal inhibition) 治療理論。繼而於一九六一發展出他的系統減敏法 (sys-tematic desensitization)，並於此前後寫了不少論著，闡述他的治療理論。Wolpe 的基本觀念是：經神官能症乃一持久的不適應習慣，是在引發焦慮的情境中養成的，其主要成份就是焦慮。最明顯而常見的現象是社交恐懼，而焦慮的副作用是造成害羞、口吃、性障礙、竊癖、愛現、物神崇拜、懷疑、強迫性行爲、及神經質型的憂鬱等。他的治療對象是焦慮患者，他把焦慮 (anxiety) 定義爲：個人對厭惡刺激的反應，是懼怕的同義詞。Wolpe 的行爲治療法是根據古典的行爲學習原則，把行爲視同環境的產物，也就是面對環境的刺激，而產生的不適應的態度、思想、談吐及情緒行爲。他強調治療前的行爲分析，以獲得導致行爲的情境資料，予以控制、改變、或消除。行爲分析包括探察當事人的生活史及其時下的反應。

他在實施治療時所用的技術，包括重複運用停止思想法 (thought stopping) 消除當事人不實際、固執及引發焦慮的思想，並予以制約。他最獨特的治療技術是倒反抑制及系統減敏法。他認爲怕懼是因爲正常的反應行爲被抑制，感受的壓抑是身心困擾的亂源。爲此，對 Wolpe 來說，治療就是要消除抑制的反應，倒反制約及操作制約可相互爲用。爲了達到倒反制約的目的，肯定訓練最能派上用場。所謂肯定訓練，就是使當事人表現與怕懼正相反的情緒和行爲。系統減敏法就是在分析並整理焦慮行爲的情境資料後，依其輕重緩急，有系統地把其焦慮反應逐一化解。重要的是要當事人處在鬆弛的狀態下，面對引發焦慮的刺激情境，能逐漸減低至不再有焦慮反應。爲此，實施系統減敏法以前，必須作鬆弛訓練。

運用操作制約學習原則的治療或諮商理論，強調操弄使操作行爲繼續發生的環境，也就是說，如果操作行爲獲得鼓勵或增強（刺激情境），則此行爲會一再發生，而逐漸形成習慣反應模式。換言之，行爲的改變端視行爲的後果，受到鼓勵的行爲會重演，失意的行爲會消失。根據這個原則，治療者運用增強，包括正增強及負增強，做爲行爲改變的誘因。增強基本上包括與操作行爲相關的刺激之結果及因而使行爲反應再生的可能。增強（酬賞）的提供或取消會對反應行爲產生正、負向的影響，前者爲正增強，有鼓勵行爲反應的功能，而後者則因懲罰或犧牲，而有抑制反應的效果，故視爲負增強。

增強用於行爲改變的方式很多，如動機增強，即利用增強物使其獲得的滿足，而強化其行爲反應；制約增強，即使增強物與其行爲反應相聯連接，而產生行爲的催化作用，諸如金錢、代幣及關心等都可產生增強行爲的功能；社會增強，是利用語言或身體語言，對其行爲予以鼓勵、讚美及肯定等。負增強最直接的方式就是懲罰，而間接的是剝奪其可享受的權利。

操作制約學習的行爲改變技術可以運用的範圍很廣，不論對成人或兒童、在家庭或學校、在醫院或其機構、用於教育、諮商或治療，都很實用。不過，正增強和負增強雖然都能產生控制行爲的效果，直接的懲罰不如積極的鼓勵值得採用（Walker，Hedberg，Clement & Wright，1981）。此外，他們也指出，由於各人價值觀的不同，對增強物及標底行爲的選擇非常重要，因爲誘因不足或不當，標底行爲混淆不明，難以發揮增強的功能。

古典和操作制約學習的治療雖然比較科學及客觀，提供了許多實用的行爲改變的技術，並廣被應用，卻疏忽了情緒和感受在治療過程中的角色，過份強調問題的解決及刺激環境的處理。在實施治療之前，治療者也應該注意當事人的想法和感受。Corey (1991) 綜合出五項人們對行爲學派的批評，包括行爲治療改變行爲，而不改變感受；不重視治療過程中的關係因素；不提供對行爲的瞭解 (insight)；輕忽了行爲的歷史因素；及治療者有控制及操弄之嫌 (pp.315-317)。

□認知學習治療理論 (*cognitive approaches*)

認知行爲治療已成爲行爲治療理論的主流 (Franks，1987)。確實，許多諮商與治療學者，如 Bandura (1969，1986)，Beck (1976)，Bekck & Weishaar (1989)，Goldfried & Davison (1976)，Lazarus (1971，1981，1989)，London (1985)，Mahoney (1977，1979)，Meichenbaum (1977，1985) 等都認爲，爲瞭解並處理行爲問題，認知因素扮演著非常重要的角色 (Corey，1991)。不承認認知角色對行爲改變的重要性，會嚴重影響行爲治療者處理許多臨床行爲問題的能力 (Goldfried & Davison，1976，p.12)。認知諮商學派強調諮商過程中解決問題的邏輯和理性因素，對技術的運用，有折衷和統整的趨勢，根據不同的當事人、不同的問題，採用不同的技術。代表性的認知諮商或治療理論包括 Ellis (1962，1967，1973，1979a.b.c.d., 1982) 的理情治療 (RET)，Bekck(197

6，1986)的認知治療，及Meichenbaum (1977，1985，1986)的認知行爲改變。

1. Ellis的理情治療理論

Ellis的理情治療(rational emotive therapy)與心理分析及正統的人文學派不同，因爲它既不是決定論，也不主張人性善論，而主張人性亦善亦惡。他認爲，人天生就是理性的與非理性的，人一方面有追求幸福及自我實現傾向，另一方面也有自我毀滅及逃避自我實現的傾向。把他的理論列入認知行爲學派，主要原因是他與其他認知及行爲導向的治療理論，頗多共同之處。他強調思想、情緒及行爲是分不開的，情緒是由我們對生活環境的信念、評價、解釋及反應而產生的。情緒表現在行爲上，所以偏差行爲的本源應是不合理的信念。就如Dryden & Ellis (1988)所說，「困擾人的不是事情本身，而是人對事情的看法」(p.214)。所以理情治療著重在認知和行爲的關係上。

Ellis認爲，許多不合理的想法，是人在小時受父母及成人不合理的教條觀念及迷信所灌輸，經過內化過程(internalization)而形成，這些內化的不合理的信念，就是情緒及行爲困擾的主因。教條式的思維方式，多屬「應該、必須如此」等絕對模式的要求或命令，非常不實際也不符合邏輯。例如，我的親人都應該愛我並支持我；我應該把重要的事做的完美無缺；我要的必須得到，否則我無法忍受等。這種絕對而不合理又不實際的想法，會引發破壞性的感受，也因此而產生破壞性的行爲。

不合理及不實際的信念既然是經學習及內化過程而來的，那麼合理而實際的信念也可以以同樣的方式產生，只要諮商員與當事人共同辯證不合理及不實際的思想如何影響其情緒和行為，當可把它們改變為合理、實際及成熟的想法。所以 Ellis (1979) 根據他的 A.B.C.D.E.F. (activating event，belief，consequence，disputing，effect，new feeling) 模式，說明行為反應是由於個人對事件看法 (B) 所產生的結果 (C)，而非由於事件本身 (A)，繼而教當事人如何與自己的不合理信念對質 (D)，發現其謬誤，而達到學習合理思維及行為改變的效果 (E)，也必然會有新的感受 (F)。

根據 Ellis 的基本理念，諮商或治療的主要目的就是導正當事人的思想，以減少他情緒的困擾和自我挫敗的行為，並建立具體及更實際的人生觀，學習更有效的處理生活問題的方法。他強調諮商或治療的教育功能，為此，他的諮商或治療方式偏重指導，指出當事人思想的錯誤，利用面質、建議及規勸，以及指定家庭作業等。為了鼓勵當事人覺知自己的非理性觀念，及其對挫敗行為的影響，Ellis 也用角色扮演及行為改變技術。總之，理情治療的主要方法是綜合認知、情緒反應模式重建及行為改變和示範等技術，以達到治療的效果。

2. Beck 的認知治療理論 (cognitive therapy)

Ellis 是以不合理的信念為自我挫敗行為的主因，所以他把諮商重心放在駁斥不合理的信念上。而 Beck 強調的是偏激思想的結果，行為之所以有偏差，多係對事情的武斷，武斷是沒把事情弄清楚，就妄下判斷，隨之有所反應。因此，Beck 的認知治療理論是根據資料處理的原則，導正當事人的思維方式。他認為，我們是從環境中獲得認知的資料，然後加以統整、綜合，而擬定出行動的計劃，據以制約自己的行為。許多心理的困擾就是這樣形成的。對 Beck 來說，人的感受和行爲取決於人如何組織自己的經驗，所以諮商員應著重在當事人認知的內容，仔細觀察這些思想，找出邏輯上的錯誤，因爲當事人自己內在的對話 (internal dialogue) ，對其行爲的影響，扮演著重要的角色。認知既是感受和行爲的主要決定因素，唯有靠改變錯誤的認知，才能改變偏差的情緒和行爲 (Beck ， 1976 ， 1979) 。 Beck 與 Ellis 兩位的基本觀念頗多相似之處。不同的是， Beck 比較重視認知的組織和型態，諮商方式也比較溫和，強調與當事人對話研商，不像 Ellis 那麼積極的指導。

認知治療的主要目的，在矯正當事人處理經驗資料的過程，並幫助他改變造成不適應情緒和行爲的想法，藉對不正確的信念挑戰，來促進實際及適應的想法，以消除思想中有系統的偏見 (Beck & Weishaar ， 1989) 。爲了達到這個目的，認知治療者要先與當事人共同探討對經驗錯誤的解釋，及其不實際和不合理的想法。然後，再引導他發現錯誤的認知及信念與其以往經驗相關的線索，以認清其現在困擾行爲的眞像。繼而再幫助當事人把他個人的結論作具體的評估和驗證，使他確實體察到思想內容組織的錯誤和不實際，而予以徹底的改變。

3. Meichenbaum 的認知行爲改變 (CBM)

Hartman (1958) 曾指出，「人們對自己說的事，決定他們以後的所做所爲」。 Meichenbaum 一直專心研究人的內言及意像，及內言和意像的改變是否會導致思想、感受及行爲的改變。他研究的結果發現，自我語言，一如別人對他的評語，能影響一個人的行爲，所以他發展出他的自教治療 (self-instructional therapy) ，也

稱爲認知行爲改變 (cognitive behavior modification)。根據 Meichenbaum (1986) 的看法，行爲改變需要先注意到思想、感受、和行爲的情況，以及它們對別人的影響，因爲要產生改變，當事人需要變換行爲的腳本，以便在各種情況中評估他的行爲，因此，「行爲改變是在內言、認知結構、行爲及行爲結果之間一系列的中介互動過程」(Meichenbaum，1977，p.218)。

Meichenbaum (1986) 把行爲改變的過程分爲三個階段：自我觀察，內在對話，知所改變。在諮商之初，當事人應先集中注意力，傾聽他對自己的思想、感受、生理反應及人際行爲的看法。一般而言，當事人的想法多是負向的陳詞及意像，把自己視爲受害者。經過仔細的內省與觀察，使他發現眞正害他的不是別人，而是他自己的負向思想和感受，是他自己把事情看歪了。藉著自我觀察覺知他的不適應行爲後，當事人就要告訴自己或想辦法學習適應行爲的方法，來改變以前的想法、感受、和行爲。這一新的自我對話，有助於重新調整他的認知結構，並發現新的行爲模式。此時，諮商員應教導當事人更有效的因應日常生活問題的技巧，並鼓勵他實際驗證這些技巧，評估其結果。改變行爲是不夠的，眞正有效的諮商或治療，應使當事人學習新的行爲技巧、新的內在對話及新的認知組織。

認知行爲改變所運用的技術，偏重在認知行爲及認知結構的分析，以瞭解當事人的認知、情感及意志的功能，以及其認知結構形成的前因後果。此外，Meichenbaum 所用的技術也是多元化的，諸如焦慮消除制約技術、系統減敏技術、示範技術、倒反制約、免疫訓練、認知重組技術及因應技巧訓練等。運用這些不同技術的主要目的，不外為幫助當事人糾正他的內在對話及行為，其主要特徵是他重視當事人的自我教育訓練，以建立新的組織經驗的思維模式。

□社會學習理論（*social learning theory*）

Bandura (1974，1977，1986) 認為，人是其環境的產物和創造者。換言之，我們不是只被動地受環境的影響，我們也能改變環境。根據此一觀念，他倡導了社會學習理論，Bandura 主張，人的學習大多來自直接的經驗及觀察別人的行為。諮商員是當事人的典範，值得當事人師法，並仿傚他的態度、價值觀、信念和行為。諮商員應覺知自己典範角色的重要性，他若不注意自己對當事人思想和行為的影響，他就是否定自己的人格在諮商過程中的重要性 (Corey，1991，pp.297-298)。

Bandura 很不同意 Skinner 強調行為完全受環境的控制，他認為環境因素與個人的內在因素對行為有交互影響作用。人的想像 (imagination) 能使人產生與想像情境相關的行為，因此認知也具有增強的功能，因為增強物也會改變人的意識的期待，而產生行為。由此可見，Bandura 也主張行為受其結果的制約。不過，他也承認，學習不需要先有行為或被增強後才發生，許多行為是模仿的結果，示範 (modeling) 的功能就是促進社會學習的例證。以觀察來學習是為生存與發展最實際的方法。

Bandura 對心理治療有其獨特的看法，他認為當事人之所以有心理困擾，是因為他不能依所期望得到的好處或逃避的痛苦而探討或採取行動，而使他有一種無力感，因而產生成就妄想、憂鬱、狂想、冷漠或自殺等。為此，諮商員或治療者的主要任務，就是要幫助他恢復信心，使他相信自己能控制環境，只要努力，就會得到想要的結果。焦慮是缺乏信心的訊號，降低焦慮可解除他的心障，並增進實際行為的成功率(Bandura，1977，pp.79-80)。

Rotter (1986) 就是根據 Bandura 的主張，建立了社會學習理論為基礎的治療法。Rotter 把人格界定為穩定而又特殊的行為表現模式，或是對複雜而有組織的整個人的解釋。行為則是據以瞭解人的參考架構。我們若要評量或預測人的行為，須先認清促使行為發生的有利環境，預期特定行為發生後予以特定的增強物，而增強物的價值應符合個人的喜好並和預期的行為相等。換言之，行為是有目的的，其目的就是滿足心理的需要。心理的需要雖然源於生理驅力，但它們也是學習來的。這些心理需要不必用生理的需要滿足與否來解釋，因為行為的導向是達成學習目標，或是經驗告訴他可能獲得的好處。

Rotter 非常強調增強的功能，而各種增強的預期價值，是基於它們之間的功能關係，這些功能關係只能用類化觀念說明。他把增強分為內在增強及外在增強，內在增強係指個人對事情價值的經驗，而外在的增強則是任何發生的事情，具有對其所屬團體增強的作用。內外增強兩者不必需有相互關係，即使某人的行為是因內在增強所引發，也能被視為外在增強，因為增強的價值是一種增強的功能，經由增強物之間的比較、才能以個人的好惡而獲得認定。以社會學習為基礎的諮商理論認為，個人對增強能否使其滿足的主觀知覺，與學習效果有蜜切關係，因此，為使學習產生行為改變的效果，必須能使當事人有最低程度的滿足感。滿足的知覺因人而異，並受經驗、期望、文化等因素的影響，諮商員在選擇學習活動時，應特別注意。

社會學習諮商理論主張，當事人之所以有問題，是因爲自己的行爲不能使他滿意，或對別人沒有好處。換言之，當事人在說他的滿足期望低，或不敢爭取更高的需要價值。所以他們停留在逃避、幻想及不實際的行爲狀態，不敢面對現實。故諮商員要先認清這種社會行爲是如何產生的，及如何才能改變這種行爲，然後，針對當事人的逃避行爲，指導他積極發揮他的潛能，增強他對社會有用的感受，提升他的幸福感，並引領他渡一個更積極而有建設性的生活。爲了達到這個諮商的目的，社會學習諮商商員所用的技術，主要的是鼓勵當事人學習積極而實際的行爲。爲此，他們用理性的認知技術，幫助當事人對所處環境中的人事建立正確的觀念、反應和態度；用再保證技術增進他對自己的信心；用引導傾訴技術使他減輕過去的痛苦經驗；用討論以幫助他領悟新希望；用解釋技術使他對人際行爲獲得新的認知和意義；用讚賞鼓勵他模仿、操習、表現新的行爲等。社會學習理論的諮商員最常用的技術是示範表演及自我肯定訓練，藉觀察和模仿學習人際交往的技巧，並增進對自己的信心。

人本諮商理論 (humaanistic theory)

傳統的心理分析及激進的行爲主義所主張的人格決定論，激起了當時一片反對聲浪，也就是由一群卓越的心理學家所發起的人文運動。他們異口同聲地抨擊以科學主義及化約主義爲典範的心理學，批評他們消極、歪曲及斷章取義的論調，因爲他們沒有針對心理學研究的對象「人」，建立獨立的典範，只以自然科學的原則，化約解釋人的複雜行爲。人本主義強調人的整體性、人的尊嚴、人的整體經驗、人的自主性和人的價值。Cohen (1972) 指出人本心理學的宗旨，「在強調人的基本特性，即人的主體性及自我感；對於過去及未來的意識，使他成爲歷史的產物及創造者；他在倫理及價值判斷下所顯示他普遍概念化的能力」。換句話說，人既不只是機器，也不只是動物（李安德，1992）。

□存在諮商理論

存在諮商理論 (existential counseling) 素被稱爲人本諮商的代表，因爲它是根據人本哲學及人本心理學的理念、反對決定論的立場、抱持存在的觀念和命題，而發展成的存在導向的諮商方法。存在諮商的基本假設就是：人是自由的，因此，人應對自己的自由選擇及行爲負責；我們是自己生活的創造者及建築師，所以我們不僅是環境的犧牲品。存在諮商所強調的是健康的成長，而不是疾病。爲此，存在諮商不把當事人視爲病人，而把他們看成不能面對生活的人。對存在諮商員來說，諮商不是治病，而是鼓勵他們積極的面對人生，找出生活的方向和方法，創造自己的人生。

1. 存在諮商的基本假設

存在諮商對人性的基本假設是，人能夠自我知覺 (self-aware)，也就是說，人不僅能對外在的環境做反應 (react)，也能自我反省 (reflection)，亦即意識到自己的思想、感受和行爲，覺知自己過去和現在的經驗，展望個人的抱負和理想，對自己現在和將來的行爲做抉擇，人能掌握自己的命運。換言之，人能在面對做人的許多可能方式時，決定自己要成爲什麼樣的人，任何可能的選擇，均操在個人的手中，因此，個人要對自己的選擇負起責任。人是獨特的，是以自我爲中心，同時，人也是生活在環境中，離不開別人，必須與其週圍的人發生關係。爲此，人一方面要與別人接觸，另方面也要努力自我認定，以保持自己的獨特性。人有強烈的孤獨感，因爲他雖然生活在社會中，卻不能完全依靠別人，要爲自己的生活目標及生活方式做決定。人生就是獨立與人際關係之間的矛盾。雖然如此，人有勇氣發掘自我中心，並學習如何生存下去。人、我並重，是唯一生存之道。生活的目的及意義是人畢生追求的目標，人必須追尋或創造人生的意義，沒有目標和意義的生活，是神經官能症及神經質焦慮的主因。一般的存在焦慮是正常的，因爲這是人生的一部份，人既然生下來，就必然會死，也就是不存在(nonbeing)，對死亡的焦慮有正向的作用，因爲它是成長的動力，有就是使人覺知自己該如何運用有生之年，好好生活。正如May(1981)所說，我們若領會死亡，就知道沒多少時間完成計劃，那麼把握現在是最重要的。

2.存在諮商的過程

根據上述的基本假設，存在諮商員認爲，當事人的問題或是出在怕負起自由選擇的行爲責任，或是因爲缺乏自我價值系統，而引發的存在焦慮。所以在諮商的主要目的，就是幫助當事人能接受自己的自由行爲，及其連帶的行爲責任，化恐懼爲力量，好好計劃自己的一生，渡一個自主而充實的生活。不過，面對人生許多無法預測的變數及多彩繽紛的生活方式，自由選擇也會爲當事人引發焦慮。因此，存在諮商也要使當事人面對選擇的焦慮，接受現實，並作挑戰性的冒險，爲自己創造存在的價值。換句話說，存在諮商即在邀請當事人認識自己生活的劣勢，而能主動出擊，爲自己的前途建立優勢，以達到自己能達成的目標。存在諮商的宗旨不在治療，因爲它不把當事人視爲病人，而在幫助他檢視他對生活問題的態度，而加以導正，並覺知自己的所做所爲，勿作環境的奴隸 (Bugental，1987；May，1981)。總之，存在諮商的過程就是激發當事人內在生活力的過程 (Bugental，1986)。

3. 存在諮商的技術

存在諮商並沒有特定的技術，而是以當事人的情況，存在諮商員酌情對各諮商理論的技術，作彈性的運用。就如 Baldwin (1987) 所說，諮商員的自我運用是諮商的核心。諮商是我——你會晤 (I - thou encounter)，諮商員深度自我會合當事人的內心時，便是最好的諮商過程。諮商是富創發性的、啓發自我認識、並建基於雙方互信與合作上 (Corey，1991)。存在諮商員選用技術的標準，是根據他的基本理念，也就是人的生活任務在創造統整而有意義的存在。

Corey (1991) 指出，存在諮商的過程分三個階段：第一階段，諮商員幫助當事人釐清他對世界的觀念，讓他檢查並界定自己存在的意義，評估他的價值觀和理念，並引發他對自己的存在及生活問題的責任，作深入的反省。第二階段，鼓勵當事人查察其價值系統的來源及其權威性，以幫助他瞭解並重組他的價值系統和態度，並意識到最有價值的生活方式。最後階段，要幫助他實踐所學，就是把內化和評估的價值，以具體的方式，在日常生活中實施。

由上可知，存在諮商員的主要任務是瞭解當事人對世界的主觀看法，幫助他建立新的世界觀，並檢討他的現時生活情境。所以存在諮商員所用的方法和技術，最主要的是提升當事人的自覺，覺知自己的自主能力和對自由選擇的行爲應負的責任，以善用天賦的自由及責任感，爲自己創造眞正而有價值的生活。爲使當事人消除過去的陰影及焦慮，並建立正確的生活價值觀，存在諮商也運用其他諮商理論的技術，諸如系統減敏法、自由聯想、認知重組、自我肯定訓練、人際關係訓練等技術。不過，存在諮商員並不特別重視技術，他們所關心的，是如何藉重諮商關係，多瞭解當事人的生活情況，以能有效的幫助當事人充分發揮自主能力，避免不負責任的生活，建立個人的存在價值。

□人中心諮商理論 (*person-centered counseling*)

1. Rogers 的基本理念

在人文運動中，Rogers 也扮演了重要的角色。他極力反對激進行爲學派的決定論，並積極倡導人性尊嚴，主張每個人都有天賦發展自己的潛能，並向成長及自我實現之途邁進。人的行爲問題多肇因於早期不健全的人際關係，阻礙了他的成長自我實現的趨勢，陷入了抑壓、缺乏自信及缺乏自覺的消極處境。因此，諮商的基本方式即是諮商員與當事人重建一個嶄新、健全、互敬互重的人際關係，使他在不受威脅的氣氛下，超越現有的障礙，重新尋回他本來健全的存在核心，即眞我，將它解放出來，並健全地成長下去。然後才能指望他與其他人建立類似的健全關係（李安德，1992，p.112）。

Rogers 之所以如此重視健全的人際關係及其與自我成長的影響，跟他個人早期的經驗不無關連。他生長在一個虔誠的基督教家庭，自幼就受到父母「不得與非基督徒或異教徒來往」態度的影響，而形成了他對別人的價值態度。他回憶說，「此一潛意識的高傲隔離是他小學時期的行爲特徵」（Rogers，1980）。當他進入中學，開始覺知友誼的重要，並渴望交結朋友，卻被父母的態度和環境所阻撓，所以他的「青春時期，除表面的社交往來外，從未有要好的朋友」（同上）。直到上大學，因參與社團及自我指導團體等活動，他才眞正體驗到友情的意義，開始發展自己的社交活動。藉著以友輔仁的經驗與心得，激起他從事助人專業的理想與抱負，走上心理治療的學程在實習與諮商實務的經驗中，他回憶說「我深切體驗到，我之所以對諮商與心理治療有興趣，一部份是由於我早期的孤獨感。只有這種社會認可的親密社交方式，才能彌補過去我所感受的渴望」（Rogers，1980）。

Oto Rank 的關係治療（relationship therapy）及 Martin Buber 的（I-Thou relationship）理念，以及他在諮商實務中運用傾聽效果的心得，增強了他對當事人的信心，強調當事人有能力探討、瞭解及解決自己的問題，只要諮商員能提供眞正溫暖和會心瞭解的親切一致的輔助關係，就足以產生治療效果（Rogers，1957）。在此一信心的基礎上，他建立了他的非指導諮商理論（non-directive therapy）。經由不斷的學習和體驗，他不但學習到信任當事人，也學習到信任他自己，也就是相信自己內心的感受、觀念和目的，不僅對諮商關係中的當事人，對跟別人來往時，自己變得更自在、更眞實、也更善體人意（Rogers，1980）。Rogers 重新把非指導治療改爲當事人中心治療（client-centered therapy）。經過長時間的研究，他發現人與人相互影響之間，如何爭取、把持、分享或放棄權勢及控制別人的情形，遂對諮商員與當事人之間的互動關係及影響觀念予以調整，把他的治療理論又改成人中心治療（person-centered therapy）。他非常肯定的指出，「絕對沒有任何事，比深信人的尊嚴及能力和彼此深入而眞誠的溝通，更能使我們團結在一起」（Rogers，1980）。Rogers 在其晚年，對東方哲學思想及超個人心理學，發生了濃厚的興趣，他說，「近年來，我很欣賞佛教的禪學，特別是老子及中國古聖先賢的哲理」（Rogers，1980）。

2.人中心諮商的過程

在尊重且信任個人尊嚴及自我指導能力的前提下，Rogers 的人中心諮商過程只有一個主要的目的，就是幫助當事人在成長的過程中，能更獨立而統整地面對現在和將來的問題。爲此，諮商即在提供當事人一個安全而自由的氣氛，使他藉著親切眞誠的溝通，消除虛僞的面具，認清自己的眞實面貌及潛能，開放自己的經驗，增強自我的信心，評估自己的內在資源，強化他不斷成長的意願。諮商員無需爲當事人的成長目標操心，因爲當事人有能力決定並澄清他自己成長與發展的方向。諮商員主要的任務，就是表現眞誠、無條件支持及會心瞭解的態度，藉以幫助當事人擺脫自我防衛，爲自己打通一條高度順通並充分發揮自我功能的道路。對人中心諮商員來說，他的角色就是沒有角色，他的諮商技術就是不用技術，諮商的功能就是催化當事人的自我成長。

人中心諮商的成敗關鍵在於能否建立眞正的諮商關係，若能使當事人利用此一關係，達到個人成長、改變及自我發展，那麼諮商關係就是必要的，也足以完成治療效果(Rogers，1967，1969，1987e)。不過，這一必要及有效的輔助關係有三個主要的特徵，即眞誠一致、無條件的支持及正確的會心瞭解。同時，也應符合以下的六個條件：⑴諮商員與當事人有心理接觸；⑵當事人有不一致的經驗；⑶諮商員在諮商關係中是一致而健全的；⑷諮商員眞正關心當事人；⑸諮商員瞭解當事人的內在架構，並與他溝通此一經驗；⑹這種對當事人瞭解及支持經驗的溝通應達到一定的程度。總之，當事人的改變過程繫於諮商關係品質的好壞。

完形諮商理論

完形諮商理論(Gestalt theory of counseling)是由Perls發展出來的，他彙集了心理分析、存在心理學、完形心理學及其他諮商學者的諮商理念，統整成完形諮商理論。基本上，完形諮商是存在導向的，強調個人生活及成長的責任。Perls非常重視此時此刻的經驗及主觀意識，也頗有濃厚的經驗哲學和現象心理學的色彩。當他解釋人的有機功能運作過程時，則套用了完形心理學的原則及持平原理(homeostasis)以闡明知覺的整體性(perceptual whole)及自我調適(self regulation)(Passons，1975；Patterson，1986)。

1. 完形諮商的基本概念

一如存在諮商及現象論的觀點，Perls 強調人的直接經驗和主觀知覺才是個人眞正的知識來源。覺知並掌握自己內在的需要，個人才能知所選擇，以滿足需要，過一個有意義有價値的生活。人的問題出在缺乏自我知覺，或不敢面對現實，因而阻礙了正常的成長和發展。人本來就能自己解決自己的問題，諮商只在幫助當事人提昇他的自我知覺，統整他的經驗，化人助爲自助。人有不斷維持內在平衡的動機，此一追求平衡的動機是基於人的有機需要，自然地會循失衡狀態作自我調適，尋求需要的滿足，以維持平衡。根據持平原則，人的知覺有系統和有組織地形成覺知形像與背景的經驗，並循環交替出現或隱退。例如，當人饑餓時，便產生生理失衡狀態，食物的需要出現，力求滿足。待酒足飯飽，則恢復平衡，飲食的需要消失。人就是生存在形像（需要）與背景（滿足）交替流動的狀態中，因爲舊的需要滿足後，新的需要又會出現 (Walker，1971；Passons，1975)。

Perls 不只重視人的有機需要，也強調人的精神層面。他認爲人是一個整體，身與靈 (body and spirit) 形成互依的實體，也就是說，人是統一的整體，包括身體、心理及精神的。同時，他也認爲，人與環境也是相互依存的，兩者的互動是個人成長的主要條件。除非人能採取、吸收、消化環境中的東西，他才能生存、成長及發展。爲此，人必須突破我與環境的藩籬，才能滿足他的需要。逃避環境中的危險物或情況，固然也如接觸環境能或得滿足，但是，若該與環境接觸而不敢接觸，即成爲行爲問題的癥結 (Perls，1969a；1973)。

人難免為過去的不幸所困擾，Perls 則認為，逝者已矣！過去的不能回來，未來的是不知數，把握現在才是最重要的。我們無需為過去的失落而悲傷，或為以往的錯誤而自責，否則徒然浪費精力和心思，也無法專心於現在的生活上。不過，讓當事人談談他的過去、現在和未來，並非不無好處（Poster，1987a）。但陳述的方式是以發生過什麼（what）及如何發生的（how）為宜，而不作解釋為什麼（why），不然會導致合理化及自欺，而與現在的經驗脫節（Perls，1969）。此時此刻的感受和經驗才是具體而眞實的。

根據完形諮商學者們的看法，過去沒有表達出來的感受、也就是他們所謂的未完成的事（unfinished business），也就是沒有滿足的需要，會衍生出許多奇怪的記憶和幻想，致影響人的現在行為。由於這些未完成的事未經充分覺知和經驗，它們就滯隱於背後（background），卻暗中阻撓與自己和別人的接觸，直到正面地把它們予以處理為止。如何處理呢？就是讓它們表達出來（Perls，1969）。如果我們不去面對這些未完成的事，以及直接經驗從它們衍生出來的不愉快的感受，我們便不能突破它們的障礙（impasse），無法自我成長。因為逃避（avoid）面對現實的感受，會使我們產生心理障礙，沉溺於更深的痛苦和幻想中（Perls，1969）。

Perls 把神經官能症（neurosis）視為不適應行為的表現，其發展，跟個人的自我調適（self-regulation）及與環境的互動情形（interaction of the person with the environment），有密切關係。為此，Perls（1970）以剝葱的比喻，來解釋成人的人格發展。他指出，為達到心理的成熟，人們須剝掉心理官能症的五層皮：即虛僞(phony)、恐懼(phobic)、死巷(impasse)、閉壓(implosive)及爆發(explosive)。這五層皮逐一剝掉後，我們便會不再生活在幻想、恐懼中，而能突破心障，肯定自我，成爲一個自主而快樂的人(Corey，1991)。

2. 諮商過程

完形諮商的主要目的，在提昇當事人的自我知覺與行爲的責任感，以促進眞實的成長和自我主導的快樂生活。完形諮商員的主要角色和任務，在設計提昇自我知覺的練習方法和活動，並指導當事人練習，鼓勵他學習充分運用自己的感官，掌握身體所發出的訊息。完形諮商強調諮商員人格的表現，因爲若要使當事人成爲眞實的人，他需要接觸的應是眞實的諮商員(authentic therapist)(Corey，1991)。爲此，完形諮商員的角色是改變的創發者、發明人及有同情心和關心別人的人(Zinker，1978)。一如Zinker，Polster & Polster (1973)也稱諮商員爲自己的工具，就像美術家，他需要與所畫的景像接觸，爲此，諮商員應爲創造新生活的參與者。因此，完形諮商中，諮商員本身及其與當事人之間，應眞誠的相互配合，心靈互通，共同改變。換言之，諮商員若要當事人提昇自覺，他自己應先發揮自覺的功能。

完形諮商的進行先從確定目標開始，也就是促進當事人的成熟，及消除成長的障礙，化人助爲自助。然後，諮商員要幫助他認清阻礙他成長和發展的障礙，予以克服，並鼓勵他勇敢地面對現實。查察自我挫敗的思想、感受和行爲，及克服障礙的方法，就是對他們作此時此刻的親身體驗。所以觀察當事人的非語言線索，及激發他的自覺，是諮商員在諮商過程中的主要功能。為此，諮商員禁止當事人用「我」、「你」以外的其他代名詞，或混淆不清，或消極及不肯定的言詞和語氣，也不問「為什麼」，只以「什麼」及「如何」讓當事人作說明，以強化他對自己行為的責任感。

3. 諮商技術

完形諮商很強調技術的運用，卻不用技術這個名詞，而稱之為實驗 (experiments) 或操練 (exercises) 。Polster (1987) 解釋說，實驗是把衝突行為化的過程，是發掘衝突的方法，旨在使當事人能處理其生活中的障礙，並有利於諮商服務的參考。他們設計的實驗或練習活動，都是為提升當事人的自覺，實驗或練習的效能不在其本身，而在當事人如何運用。(Passons，1975) 。完形諮商所慣用的技術，包括(1)對話練習 (dialogue exercise) ，係個人人格中的兩極心態：強勢 (top dog) 對弱勢 (underdog) ，多以空椅法和角色扮演來操習。(2)循圓會 (making the round) ，團員圍成一圈，每人循序走向另一人，面對他說一句話，或做一個動作。(3)說「我對……負責」，以覺知並接納自己的感受。(4)投射遊戲 (playing the projection) ，把在別人身上看到的缺點，而自己不願有也無法接受，以角色扮演的方式，表演出來。(5)未完成的事 (unfinished business) ，找出自己一生中最最感憤恨的一件事，用語言和行為語言表達出來，提昇自己感受別人的反應。因為憤恨正代表未完成的事，或未獲解決的情感等。(6)我有一個秘密 (I have a secret) ，說出自己認為秘密的事，以覺知自己的罪惡感和羞恥感。(7)彩排 (rehearsal) ，把自己幻想中所期望的角色，用實際的行動表演出來，以覺知或經驗到自己對此角色的內心感受，以及爲達成目的應有的準備和方法。(8)誇張（exageration），把不經意的行爲語言或動作，做重覆地誇張表現，以增強與此行爲相關的感受，並彰現其意義。(9)倒反技術（reversal），把自己抑壓的衝突、衝動或恐懼，以角色扮演的方式演出，以幫助當事人接納自己不肯接納或否定的人格特質。(10)伴隨感受（staying with the feeling），即持續經驗自己的不愉快或挫折感，覺察此一感受的發展和內涵，以能接納和面對它。(11)進退韻律（the rhythm of contact and withdrawal），把個人不敢面對的兩極性生活功能，如愛和恨，在設想的安全處所重新體驗，以恢復面對它的勇氣。(12)塡句遊戲（may I feed you a sentence?），即針對當事人所表現的態度或透露的訊息，向他說「我可以爲你補充一句話嗎？」，然後說出這句話（Levitsky & Perls，1970）。

總之，完形諮商的主要目的，即在幫助當事人成長和成熟。成長就是要能自助，自助就得勇於自決並對自決的行爲負責。此外，眞正的成熟和成長在能統整自己的思想、感受和行爲，使身心合一，發揮個人整體的功能。爲使身心功能有效的運作，必須覺知個人身心的需要，並勇於面對和滿足這些需要。如果內外行爲一致，不僅不浪費精力，且能適切地滿足需要，促進成長和成熟。

其他諮商理論

上述的心理分析、以學習理論爲基礎的行爲學派及人本諮商理論，都有其正統的哲學及心理學思想的傳承。而其他的諮商理論，雖然也融合了上述各大學派的一些理念，卻有其獨特的思路和諮商方式，不易歸屬以上的三大理論體系。特把較實用也常用的現實諮商及人際溝通兩種諮商方法予以簡介，再就綜合導向的諮商理論及新興的超個人心理諮商作說明，以便讀者參考。

現實治療

現實治療 (reality therapy) 或諮商是 Glasser 於一九六五發展的。他的基本理念是：行爲既然是自己選擇的，自己就要對行爲負責。爲此，諮商即在幫助當事人提昇評估其行爲的能力，做更有效的行爲表現。起先他的諮商理念融合了存在諮商及合理情緒諮商的觀念，而後，於一九八一採用了控制理論 (control theory) 作爲現實諮商的理論基礎，使其諮商理論架構更系統化。控制理論的基本假設是，我們每人會爲自己建立滿足需要的內在世界，卻不一定與現實的世界吻合，因爲各人有其個人主觀的看法。人的行爲即是控制對外界的覺察，以滿足內心的需要。根據這一原則， Glasser 認爲，人便能控制其生活，並防止許多可能遭遇的問題和挫折 (Glasser ， 1981 ， 1985) 。

1. 基本觀念

Glasser 認爲，人的行爲是有目標的，而其目標就是內心的需求，包括歸屬、權勢、自由、娛樂及生存。這些需求驅使我們追求滿足，而我們的頭腦幫助我們找到我們所要的。如果我們的需要獲得滿足，便產生成就感及成就認同，因而發展出自尊心和正向的自我觀念；否則，就會造成失敗認同及痛苦的經驗。所以現實諮商的主要目的，就是要幫助人從生活中滿足上述的基本需要，滿足需要應遵循兩個原則：努力工作及不侵犯別人的自由，這樣才算負責的行爲。行爲是由思想、感受、行動及生理所組成，並指導我們的生活方向。行爲的運作是整體性的，不是單一的思想、感受或行動。若要改變行爲，必須要看我們怎麼想，怎麼做、想的做的如何引發情緒及生理反應。人絕對有能力改變自己的行爲，因爲行爲是自己選擇的，所以要對自己的行爲負責，並掌握自己的命運(Glasser ，1989)。

2.諮商過程

現實諮商的目的，在幫助當事人滿足其五大需要：歸屬、權勢、自由、娛樂及生存，並使他學習控制個人生活的方法，因而生活的更成功。爲此，諮商員要扮演導師、支持及鼓勵的角色，教導當事人控制理論，指導他如何做選擇、計劃和執行計劃，提供他做事的方法，幫助他發現自己的潛能和才華，協助他評估他的需要，提升他的責任感，促進成功的認同，並以身作則(Galasser ，1986 ，1989)。現實諮商員的主要工作，即專注於當事人現在的情況(what he is doing now)，而不追究爲什麼他會這樣，以免他找藉口而推卸責任。鼓勵當事人探討他的需要及對事情的看法，幫助他評估他現在的行爲，並指導他如何改變行爲，以達到成功的認同和負責的態度，使他認清，「一切操之在己」。

□人際交往分析

人際交往分析(Transactional analysis)也有譯爲人際溝通分析，是 Eric Berne 於一九五〇年代發展出來的。他認爲，每人內在就有父母、成人及兒童三種自我狀態，並根據這三種自我狀態與自己及人溝通。實際上，人際交往分析是一種人格結構理論，據此解釋人的思想、感受和行為，發現人與人交往時經常會玩心理遊戲，人的生活方向與其內在計劃有決定性的關連，遂建立了人際如何溝通的理論，並發展出新的方法和技術，以幫助當事人提高知覺，瞭解三種自我狀態的互動關係，並對自己的行為及生活重新做決定。

1. 主要概念

人的行為有三個基本的型態：父母型 (parent) 、成人型 (adult) 及兒童型 (child) 。父母型的行為是受父母早期的影響，而內化的一種行為模式，對待別人時多以命令、批評或溺愛的態度，前二者稱之為批判性父母，後者為撫養性父母。成人型則表現關懷、講理、客觀及提供訊息，而不作批評或情緒化反應。兒童型的自我狀態表現天真自然，或適應情境，或聰明機智，故可分為自然兒童、適應兒童及小教授。

由於早期受父母及成人的行為和態度的影響，在兒童心目中形成了不同的生活態度。根據 Berne (1964 ， 1972) 以及 Harris (1967) 和 Steiner (1974) 的研究，這些養成的生活態度有：我不好，你好；我不好，你也不好；我不好，你也不好；我好，你也好。他們稱之為人的生活腳本 (life script) ，人們根據這些不同的生活腳本與人交往。不過，這些生活腳本雖然是兒童時期寫成，不是不能重寫 (Goulding & Goulding ， 1979) 。

人際溝通深受自我狀態及生活腳本的影響。 Berne (1961) 把人際溝通分為互補 (complementary) 、交錯 (Crossed) 及曖昧 (ulte rior) 三種溝通方式。互補溝通是適當及預期中的溝通，能使溝通的雙方都能獲得期望的滿足。這種溝通是以三種自我狀態相互平行的方式彼此交談，各自因而產生需要的互補作用。交錯溝通是指雙方溝通時，對方的答話出乎另一方的預料，使溝通發生故障，而無法繼續下去。曖昧溝通比較複雜，往往會牽涉到兩種以上的自我狀態，並含有表面和隱藏的兩種訊息。

爲解釋他的理論，Berne 採用了幾個他慣用的名詞，闡明人日常生活中的一些行爲。他用渴望 (hunger) 來說明人的行爲動機。人有那些渴望呢？他認爲人有兩個比較基本的渴望：撫愛和時間的利用。撫愛 (stroke) 是與人溝通的方法，有正負兩方面之分。正面的撫愛，例如說我喜歡你，能以親切的撫慰、接觸、擁抱、親吻、友善的態度，或接納的言詞表達出來。如果正面的撫愛是眞誠而沒有附帶條件的話，都能產生鼓舞士氣和感情的功能，並促進心理健康。負面的撫愛，比如說我不喜歡你，多以吵架、埋怨、貶斥、羞辱，或諷刺來表示。實際上，負面的撫愛稱不上撫愛，其效果是阻礙成長。

時間的利用 (passtime) 是人類另一種渴望，也是人頗傷腦筋的事，而人卻是用利用時間來滿足其他的渴望。例如親密、活動、運動、消遣、休閒、儀式及玩心理遊戲等，都是打發時間的方法。這些都能使我們獲得某種形式的社交滿足。就拿玩心理遊戲 (games) 來說，它雖然是屬於曖昧溝通，也是爲打發時間，建立人際關係。不過，心理遊戲常在表面的訊息外，隱含著別的訊息，曖昧含混，好像在捉迷藏，令人有不好的感受 (rackets)。諸如喧囂 (up roar)，以小動作引發爭吵；扯自己後腿 (kick me)，自己不如人，故意露出破綻來對打對罵；是……不過（yes … but），用以藉口來推卸責任；以及設陷阱來找機會還擊對方等。

因負面撫愛及心理遊戲而引發的不好感受，久而久之，便只好以表面的表示高興來代替，Berne 稱之爲虛以委蛇（racket）。虛以委蛇的表達方式很多，諸如憤怒虛以委蛇、罪惡感虛以委蛇、沮喪虛以委蛇等。這種虛以委蛇的態度多在幼時養成，成爲生活腳本的一部份，影響個人的行爲反應型態，如得過且過，虛應故事，或強言歡笑等。

2. 諮商過程

人際交往分析即在幫助當事人改變過去的錯誤決定，對自己的行爲和生活方向重新做決定。因此，人際交往分析著重在認知，而不太重視情緒和感受。諮商員的主要任務是幫助當事人找出早期所做的決定及生活計劃中的不利情況，並發展改正錯誤決定的策略，與當事人共同研究，提供成人的意見。

人際交往分析諮商的主要過程包括以下的幾種分析：⑴結構分析（struc-tural analysis），幫助當事人覺知並瞭解父母、成人及兒童三種自我狀態的內涵及功能，以學習如何認定其自我狀態，並辨識三種自我狀態之間的浸染（contamination）和排斥的現象。⑵溝通分析（transactional analysis），向當事人解釋互補（complemen-tary）、交錯（crossed）及曖昧（ulterior）三種溝通的典型和其所產生的效應。⑶生活腳本分析（script analysis），幫他覺知自己過去的生活型態和計劃，以及其對現在行爲及生活方式的影響，提升其自主意識，重新做決定。⑷分析與前三者相關的儀式（rituals）、時間利用（passtimes）、心理遊戲（games）及虛以委蛇（rackets），以提示當事人對這些行爲的警覺，及其對人際交往和建立生活計劃與方向的影響。

爲達到諮商的目的，人際交往分析的諮商員也普遍採用其他理論的技術，包括完形諮商的提昇自覺的技術，認知學派的認知重組技術，行爲改變技術，系統減敏技術、心理及社會劇、家庭諮商技術及互動團體技術等 (Goulding and Goulding，1979)。人際交往分析，依其理論架構和方法，以團體諮商的方式實施更爲適當。

□折衷諮商理論

折衷諮商理論 (eclectic counsleling) 也被稱爲綜合或統整諮商理論，盡管有名稱上的爭議，學者們有一個共識，那就是任何一種單一的諮商理論無法解釋人的複雜行爲，任何一種技術也不是萬能的，不能解決人在生活中所遭遇的各種問題。因此，如何整合出各諮商理論中的共識和優點，使成爲一個有組織、有系統而且完整的諮商理論，彈性運用於各種問題情境，已成爲近代諮商學者和實務工作者研究的方向 (Beutler，1983；Patterson，1986，1989)。

折衷導向的基本理由是，(1)不同的問題需要不同的處理方法。(2)單一諮商方法不可能用以解決所有問題。(3)諮商員應清楚以下的問題：當事人的問題是什麼？用什麼方法？誰來處理最有效？在什麼情境下？爲了答覆這些問題，他們認爲正確的答案應是，(1)把問題分類，(2)把當事人依人格分類，(3)把技術分類，(4)把諮商員分類，(5)把環境分類，(6)諮商原則及方法應符合上述的各個變項(Beutler，1983)。

折衷諮商理論，實際上，並沒有一個共同的原則，就如Patterson (1986) 所說的，有多少折衷諮商員，就有多少折衷諮商方法。自認爲是折衷的很多，較有系統的折衷諮商理論包括Thorne (1967) 的理論折衷，Garfield (1980) 的方法或過程折衷，Lazarus (1981) 的技術折衷，Diamond et al. (1978) 的處方折衷，Held (1984) 的策略折衷，Palmer (1980) 的行爲折衷，Hart 的功能折衷，及 Beutler (1983) 的配合折衷等。Assagioli (1965) 的心理綜合 (psychosynthesis) 也是折衷理論。一般而言，折衷理論多是採用兩個以上理論的觀念、方法和技術，來闡明自己的理念和立場。下面僅以 Thorne 及 Lazarus 的折衷理論加以說明。

1. Thorne 的理論折衷

Thorne 的折衷諮商理論是最有系統及科學化的。他是以歸納法，把諮商理論中的優點及證實的理念作有系統的整合，而形成一較完整的理論。他強調人格組織動力的研究，他認爲人格是一統整的整體 (integrated whole)，研究人，必須觀察他在特定環境中的行爲表現，並進入他的內在世界，借重他的主觀經驗。人的變化是他與內在及外在環境的結果，爲此，實際上，人格就是個人獨特和社交型態改變及做人的過程。人格動力是由各種驅力 (drives) 所組成，包括高層組織驅力、爭取及維持穩定的驅力、統整對立功能以求平衡的驅力等。所謂個人生活方式，就是在追求這些需要的滿足及面對現實的因應方式。意識及意識的經驗是人格功能的中心，也是自我及自我知覺的所在，而意識的自我正是人格的組織中心，以發揮自我調適、自我控制、自我指導、自我一致的功能。人格發展是自我實現的過程。由於人能夠展望未來、追求存在的意義及生活價值和個人的存在，以及人的終極價值，所以人也能超越過去和現在。人是自主的而不完全受制於機械式的決定，因爲人格是在生物組織、文化及自我實現等因素影響下發展。自決是基於人有選擇及做決定的自由，爲此，人需要價值系統，當然也應對自己的行爲負責。行爲是人格的表現，而人格的發展即在努力超越控制行爲的情緒衝動，此一目標可藉學習及完全用理性的自主控制行爲而達成。

基於上述的基本理念，Thorne 的諮商過程強調診斷影響偏差行爲的動力因素，藉以辨識出中心問題、心理過程、病因、存在及現象因素及不健全的統整型態。爲此，Thorne 的諮商方法多以個案研究的方式實施，包括八個步驟：⑴確認當事人行爲的心理狀態，並從他的內在架構瞭解其行爲。⑵診斷影響因素。⑶行爲診斷及把肇因分類。⑷選擇處理問題的方法。⑸處理問題的基本因素。⑹處理問題的個人計劃。⑺特別問題的處理。⑻評估處理的結果。

Thorne 的諮商理論是統整性的，其諮商過程又強調詳細的診斷，所以他所用的諮商技術也是多元化的。根據診斷的結果，他用建構法 (structuring)、症狀固著戒避法 (avoiding symptom fixation)、維持士氣法 (maintaining morale)、支配互動法 (masterful interaction)、建議及非指導等技術，來處理行爲的徵候。如果當事人需要支援，他就用支持性的技術，例如經濟支援、再保證 (reasurance)、及醫療服務等。如果需要的話，他就用影響技術，例如提示 (suggestion)、勸說 (persuasion)、建議 (advice giving)、壓力

(presure)、強制(coercion)及懲罰等。爲處理行爲問題，他採用行爲改變技術，諸如制約(conditioning)、再制約(reconditioning)、反應技術(reactive)、再學習、訓練及教導(tutoring)等技術。總之，爲了達成諮商與治療的目的，他在選用技術上非常具有彈性。

2. Lazarus 的技術折衷 (technical eclecticism)

Lazarus 是從純實驗及實用觀點做各種諮商技術的折衷，針對當事人的行爲型態，選用最適當的技術。所以他的折衷方式是技術導向的。他認爲人是由生物化學(biochemical)及神經生理(neurophysiological)的有機體，因此，人的經驗不外乎行動(moving)、感受(feeling)、感覺(sensing)、思想(thinking)、幻想(imagining)及它們之間的相互關係所組成。生活即是現在行爲、情感、感覺、意像、認知、社交及生理變化的過程。基本上，人格也就是行爲(behavior)、情感(affect)、感覺(sensation)、意像(imagery)、認知(cognition) 及人際關係(interpersonal relations)，和生理功能(drugs)、包括營養及運動的組合。他把這些人格的成份簡稱之爲 BASIC-ID，以代表人格的基本架構。他相信人基本上都是一樣的，人的個別差異在於這些人格成份的組合型態(modalities)不同。諮商實務就是要根據各人的行爲型態，予以適當的處理，所以他的諮商方法稱爲多重模式(multimodal)諮商(Lazarus，1971，1986，1987，1989)。

多重模式諮商的主要目的，即在用最好及最適合個別當事人的技術，幫助他盡快達成所希望的改變，獲得各方面的滿足。換言之，諮商方法是要適合當事人，而不是要所有的當事人符合某一諮商方法。所以多重模式諮商員的主要任務，就是要徹底評估當事人的 BASIC-ID 型態，選擇最適當的技術，處理他的問題。多重模式諮商員強調 BASIC-ID 各項型態的分析，組織成行爲型態的側面圖（modality profile），以糾正當事人不合理的信念、偏差的行爲、不愉快的感受、困擾的意像、不良的人際關係、消極的感覺及生化的不平衡。

多重模式諮商的過程有一定的順序：⑴由當事人說出他的困擾；⑵評估並組織成人格型態的側面圖，以研定諮商的步驟；⑶與當事人討論初繪的側面圖，以確定其正確性；⑷處理；⑸若發現障礙，重新評估 BASIC-ID。爲評估當事人的人格型態，Lazarus 於一九八二及一九八九年編製並修訂了 BASIC-ID 問卷，針對每一個組成人格的成份，提出一連串的問題，來詢問當事人。

Lazrus 根據他的理念，在選用技術方面傾向多元化，他採用了大量不同的技術，以達到最佳的諮商效果。不過他所選的技術絕大多數是從各行爲諮商方法中挑選的，諸如反制約、正增強、負增強、懲罰、消除緊張、生物回饋、鬆弛技術、感官愉悅、自我意像改變、面對意像、認知重組、自覺訓鍊、示範、矛盾策略……等。實際上，Lazarus 的技術折衷明顯的是行爲諮商導向的。

□心理綜合諮商

心理綜合諮商（psychosynthesis）是 Roberto Assagioli 於一九六五所創發。心理綜合是一種開放的理論系統，融合了生物的、心理的、精神的、哲學的、倫理的、超個人的基本理念，以及實際的生活經驗，行成一個統整思想架構，以解釋複雜的人格結構與發展。所以心理綜合是一統整的系統 (comprehensive - systematic) 而非折衷 (eclectic)(Taylor ， 1968) 。Russell (1982) 把心理綜合以廣義及狹義來界定。廣義的心理綜合，顧名思義，是統整人的經驗及自然傾向，以說明整個人高度有組織的發展。簡單地說，心理綜合就是一生活過程，生活目標、及生活方向的界定及理論，並揭發人生及宇宙的奧祕。從狹義來說，心理縱合實是超個人心理學的一種特殊模式，它的假設可用科學方法予以測試及驗證。心理綜合學會界定心理綜合爲心理及教育過程，以確認並協調內心生活的衝突。它也是以積極人性觀及宇宙觀爲基礎的發展過程，在說明人的存在意識、人格統整及自我爲存在及自覺的統整中心。

1. 基本觀念

心理綜合強調個人跟整個其他人格網絡有互動關係，他也能運用其高層特質及能力來超越其限制，因爲人是生活在其內外環境中，受到各種限制，但人卻有許多天賦的優長和潛能及高層的精神特質，如果好自運用，就能克服並超越這些限制。爲此，Assagioli 認爲，人格就是在體驗疏離、分歧和變化的經驗中，能意識到自己的身份、應扮演的角色及自己的思想、感受、和行爲。如此看來，人格是具有成長潛能的多面的及動力的實體。成長過程是一系列的覺醒 (awakenings) ，而覺醒需要把人格的各種特質重組，以符合廣義的自我觀念。這種新的經驗及自我表達方式，以及新的自我掌握的程度，在個人的生活中才更爲明顯。

Assagioli 把人格視爲多層面的心理結構，包括意識和潛意識、心理功能、次級自我和次級人格特質、以及身體、感受和心智三部組織，連同一個統整中心及與高層意識的關係。他把人格描繪成一個蛋形的意識與潛意識多層面的心理結構，並以虛線分界，以彰顯各層潛意識與意識層面的互動關係。這個蛋形的人格結構包含四種潛意識：低層潛意識——含蓋了個人的各種本能、傾向及情結；中層潛意識——係指圍繞在意識週圍的臨時遺忘的人格成分，但很容易進入意識；高層潛意識——包含了個人的才華及潛能，只要予以注意，便會啓發內力和靈感，以面對成長過程中的困擾和障礙；集合潛意識——圍繞在蛋形結構的外圍，包括社會及傳統文化的各種影響人格發展的因素。在蛋形中央的小圓圈是意識區，代表此時此刻的現在經驗，也就是個人覺知的行爲、感受和思想。個人自我（personal self），也就是主體我（I），位於意識區的正中央，成爲人格的統整及聯絡中心。位於蛋形最高處的一點是眞我（True Self）或高層自我（Higher Self），是個人高層意識的中心，也是個人成長與自我實現的本源。意識自我（personal self）及眞我或高層自我（True Self）並非兩個自我，而是一個自我，意識自我的功能在提昇潛意識到意識，擴大意識區，以統整並延伸自我意識，使個人更能接近眞我，達成高度自我實現的目的。

Assagioli 把人格也看成個人身心功能的組合，以六角星圖表示人的八種身心的功能：感覺、感受（情緒）、欲求、幻想、思考、直觀、意志及自我。後兩項是在六角星的中心圓內，自我居中，成爲其他功能的中心點。個人意識自我能依其現時的目的選擇運用某些功能，從事自我發展及人格重組。每人都有這些基本的功能，但各人的自然傾向不同，其強調運用某些功能也有差異。

2.諮商過程

根據 Assagioli 的看法，諮商就是幫助當事人做心理綜合的過程。綜合 (synthesis) 在希臘文中的意思是放在一起 (to put together)，也就是把部分合成一密不可分的整體。心理綜合諮商就是根據人生各種經驗及心理學的多重理念，並結合諮商、教育、及精神訓練的技術，幫助當事人成長與發展。心理綜合分兩種：個人心理綜合及精神心理綜合。

個人心理綜合 (personal psychosynhthesis) 是使心智集中的過程，即學習運用心智超越被本能、情緒、欲求、及部分認同制約的限制。訓練個人的心靈，培養健康而實際的信念和態度，集中精力學習面對成長的阻力，解決內心的衝突，與個人的某些次級人格保持心理距離，並與意識中心的自我認同。如此可以擴展意識區，充實並開拓高層意識，而不侷限於小我的圈圈。精神心理綜合 (spiritual pysychosynthesis) 是接觸及表現高層自我 (higher Self) 或超個人自我 (transpersonal Self) 能量 (energies) 的過程。其主要目的，在融合小我 (personal self) 及大我 (higher Self) 這樣我們才能使人格的功能，在日常生活中表現高層意識，亦即超個人經驗和品質的意識。人不論在任何成長階段，總會有機會提昇他的高層意識，因爲人生是不斷發揮潛能及改變的動力過程。

爲達成心理綜合的諮商目的——發展健全的人格，Assagioli 廣泛採用了心理技術，以配合增進自我的協調與統整。例如他利用自傳、日記、問卷、自由聯想、夢的分析、測驗及投射等技術，來評估及分析個人的人格特質、價值觀及人生觀等。用評價技術來瞭解人的生活情境、生活問題、及生活任務。用許多特殊的技術如接納、as if 遊戲、閱讀、體能訓練、心理遊戲、運動、韻律操、鬆弛技術、集中心力、創發性表現、非認同、幽默、幻想導遊、內省、直覺、引發靈感、默想、默觀、理想典範、音樂欣賞、自我暗示、提昇自覺、昇華及意志訓練等，來培養身心健康。用組合訓練技術像幻夢導遊、表象透視、意像訓練、知覺喚發、情操培養及寓言等，來啓發靈感。他也用個人影響如示範、比喻及自發表演等，來鼓勵正向而積極的人格發展。其他團體技術如心理劇、團體分析、團隊活動等，以及有關諮商理論所慣用的技術，也做彈性的運用。Ferruci (1982) 的 "What We May Be? Techniques for psychological and spiritual growth through psychosynthesis"(中譯本：明日之我) 是一本心理綜合技術很好的參考資料。

□超個人心理諮商

超個人心理諮商 (transpersonal counseling) 與超個人心理學密切相關。超個人心理學是代表心理學第四勢力的名稱，旨在研究人的終極潛能之發展。Sutich (1969) 指出，超個人心理學所研究的範圍很廣，包括了人的存在、個人與超個人的需要、終極價值、統整意識、高峰經驗、價值、出神、神秘經驗、敬畏、自我實現、本質、存在、幸福、奇蹟、終極意義、自我超越、精神、合一、宇宙知覺、團體人格、深度交情、高度感觀知覺、超越現象……等。由於心理學者研究的範圍不同，有不同超個人心理學的派別，諸如自然學派、有神論、超自然學派等。Vaughan(1980)認爲，超個人心理學是研究最佳心理健康及健全人格的科學，並強調意識爲中心。Boucouvalas (1980) 把超個人心理學做了一個精確而完整的綱要，爲瞭解超個人心理學研究的範圍，是一很好的參考。

超個人導向的諮商是直接或間接地幫助人承認、接納、並實現最高的人格狀態 (ultimate states)，換言之，它是實現並具體化徹悟、神秘結合、超越及天人合一等狀態，及解決因心理動力而產生的超越障礙之心理過程 (Sutich，1980)。超個人諮商並不排斥傳統的諮商理論，甚至擇其優而採納之，補其不足，而對意識自覺、自我實現及超經驗等做了更深入的詮釋。所以 Vaughan (1979) 界定超個人諮商爲開放式的工作 (open-ended endeavor)，以促進成長及意識的擴展，並彌補西方傳統心理健康方法之不足。

1. 基本理念

超個人諮商對所謂的不朽哲學和心理學有興趣，也就是 Huston Smith 所指的原生傳統 (Rithberg，1986)。原生傳統係指古典宗教的信仰、東西方先哲的思想及各大心理學派的重要理念之統合。超個人諮商強調人是包括身體、情緒、理性及精神的整體，生活在具體的環境中。自我與環境各分爲四個層面：自我的四個層面是身體、心智、心靈及精神；而環境則分爲物質的、知性的、理想的及永恆的。人即在這四個層面中與環境互動，追求最高層次的自我實現 (actualization to the ultimate state of being)。Maslow (1969) 把自我實現分爲兩種：身心健康的人 (The healthy)

及超越者（the transcenders）。自我實現的健康人基本上是實際的、現實的、世俗的、能幹的及通俗的。他們比較更能生活於此時此刻的經驗中。超越者則是生活在存在（being）層面，覺知其生活的目的、內在價值、超個人動機、團結意識、高峰經驗及自我徹悟並瞭解世界。根據 Maslow，超越者擁有自我實現者的一切特質，而自我實現的健康人鮮有超越者的特質。

超個人諮商從四個向度來看人：即意識、制約、人格及認同（Walsh & Vaughan，1980）。

⑴意識（consciousness）：意識是人最主要的心理功能，尤其是自我成效的（self-effective）意識，正是人的本質、實況或基礎。傳統心理學所說的一般意識，僅是防衛性的有限自覺狀態，雖然會在非控制的情況下產生各種幻想並影響人的認知、知覺及行爲，但仔細觀察，不難發現人的普通經驗，會因我們經常和潛意識的需要及自我防衛，而受到認知的扭曲。高層意識要比一般的意識好的多，如果輕鬆地解除防衛，它能在任何時間發揮功能，使我們獲得普通意識經驗以外的高峰經驗。

⑵制約（conditioning）：一般而言，人會受環境的限制，但在受制的情況下我們仍有自由，至少有經驗的自由，也就是從環境的制約中引發自覺。這正是超個人諮商的目的。

⑶人格（personality）：大多數的諮商理論把人格視爲人，並強調心理健康就是健全的人格。超個人心理學視人格爲人的一部份，人可以與自己的人格認同，但不必須如此。心理健康主要在於跟人格不認同（disiden-tification），而不在改變人格。

⑷認同（identification）：超個人心理學，一如東方心理學，即

使承認與外界認同，卻把與自己內在的心理現象及心理過程認同看得更重要。此一內心認同是超個人心理學與超個人諮商的極重要的觀念，也是超越其他傳統理論的主要觀點。錯誤的認同是非常有害的，因爲認同的過程影響深遠，例如與自己的思想和認知內含認同，他便會把此內容轉變爲參照架構，憑以解釋其他的內容，甚至以此決定現實、思維邏輯、及行爲動機。誠如 Assagioli (1965) 所說，「人們被自我所認同的事所控制，我們能主宰和控制我們所不認同的一切」。因此，爲避免錯誤認同的傷害，非認同 (disidentification) 也是很重要的。

2. 諮商過程

超個人諮商的目的包括一般傳統的諮商目的，及超個人層次的多重目標。其中最主要的有⑴提供處理超個人經驗的認知架構；⑵提供心理潛能的資訊；⑶使認清對自己行爲負責不僅重要，而且也是其經驗的本源；⑷幫助發現並學習運用生活經驗；⑸學習經驗轉變意識狀態 (ASC) 之存在及潛能；⑹使瞭解牽繫於固定模式和期望的利益、限制及危險 (Walsh & Vaughan，1980)。除此之外，超個人諮商員也會幫助當事人識別並昇華個人的經驗及問題，並與當事人共同促進成長。這些目的的最終目標即使當事人能運用他的生活經驗，引發對制約暴行的知覺。爲發揮超個人諮商員的功能，諮商員應具備以下的條件 (Sutich，1973)：

⑴他自己應已邁進精神或超個人的途徑。

⑵他應接受當事人追求所期望改變的權利。

⑶他應遵循以下的原則：人類有追求情意成長及終極狀態的傾向，故超個人諮商員應提供達成此目標的最佳方法。

⑷他不僅應熟悉其他的心理學原則，更要知悉自我欺騙在人生活中所扮演的機制角色。

⑸他應承認，人無論個人發展的情形如何，都有追求最終目標的需要。爲此，超個人諮商員的基本任務有二：一是幫助別人瞭解超越的、神秘的及精神的經驗，二是幫助別人在日常生活中培養精神生活。

超個人諮商所用的技術，含蓋了東、西文化中提昇意識的各種方法，以及較保守的默想及瑜珈術等。運用這些技術的主要目的，不在改變人的經驗，而是爲提昇個人與這些經驗的關係，覺知這些經驗，並讓這些經驗維持原狀。不像傳統的諮商中強調諮商員與當事人的互動，超個人諮商所重視的，是當事人個人從默思或其他方法中所獲得的經驗，並使他在日常生活中操練，以使當事人有效運與諮商員的接觸。

超個人諮商實施的方式大致包括以下幾種 (Weide，1973)：

⑴最基礎的方式是傾聽、瞭解、接納困擾當事人的超個人經驗之陳述。

⑵提供當事人解釋超個人經驗的理論基礎，以幫助當事人擬定他的生活目標。

⑶爲有心理困擾及已有超意識經驗者提供諮商，以使他們對超個人觀念有充分的理解。

⑷幫助當事人思考並決定是否要全心參與精神的旅程。

⑸與當事人一同默想。

⑹協同諮商實施心理及精神治療。

⑺鼓勵當事人使日常生活超個人化，包括運用並發展人的基

本美德，如容忍、尊敬及不自私的愛等。

結　論

以上提出比較重要及常用的一些諮商或治療的理論，在這些理論中，心理分析理論的諸多理念對其他的諮商理論多少都有影響，故在本章中介紹的比較詳細，但單獨運用傳統的心理分析應特別謹慎，因為作為心理分析治療者，需要接受特別的訓練，在一般的心理及生活問題之處理上，心理分析並不適用。其他的諮商理論，視其重要性、適用性、普遍性及對其他理論的影響，在描述上也稍有程度上的差異。從上述的這些諮商理論，可以瞭解大師級的諮商學者們的基本理念，各諮商學派從事諮商服務的基本原則，以及他們處理問題的方法和技術。諮商實務工作者可從這些不同的諮商理念、導向、原則和方法，找出自己諮商工作的方向，建立自己的諮商風格，並培養自己的專業態度。

Chapter 8

諮商過程

諮商理論與諮商實務密切相關，理論提供諮商員基本的理念及實務工作的原則，諮商實務經驗可驗證理論的實用性和有效性。沒有理論為基礎的諮商服務，就像沒有方向的航行，難能達到諮商的目的；不具實用性的理論，根本派不上用場。談到諮商實務，必須從其功能性定義來瞭解，與諮商員個人所秉持的諮商理論有密切關係。就如（Prochaska & Norcross，1994）所說，「心理治療（或諮商）是根據心理學的原則，把臨床方法及人際關係的立場做知後及有意的運用，以協助當事人改變他的行為、情緒、認知或人格特質，並導向當事人所希望的方向」（p.6）。由此可見，諮商實務是奠基於心理學的原則，藉諮商員與當事人的特殊關係，並經由雙方彼此的互動過程，導致當事人的行為改變。行為改變是諮商的目標，要瞭解如何協助當事人改變，改變是怎樣產生的，必須先清楚諮商過程的運作。

諮商過程的目標

諮商過程的目標與改變的目標不同。改變的目標是依當事人的需要而定，當事人的需要因人而異，他要改變的目標也有個別差異。不過，一般人的困擾問題不外乎思想、感受、情緒、人際關係、生活適應、因應壓力方式、行為及做決定等方面。因此諮商員的任務就是幫助當事人在這些行為領域的改變。諮商過程的目標在瞭解諮商過程中的現象資料，研究如何進行才能達到改變的效果。為此，諮商過程的研究不能只憑主觀的預測，而應以科學的方法找出使諮商有效的要素。雖然迄今仍有諮商是藝術或科學之爭，前者主張諮商是主觀和個別化的歷程，而後者則強調諮商過程邏輯性和預測性 (Hill，1982，1991)，而眞正影響諮商效果的是諮商過程中的變項 (Hill & Corbet，1993)。不論把諮商看成藝術或科學，藝術創作必然要符合美學的原則及藝術家的藝術素養；科學的研究也無法避開諮商員及當事人主觀的感受。因此，諮商過程的研究必然包括諮商過程中主、客觀因素的考量。

諮商既是諮商員與當事人之間的互動過程 (interactive process)，所以雙方互動行為的品質可說是達成諮商效果的關鍵。誠如 Egan (1994) 所說，諮商 (counseling) 是進行式，它包括諮商員及當事人的一系列行動，這些行動的價值端視其能否達成當事人所評估的結果而定 (p.6)。由此可知，諮商過程是諮商員與當事人合作的努力表現，任何一方表現的好壞，關係著整個諮商的成敗。諮商是一種影響和學習的過程 (Strong，1968)，諮商員的態度、專長、吸引力、値得信賴及人格特質都會影響當事人，而當事人的對諮商員的看法、改變意願、合作態度、努力學習的程度及特質也是諮商能否有效的關鍵。所以研究諮商過程的目的即在探討諮商員與當事人的行爲，以及影響雙方互動行爲的各種因素，期能使諮商過程發揮輔助的最大效能。

諮商過程的發展模式

關於諮商過程如何發展以達成最佳的諮商效果，學者們提出一些各自認爲好的模式，其中較著名的包括 Carkhuff (1969 a.b.) 的人類資源訓練模式 (human resources training) ，他是根據 Rogers (1957 ，1961) 的發展諮商關係的基本理念，強調諮商員態度的培養。他的假設是：人需要技術訓練來幫助其應付生活並面對人際互動之情境。因此，此模式最主要的特徵爲：當事人透過諮商過程，學習有效的生活所需之技術，然後當事人離開諮商情境，再將所學習的教給與他接觸的其他人。此諮商模式包括一個協助前階段，及三個協助階段，每個階段中均明確指出諮商員與當事人各應達成之目標，以及達到目標所需之技術 (宋湘玲、林幸台、鄭熙彥，民 74 ，p.203) 。Ivey (1972) 的微技諮商 (micro-counseling) ，他也稱之爲發展模式 (developmental model ，Ivey ，1986 ，1993) 。Ivey 認爲諮商是促進當事人終生成長的過程，以幫助個人及家庭從其文化中學習，學習在其文化中如何做人，需要的話，改革其文化，……並幫助當事人發展成熟的及與他人相互的尊重 (1993 ，p.2) 。Egan (1975 ，1982 ，1986 ，1990 ，1994) 的問題

處理模式 (Problem management model)，爲三階段諮商模式。他認爲解決問題及學習是人類的核心過程，任何助人的方法均應重視(Egan，1994，p.xviii)。Egan 的三階段模式是：(1)回顧現景(reviewing the current scenario)，幫助當事人識別、探討、澄清他的問題情境及未運用的機會。(2)發展合意的情景 (developing the preferred scenario)，幫助當事人認清他所希望的，也就是他根據自我瞭解所擬定的目標。(3)落實執行 (getting there and getting things done)，幫助當事人發展達成目標的行動策略，以滿足自己所希求的，並在諮商過程中實踐其所學習的——化策略爲行動。

無論哪一種諮商模式，或分多少階段，或細分多少步驟，大致都循以下幾步調進行：(1)認識問題及建立關係階段，(2)探討問題及分析問題階段，(3)完成階段，(4)結束階段 (Blackham，1977)。有的學者，例如 Pietrofesa，Hoffman，Splete & Pinto (1984) 把通常諮商過程進行的流程圖簡短地說明：初步建構——發展投契關係——識別問題——探討自我、知覺領域及行爲——評量及資料蒐集——解決問題——做決定——行動計劃——追蹤及發展補充策略——結束。Pietrofesa 等人認爲，這一諮商流程是各種諮商模式的共同之處，而其他的諮商學者也支持者種說法，只是用的階段名稱稍有差異。例如 Patterson & welfel (1994) 把諮商過程分爲三個階段：第一階段是初步自白，也就是諮商員與當事人彼此認識，諮商員或許有些要提供的資訊要告訴當事人，以消除當事人的緊張和對諮商的焦慮；同時諮商員也需要知道當事人的困擾所在，則當事人須把自己的需要坦誠相告。第二階段是深入探討，即幫助當事人清楚地瞭解自己及自己的困擾問題，對自己的生活展現新的希望及新的方向。第三階段是付諸行動，就是當事人根據所獲得的領悟，決定如何達成他所要達成的目標，換言之，就是做決定及落實所決定的目標。Patterson & Welfel 的分段法與 Egan (1985，1990，1994) 的三階段模式及爲相似，這種模式也是許多諮商員訓練機構所採用參照的模式。以下我們就綜合上述各模式中的共識，探討諮商過程中各階段中主要影響諮商效果的因素。

開始諮商前的準備

不論是根據哪一種諮商過程模式，在開始給當事人正式諮商以前，須先清楚他是否準備好接受諮商。當事人來請求諮商有兩種情況，一是被動，即因故被父母、或導師、或訓導處、或其他行政機構送來或引介而來，這類當事人往往缺乏接受諮商的意願，甚至心存抗拒。另一種是自己因覺知個人的某些需要，主動的來請求諮商。對於前者，諮商員必須要先運用適當的技巧，消除他的抗拒心理，化被動爲主動，然後才能開始諮商，因爲當事人改變行爲的意願，是產生諮商或治療效果的先決條件。同時，諮商專業倫理規範也明示諮商員要尊重當事人的自主決定權，並禁止諮商員強制他接受諮商或治療（專業倫理守則，貳，五；肆，二、五）。主動求助的當事人也難免會在邁進諮商室之前或當時，感到緊張、焦慮、不安或不知所措，諮商員也應盡力予以安撫，等他做好心理準備，才能進行諮商。Brammer (1985) 把這個階段稱之爲準備階段 (readiness)。

諮商員也應有所準備，即先察知當事人的問題，自己是否能給予專業的協助。若察覺當事人的問題超越了自己的專業能力，則不能接案，必須予以轉介（倫理守則，貳，六）。諮商是諮商員與當事人雙方的合作關係，諮商員的專業能力、助人意願以及他個人的內在心境，都會是諮商成敗的關鍵。誠如 Egan (1994) 所說，「助人服務是兩個人共同努力，倆人分工合作的工作，任何一方拒絕扮演好自己的角色，則諮商註定失敗」(p.20)。諮商不像開藥方那麼簡單，諮商效果有賴諮商員及當事人雙方的能力和目的，以及雙方互動的品質。換言之，無能的諮商員極易誤導當事人，並使他的情況更糟，因爲諮商不是中立過程，而是能使人更好或更壞的過程。一位技巧純熟而又平易近人智慧型的助人者，能使助人工作造福 (Egan，1994)。Luborsky et. al. (1986) 曾指出，諮商有無成效，主要在諮商員而非處理方式。爲此，諮商起始，諮商員應很技巧地瞭解當事人。瞭解當事人就是諮商員的專注行爲 (attending beha-vior)，即留意當事人的一言一行，觀察他的言行所暗示的含意與心情 (Carkhuff 1973；Egan，1990，1994)。

建立諮商關係

諮商員與當事人之間的投契 (rapport)，應是諮商開始必須建立的。投契係指兩人以互信爲基礎的無拘無束的自在關係 (English & English，1974)。建立投契的主要目的，在促進當事人的信任感，坦承地表白他的心事，藉可瞭解當事人的問題、思想和感受。當事人開誠佈公的自我表白 (self-disclo-sure)，對諮商的進行非常重要，只有如此，才能認清他的困擾所在、事情的眞象、他對事情的想法和感受、以及設計如何幫助他的方向和方法。否則諮商員不知從何幫起。學者們對諮商關係的重要性具有共識，而所以重要的理由則意見分歧 (Egan，1994)。Rogers (1957) 不但認爲輔助關係絕對重要，而且此關係本身就足以導致治療效果。Patterson (1985) 也同樣主張，「諮商或心理治療是人際關係，而非指涉及人際關係」(p.3)。另一些學者，如 Reandeau & Wampold (1991)，則強調諮商是藉諮商關係來完成。有的也認爲諮商效果有賴諮商關係 (Horvath & Symonds，1991)。Egan (1994) 不同意諮商關係爲達成諮商目標的方法之主張，也不贊成過份強調諮商關係本身的絕對效能。他指出，「諮商關係本身不隱含諮商目標，或使當事人能更會處理好他的問題。如果諮商關係不好，諮商目標不能達成，可是，若太強調諮商關係本身，諮商員與當事人均會擺脫了他們應做的工作」(p.48)。

不論學者們對諮商關係的功能如何分歧，但都承認它的重要性。因此，建立好諮商關係，是進行諮商過程的第一步，諮商員應盡其所能來建立、維持、並發展諮商關係，以使整個諮商過程中的經驗造福當事人。一種具備互信、開放、舒適、及樂觀特質的諮商關係，應持續於以後的每次諮商中。富支持性的諮商情境是發展深度經驗探討的必要基礎，奠定次一階段的諮商基石 (Patterson & Welfel，1994，p.40)。建立諮商關係是諮商員及當事人兩人的事，以往的研究多討論諮商員的職責，很少注意到當事人應分擔的任務 (Egan，1994)。實際上，諮商關係事一種同盟 (alliance) 關係，諮商員與當事人是完成諮商工作的伙伴，雙方的合作關係著整個諮商效果。由於當事人的需要不同，故他與諮商員的關係也不同，他所分擔的任務也有差異。例如，有的當事人與溫和的諮商員合作愉快，有的喜歡跟指導型的諮商員親近，也有的對諮商員的親切態度表示怕懼，更有的樂於跟嚴肅的諮商員討論問題。總之，諮商員與當事人雙方的投契狀況是他們建立合作關係的主要參考。

影響諮商關係的因素

諮商關係既是諮商員及當事人雙方的合作關係，兩者的行爲都會影響諮商關係的品質。Brammer (1985) 指出影響諮商關係的因素，包括諮商員與當事人雙方的自我知覺、需要、價值、感受、經驗、期望及諮商員的專業能力和當事人的問題 (p.41)。在建立諮商關係之初不能不考慮這些因素，因爲一般的人際關係中，這些因素是兩人彼此自然的流露。及至發展成正式的諮商關係，則其他的因素自然介入。Brammer & Shostrom (1982) 列舉出這些主要因素是獨特的而有共同之處、思想與感受、模糊與清楚及信不信任。

在上述的這些因素中，較有爭議的是價值因素，諮商員可以不可以影響當事人的價值觀？有人說不可以，Rogers (1961) 特別強調諮商員無條件的支持態度，並表明無條件支持指的是不作判斷及不保留的態度，亦即無論當事人是何人，均應受尊重。無條件一詞引起爭議，因爲無條件或不做判斷會妨礙當事人表達他的思想或感受。另有人認爲諮商員不可能保持價值中立或不做判斷，因爲諮商本就是一人際影響過程，既然在諮商過程中諮商員的價值明顯地會影響當事人的價值，在諮商中建立價值方向非常重要（Vachon & Agresti，1992）。也有的主張價值影響是無法避免的，卻不可強制人接受。實際上，諮商員必然有他自己的價值系統，信念、假設、價值、行爲標準及人生觀。因此，諮商員應承認自己的價值體系，這一價值體系才使他在面對當事人時與其不同（Egan，1994）。

另一應考慮的是能力問題，諮商員的能力（competence）與學位並不等齊，眞正有助於建立諮商關係，在諮商過程中維持諮商關係並發展諮商關係的，是諮商員的能力。許多研究證實，有能力的比沒有能力的諮商員更能幫助當事人，而減少對當事人的傷害。所謂能力，Egan（1994）提出五個衡鑑的標準：他能有效地運用某一諮商模式，並能了解當事人的眞正需要，爲當事人造福；他能不斷的充實他的專業知能，擴展其生活經驗；他能實踐所言，作爲當事人生活的典範；他能肯定自己的能力，勇往直前；他能以成就評估自己的能力，而不憑行爲（pp.50-51）。有能力的諮商員會在其建構當事人的改變計劃及生活中增加價值感。

□建立諮商關係的方法

建立諮商關係的主要目的，在激發當事人對諮商員的信任感，並促進當事人的自我坦誠，說明困擾他的心事，使諮商員清楚地了解他的需要，以便進行諮商時予以適切的協助。由於非主動求助的當事人之抗拒心態，及自願來諮商的當事人之焦慮、不安、緊張、怕懼、內心衝突等經驗，要當事人毫無顧忌的坦白自述，並非易事，諮商員就得苦心經營，展現本領。一般認爲，諮商員的態度和溝通技巧非常重要。

1. 諮商員的非語言訊息 (nonverbal message)

非語言訊息是專注 (attending) 態度。專注就是聚精會神的聽對方講話，表示尊重對方。Egan 稱專助為與對方同在 (being with anohther person)，跟別人談話時，分神、走意、東瞧、西望，總會使人覺得不受尊重。所以諮商員開始與當事人初次見面晤談時，專注的態度必須維持 (1994，p.91)。Ivey (1988，1994) 指出專注的主要功能，在鼓勵當事人自由的談話，因而減少諮商員的談話，並可藉專注的知識和技術暢所欲言，增強對當事人專注型態的知覺，隨當事人的個別差異改變專注方式，增進雙方的投契，及避免疏漏或混淆所聞 (p.23)。當事人來請求諮商，一般而言，會有非常複雜的心情，對諮商員感受和態度多存有懷疑。因此，諮商員必須瞭解當事人的懷疑及抗拒心理，以及自己的態度對消弱或增強這種心理的影響。親切的專注行為，是諮商員安定當事人的最好方法。

表現專注的非語言行為很多，包括身體的姿態、眼神的接觸、面部的表情及手勢等。Egan (1994) 以 SOLER 首字語說明專注的五種技巧：

S：是忠實地面向當事人 (face the client squarely)。

O：指保持開放的姿勢 (adopt an open posture)。

L：坐勢略傾向對方 (lean toward the other)。

E：保持視線接觸 (maintain good eye contact)。

R：適當放鬆而自然 (be relatively relaxed or natural)。

最後，他引用 Sue (1990) 的警告，提醒諮商員慎重運用上述的原則，特別要注意多重文化 (multicultural) 的諮商情境。文化因素確實是一個值得考慮的問題，稍一不慎，就可能造成反效果，而使當事人更覺得恐懼不安。 Ivey (1994) 談到視線接觸及身體語言時，也特別提醒諮商員注意各民族間的文化差異，並建議身體姿勢宜保持自然和放鬆，也要因應及按照對方的情況做適當的反應 (p.29) 。

對我國青少年學生來說，過分的親切，不見的會使他感到安全，反而會心生恐懼，不敢說出他的問題。例如，他（她）一進入諮商室，你就起身走向他（她），表示歡迎，「歡迎，歡迎！」然後叫著他（她）的名字，「你（妳）爸爸是 X X X ，我跟他很熟，……」。你的好意是想跟他（她）拉近距離，表示親切，他（她）本來以爲你不認識他（她）的家人，才敢向你請教，看你這一表現，聽你這麼一說，可能會被嚇住了，本來想向你訴說的，嚇的不敢說了。自然而有禮貌的寒喧，足以使他（她）對你有較好的第一印象，尤其對異性的當事人更應謹慎。

至於上述的身體語言，也要小心運用，究竟我們跟西方人有文化上的差異。對同性的當事人， SOLER 技巧不難受用，但對異性的當事人就得小心。正面相對而坐或身體傾向當事人，可能會引起她的不安。眼神的接觸固然重要，若目不轉睛的看著對方，很可能使她產生怕懼或疑慮，輕鬆自然地注意聆聽，是最好的原則，不必太侷限於一定的方式，或故意做作。所謂輕鬆自然的注意聆聽，不是閉目凝神地被動地聽對方講話，而是主動地玩味對方的整個訊息，並做適當的非語言或語言回饋 (Brammer ， 1985) 注意聆聽就是對當事人表示尊重，使對方感受到你的親切與關注，而產生兩人間的投契。就如 Cormier & Hackney (1987) 所說，「當諮商員與當事人建立起投契，倆人之間的關係就會產生互敬、互信及心理的安適，良好的心理氣候助長心理的成長」。

2.諮商員的語言訊息和技巧

諮商關係係指諮商員與當事人如何彼此相待 (how to relate to each other)。Rogers (1957) 指出三個輔助關係的基本條件：眞誠 (genuineness) 無條件支持與關懷 (umconditional positive regard) 及會心的瞭解 (empathy)。諮商員如何發揮這三個基本的特質，關係著諮商關係的建立與發展。

(1)表現眞誠的技術：所謂眞誠，就是誠懇 (sincere)，對當事人不虛僞 (Cormier & Hackney，1987)。也可解釋爲一致 (congruence)，意指表裡一致或言行一致。就如 Egan (1994) 的解釋，「眞誠的人對己對人始終如一」(p.55)。有時眞誠也與自發性同意，係指易於技巧地自我表達，毫無遲疑 (Cormier & Hackney，1987)。Egan (1994) 認爲，有效的諮商員能很巧妙地對當事人表示尊重，而不常衡量對當事人說什麼，表裡如一 (p.56)。Rogers (1941) 起初解釋 (genuineness) 爲眞實 (realness)、忠厚 (honesty)、或正確 (autheticity)。他也常用一致 (congruence) 一詞，表明眞誠的諮商員之行爲與其自我觀念一致。換言之，諮商員與當事人彼此分享觀念和感受，而不立意操弄當事人 (Patterson & Wlelfel，1994，p.50)。一位完全眞誠的諮商員，應有自知之明，即清楚的瞭解其人格，並知道爲人處事時如何表現其人格特質 (Rogers，1941)。

表現眞誠的基本原則，消極方面，就是絕不對當事人表示不忠、不誠、隱瞞、誤導或欺騙。積極方面，就是坦誠地自我開放，率直地與當事人分享經驗，並提供他所需要的資訊。自我開放或坦誠的諮商員，就如 Egan 所說，不自我設防，他清楚自己的能力與限制，他致力於成熟而有意義的生活，並設法瞭解當事人的觀點……他不把自我開放視爲目的，而能在適當的時機自由地、深入地自我表白 (1994 ， p.56) 。不過， Patterson & Welfel (1994) 警告說，諮商員的自我坦白不是衝動的告訴當事人自己的每一思想、意見及感受，爲諮商員及當事人雙方，分享經驗是一種決定 (decision) 而非衝動 (impulse) ，是諮商員要決定分享什麼及何時分享，才爲當事人有益 (p.51) 。這與 Egan 所謂的時機，是一樣的。

也有人主張，眞誠就是別過份強調諮商員的角色，應重視深層的人際關係，並把助人視爲生活方式的一部份，以避免陷入保護主意 Egan (1994) ； Gibb (1978) 。所以諮商員要學習：直接向別人表達現時的經驗，溝通時別曲解自己的訊息，聽別人的話時避免誤解，溝通過程中表明眞實的動機，自由自在地溝通而不用預設的策略，對當事人的需要或心境做立即回應而不延誤，溝通此時此刻的感受，鼓勵當事人獨立，學習培養心理親蜜的快感，並樂意爲別人服務 (cf.Egan ， pp.55-56) 。這樣，諮商員才能保持避開自我防衛的假面具，彰顯其專業能力，而不至欺騙當事人。Cormier & Hackney (1987) 認爲眞誠的諮商員應是人性化的 (humanness) ，因爲在建立輔助關係中，眞誠的主要角色是促進信任及安全感，以拉近諮商員與當事人的距離，促進當事人吐露心聲的勇氣，並減輕他的抗拒心理。

⑵正確的會心瞭解：會心的瞭解 (empathy) 也有人譯成同理心、

共鳴或擬情。我認為會心瞭解更能表現其本義。Rogers (1961) 自己的解釋是：empathy 諮商員能進入當事人的內心世界，就好像自己經驗到當事人的經驗，而不失掉「好像 (as if)」的品質 (p.284)。正確的會心瞭解意指諮商員對當事人內心的感覺，符合當事人的自我意像，使他感受到你與他心心相印 (in touch) (Cormier & Hackney, 1987)。為此，正確的會心瞭解必須經過兩個步驟，先要覺知當事人的內心世界，站在他的立場看事；然後用語言跟他分享你的瞭解。會心瞭解有不同的層次，並與當事人自我開放的準備程度有關。初層次的會心瞭解可促進諮商開始時的自我坦白，高層次的會心瞭解適合較深度的自我探討 (Egan, 1994；Ivey, 1994；Patterson & Eisenberg, 1983；Patterson & Welfel, 1994；Carkhuff, 1969)。

如何培養會心瞭解呢？如何進入當事人的世界，覺知他的內心感受呢？有兩個基本的方法：一是注意傾聽他的語言及身體語言，從中體會他的談話內容、明或暗的問題線索、隨之而產生的情緒變化及他對自己的看法。就如 Egan 所說的 "staying on track"。二是注意當事人對你的反應。如果當事人承認你的回饋正確，並能幫助他清楚瞭解其問題，他會繼續做進一步的自我探討或陳述他的問題。否則，他會以各種不同的方式告訴你，「你根本沒瞭解我的意思」(Egan, 1994)。

(3)積極的支持：意指接納、關心和尊重當事人。積極的支持是看當事人為有價值的人，更具體的說，就是往他經驗好的方面看，並注意他談話的積極層面 (Ivey, 1994, p.147)。換言之，諮商員關心當事人，只因為他是人，有人的價值，因而也應受到尊重。Rogers (1957) 認為積極的支持應是無條件的，理由是諮商員對當事人的關心和尊重，只因為他的人的價值和尊嚴，而不受其外表、行為、態度等外在因素的影響。諮商員只是當事人自己改變的工具，不存有任何成見，就像父母為子女的成長所付出的愛心，是無條件的一樣。Cormier & Hackney (1987) 提醒我們不要誤解 Rogers 的意思，積極的支持不是指同意或不同意，而是一種評價的態度，非指同意程度的衡量 (p.37)。積極支持的主要目的，在向當事人表示承認他的獨特性及人性價值。積極支持的主要功能除有助於諮商關係的建立外，也表示諮商員與當事人合作的意願、他對當事人這個人的興趣、接納當事人及對他的關心 (Cormier & Hackney，1987；Egan，1994；Cormier，Cormier & Weisser，1984)。

表達關心的方式就是要表現對當事人的熱誠，不怕犧牲時間和精力，甘心奉獻自己，願與他在一起。當事人體會出自己被關懷，就會引發關心自己的意識，並獲得面對生活任務的鼓勵及自我成長的信心 (Patterson & Welfel，1994)。此外，支持性的非語言行為也是表達關心的好方法，Johnson (1981) 特別指出幾種有效的非語言行為，包括柔和的聲調、微笑的表情、自然的姿態、眼神的接觸、接納的態度及拉近距離。他雖也提及輕輕的肢體撫慰，但在我們的文化中似乎不太適用，諮商員對異性當事人尤應戒慎為佳。

總之，建立投契關係，對幫助當事人坦誠陳述他的心聲，是很重要的。投契關係在諮商過程中的維持與發展，關係著整個諮商的進行及效果的達成。不過，由於當事人各人的情況不同，他們對諮商及諮商員的認知及態度各異，而諮商員也各有不同的風格，諮商開始前的關係建立，宜視需要作技術上的彈性運用。

深入自我探討

互信關係建立後，諮商便進入另一階段，即幫助當事人針對問題自我探討。當事人應清楚地瞭解他所面對的生活困擾，才能開始擬定新的計劃、新的方向和新的希望。

評估當事人的問題：當事人所陳述的問題，經常會顯示他們對日常生活或人際關係上的不良感受，並把自己看成受害者，而歸疚於外在的各種因素，希望諮商員能幫他解決。當事人的說詞和期望能提供諮商員進行諮商的方向和討論重點，也能使諮商員墮入陷阱，迷失輔助的方向，達不到諮商的目標。爲了避免墮入陷阱，一方面要讓當事人看出你對他所說問題的重視，另方面要評估他所說的，作深入的探討，找出問題的關鍵所在，不要只是傾聽而已。問題的評估不僅可使當事人有受尊重的感受，並能藉此使諮商員獲得寶貴的資料，發現當事人的眞正問題，選擇處理問題的適當方法和技術，達成最佳的諮商效果。

Cormier & Hackney (1987) 把應探討的內容做了很詳細的說明，包括當事人的生活史、問題的界定及內外在的各種因素等 (pp.66-71) 。但最重要的還是當事人的潛能及因應問題的方式，以及當事人對以前的想法、感受、和作爲所有的不滿心情。探討的內容依當事人所關心的問題不同而異，難以侷限於一定的範圍。實際上，探討 (exploration) 或評估 (assessment) 是一種過程，如何進行，才是重要的。Patterson & Wlelfel (1994) 指出，在這一階段，諮商員與當事人要共同診斷問題，找出彼此能接受的結果。診斷是蒐集資料、驗證假設、描述結果的過程……診斷要經過互相討論，經常也會利用測驗，察知學業、職業及人格等因素。診斷完畢，諮商員與當事人才能進入下一階段，確認改變的特定目標，擬定行動計劃及執行計劃 (p.33)。

在評估及探討問題的過程中，首先，諮商員要針對當事人所說的問題情境詳予討論，發掘遺漏的線索，評估當事人的潛力及限制，及他的不滿情結，及他因應困擾問題的慣用方式。此一階段中，當事人的合作態度和行爲及諮商員的澄清技術非常重要。就如 Cormier & Hackney (1987) 指出，評估的主要目的是有系統地獲知當事人問題的資料，及找出問題的成因及影響因素。……評估也是一反應過程，蒐集資料的過程會影響問題的變化 (p.66)。爲此，當事人要坦誠地述說、揭露、並討論問題的各種相關情形，諮商員需要技巧，以能幫助當事人討論問題的情境，並支持當事人討論。接著，諮商員應幫助當事人看清他對問題及面對問題的盲點，並採取行動，解決問題，改變生活。這一連串的活動需要當事人的合作，具體實踐在生活中，才能生效。

自我探討及問題評估的過程爲當事人是很痛苦的，有時也會產生很大的心理壓力，因爲他要面對自己過去因應問題的習慣行爲缺失，必須面對挑戰，改變以往鴕鳥式的防衛策略，放棄自我挫敗的想法和行爲，學習並適應新的生活方式。因此，在這一階段諮商員應特別小心，不要批評當事人的想法或行爲，而要付出更多的關懷和鼓勵，激勵他發掘自己好而強的一面，勇於向挫敗行爲和舊習慣挑戰。誠如 Egan (1994) 所說，有效的諮商員曉得支持而沒有挑戰是多餘的，支持反而會助長挫敗行爲。要瞭解當事人的思想參照架構及觀點，即使必須予以挑戰或開導，也要嘗試。挑戰是讓當事人尋找新的希望，幫助他面對自己，建立新的目標、行動策略及行爲，這是整個輔助過程的一部份 (p.27) 。

擬定行動計劃

探尋可行的出路

經過了問題的探討及自我的評估，當事人要自問「我究竟要什麼」。確定當事人的眞正需要，建立諮商的目標，選擇達成目標的方法，及擬定行動計劃，是這一階段的第二個主要工作。

1. 確定目標

從上一段的探討當事人可看出將來的遠景，及許多可行的出路。但是，不論選擇那條路，他必須要忍受長途跋涉之苦，才能達到目的地。確定目標是指出行動的方向，如何達成目標是另一回事。但是，目標越清楚，越不會走錯方向。正如 Dixon & Glover (1984) 所言，「目標一經選擇和確定，便會不斷出現在記憶中，並駐留於長期的記憶裡。這樣輸入的目標，在與環境互動時，對要解決問題的人具有啓發性」(pp.128-129) 。事實就是這樣，成功的人常把目標放在眼前，不斷地向著目標努力，直到目標實現爲止。因此，雖然目標越清楚越好，然而努力實現才是最重要的。

確定個別諮商的目標，要以當事人的需要爲標準，因爲他的需要才是他請求諮商的目的。所以在確定諮商的目標的過程中，諮商員與當事人共同研商，幫助當事人釐清他的需要，極爲重要。諮商員幫助當事人認清目標時，傾聽、澄清及發問的技術很有用，有時視當事人的情況，面質技術很能幫助他面對現實，消除偏見或成見，以及發現他思想的矛盾、謬誤及行爲合理化的自我防衛。當事人的能力也應列入考慮，因爲他的自我控制力及處理生活問題的能力直接影響目標的達成，因此，諮商員宜評估對當事人能力的信心，再與他討論設定目標的層次。確切而適當的目標設定，不僅能幫助當事人認清自己的需要避免混淆，釐清他生活中的重要課題，鼓勵他做最有意義及優先的抉擇，更能使他容易獲得成就感，及對解決自己的問題有較積極和樂觀的態度(Cormier & Hackney，1987)。

2.選擇達成目標的策略

當事人要努力的目標既已確定，接著就要與他討論達成目標應採用的適當策略。首先要找出到達目的各種可行的通路。雖然有諺云：「條條大路通羅馬」，但條條路中必有捷徑。在許多可行的路中，諮商員要幫助當事人選擇最好的路，也就是最符合他的需要、興趣及能力、並且阻力最少的行動策略。審慎的評估策略的實用性，及是否符合當事人的價值觀，也很重要。這一考慮關係著他的成敗，諮商員不能不予以重視(Egan，1994)。

□策略的運用

運用策略達成目標乃一漸進的過程，需要詳細的計劃，逐步進行。諮商員與當事人研究進行的步驟，先做什麼，次做什麼，後做什麼，才不致混亂，影響進程。一般而言，在試用策略時，應由簡而繁，由易到難。簡便的方法用起來容易，也容易獲得效果，可增強當事人的成就感，有鼓勵他繼續努力的作用。相反的，若一開始就碰到挫折，難免會因挫折感而退縮。因此在計劃如何運用策略時，應考慮所選策略的難易程度、實用性、當事人本身的條件及策略可能產生的後果。運用策略的計劃應保持適當的彈性，一發現當事人稍有懷疑和做決定的困難，應即時再予評估，重新修訂。正如 Kirschebaum (1985) 所提示的，計劃只是一個正確行動的藍圖，應包括特定的行動、順序及時間。然而，如何規定行動必須如此？順序如何一成不變？每一活動要做多久？這三個問題不易答覆。爲此他建議無需過分僵化、仔細、而應有彈性。主要的是鼓勵人不斷的選擇並彈性的運用這些活動。

執行行動計劃

執行計劃就是要當事人勇往直前，全力以赴，做爲達成目標所應做的，以滿足他的需要。換言之，當事人要實際的去改變他以前因應問題的模式。在這一轉變過程中，當事人要有所付出和經歷冒險的危機。就如 Fergurson (1980) 所提示的，當事人經常會覺得改變的危險，他們總覺得放棄舊有的習慣，改爲新而積極的行爲模式，會有依依不捨的感受。預見懸空無助的恐懼，有的當事人就會拒絕冒險，不敢試行。正因爲如此，需要鼓勵他勇敢地邁出改變的第一步。第一步走對了，才有希望按計劃陸續完成改變的過程，達到改變的目標。

開始行動的障礙是最難克服的，當事人爲避免改變的痛苦，拒絕踏出第一步行動，會找藉口爲自己的逃避辯護。Patterson & Welfel (1994) 建議，諮商員與當事人要共同推動改變的第一步，當事人經常需要鼓勵學習新的行爲，因爲舊有的行爲已成習慣，難以放棄，而新的行爲不見得會產生立即效果。尤其是，當改變的目標涉及人際關係時，別人通常不會對當事人的新行爲表示立即反應。如果當事人不認爲需要新的行爲，他可能說我不必爲此而使別人討厭。這時諮商員要鼓勵當事人好好處理他的感受。總之，唯有當事人對新的觀念、新的行爲有學習的意願及滿足感，改變的過程才能順利進行和完成。

結　論

當事人根據改變計劃做完所應做的，諮商員和當事人均同意已達成改變的目標，諮商過程即可結束。在結束階段中，諮商員要把當事人整個諮商過程的成就作一綜合性的說明，若有些目標未能徹底完成，諮商員要向當事人提出可能的原因，讓他在實際的生活中體察克服的方法，如遇有困難，再作追蹤輔導。

隨著諮商結束，諮商員與當事人的諮商關係也結束。結束諮商關係，諮商員也需要一些技術。除了成果的綜合說明外，Brammer (1985) 建議，讓當事人自己作摘要諮商的效果，甚至要他作書面報告。諮商員與當事人的對話，盡量維持在理性的層面，不鼓勵引發情緒的涉入。最好跟當事人商定結束階段的時限，避免延宕，若不得已必須延長，可以較長的間隔，分次實施，預留出追蹤諮商的可能機會，以使諮商不致結束的太倉促。總之，要使當事人感受到，以後你還願意繼續幫助他。

Chapter 9

溝通技巧

從前章我們瞭解了一般諮商進展的情形，以及諮商員與當事人的合作關係。在這一合作關係中，當事人的積極參與行動固然非常重要，而諮商員如何激發當事人的參與，如何幫助他學習自我探討、自我瞭解、自我解決問題等，也是同樣的重要。諮商的技術與諮商員所秉持的諮商理論導向有密切關係，因爲諮商技術是來自他對諮商功能及過程的認知，並在諮商實務中加以應用。如何把他所抱持的理論觀念作具體的運用，諮商員就要學習諮商實務的技術（techniques）與技巧（skills）。

技術是根據理論（theory or approches）發展出來的特定諮商員的行爲（specific counselor behavior），涉及他應具備的專業知能。技術在幫助實現某一理論的助人理念。大多數的技術是非語言的或行動導向的，也能與進行的程序（procedures）同意，主要是在操弄某些變項，以達到理論所設定的目的。技巧則是運用技術或表現行爲的細微、精確及適應環境改變的動作，以使技術發揮其應有的功能。本章先從最基本的溝通技巧、診斷技巧、處理問題的技巧等說起，然後再就不同情境中的諮商，分別在下一章討論各種諮商技術的應用。

基本溝通技巧

溝通技巧是諮商實務中最基本也最常用的技巧，無論哪一種諮商理論的諮商員，都必需有熟練的溝通技巧，才能有效地促動諮商過程的順利進展，因為諮商過程是諮商員與當事人的互動過程，語言與非語言是溝通互動的基本，而且在諮商的每一階段，都能派上用場。Egan (1994) 指出溝通技巧的重要性，他說，「諮商既然是諮商員與當事人彼此大量的溝通，在諮商的每一階段及步驟中，溝通技巧為諮商員非常重要。這些技巧與諮商過程不同，卻是建立諮商關係及與當事人互動最主要的工具」(p.91)。其實溝通技巧不是什麼很特別的技術，而是我們日常生活中發展人際關係實際所需要的。學習溝通技巧就是使諮商學員能在諮商過程中適當的運用，因此溝通技巧的學習不是目的，而是幫助達成諮商效果的方法。

一、非語言或身體語言溝通技巧

在人與人之間彼此溝通時，身體語言扮演著很重要的角色。我們常用以加強語氣，或表達無法用語言表達的訊息。所以 Knapp (1978) 把非語言定義為「超越語言或文字的人類溝通方式」(p.38)。非語言行為的主要目的即在(1)說明與非語言有關連的語言意義；⑵認清非語言有助於溝通；⑶對角色扮演很有效用；⑷諮商時至少有五分之四的機會是非語言行為反應（Cormier & Cormier，1985）。諮商員的非語言行為技巧有二，一是專注（attending），二是傾聽（listening）。

1. 專　注

專注就是與別人談話時，專心注意別人的言行，而不分心走意，表示對別人的尊重。Egan（1990）界定專注為「你身心對當事人的狀態，使他覺得你很關心他」（p.108）。事實也是如此，你對別人關心，他會很感激你。相反地，若別人跟你談話時，你表現漠不關心，毫不在意，會使他很傷心。就如 Egan（1994）所說，「被忽略常令人感傷，面背表示心不在焉」（p.91）。專注確有正向而積極的功能，因為專注是態度也是技術，它不僅使當事人覺得受尊重，也能鼓勵當事人多說，使諮商員少講，雙方的表現佳（Ivey，1988；Gilliland & James，1993）。專注行為有明顯的幾個目的：溝通個人的注意力，鼓勵對話；溝通相互的尊重，重視對方的言談；示範有效的行為，使當事人學習正確的社交行為；增進諮商員的分辨能力，對當事人觀察入微（Gibson & Mitchell，1986）。

語言與非語言有極密切的關聯，注意非語言的表現，可幫助體察語言訊息的線索。Knapp（1978）指出六種非語言與語言的搭配情形：以手勢重覆語言，聲調與語言的矛盾，非語言代替語言，非語言補充語言，非語言強調語言，及非語言調節交談的進度。辨識語言與非語言的關係，可幫助諮商員準確地瞭解當事人內心的感受及心境，並比較當事人言行的一致或不一致的程度，以透視他內心的衝突 (cf.Cormier & Cormier，1985，pp.66-67)。藉非語言溝通，諮商員與當事人不僅能強化彼此溝通的瞭解，更能增進互相的信任。諮商員藉此就像他在向當事人召示：我對你所關心的事很感興趣，我很尊重你，我會專心地聽你講……等。

專注技術是表現在以下的非語言行爲：視線接觸 (eye contact)、身體語言 (body language)、聲調 (vocal qualities)、語言追蹤及選擇性注意 (verbal tracking and selective attention) 及沉默 (silence) (Ivey，1994，pp.29-33)。Egan (1994) 用字頭語 (acronym) 把 Ivey 的非語言微技組合爲 SOLER，並說明這些非語言行爲在諮商開始時的重要性。其中「S」是面對當事人 (face the client Squarely)，向當事人表示「我在這裡，隨時可幫助你」。「O」是指開放的姿態 (Open)，特別指手、腳的動作，避免交叉，以示開放接納。「L」是身體略傾向 (Lean toward) 當事人，表示對他有興趣。「E」指的是視線接觸 (Eye contact)，表示自己專心聽當事人講話。「R」是指身體的整個姿態要放鬆，表示不緊張及自然，也幫助當事人感覺安全自在 (pp.91-92)。

面向當事人不一定要正面相對，只要使當事人覺得你注意聆聽，就足以表示你對他的關心和幫助他的意願。對某些當事人，尤其是異性當事人，因傳統文化的影響，靠的太近或正面相向反而會引起不安。因此，Egan 所說的 face the client squarely，運用此一非語言行爲時，應特別愼重。至於視線接觸，固然非常重要，若不愼，也會引發當事人不安的感受。例如目不轉睛地注視、上下打量、毫無表情的呆視及斜視等，都是最應避免的。Capuzzi & Gross (1991) 指出，好的視線接觸不是目不轉睛的凝視

(unwavering stare)，而是根據文化差異表示注意的眼神，在告訴對方你對他及他所說的感興趣 (p.49)。Ivey (1994) 也提醒我們注意對視線接觸的文化差異，並指出歐美中產階級文化把視線接觸視爲興趣的表現，聽別人談笑時，經常會注視對方而少說話；當對方談到不受聽的主題時，會轉移視線。非裔美國人則說話時看著對方，聽人說話時會較少注視對方。美國印第安青年人會把注視看成不尊重 (p.29)。

身體語言 (body language) 有鼓勵及嚇阻的作用。爲美國人，靠近座位、身體稍傾向對方及放鬆自然，容易引起好感，有助於溝通。對其他文化背景的人，不見得如此。例如英國人就喜歡兩人坐得遠一點，而西班牙人和中東人一樣，談話時兩人靠得很近 (Ivey，1994，p.93)。因此，學者們都提醒我們要注意專注的品質，要彈性運用，要自然，要適應各別差異 (Egan，1994，p.92)。身體放鬆自然，也要注意是否使他看出你在聽他講話 (Capuzzi & Gross，1991，p.49)；要符合自己的個人型態，適應對方的好惡 (Ivey，1994，p.29)。至於身體接觸，如撫摸 (touching) 及擁抱 (embrace) 美國文化中是一種關懷 (caring) 的表現，也有研究證實對當事人有益 (Sels，1988；Suiter & Goodyear，1985)。Capuzzi & Gross (1991) 強調說，觸摸若沒有眞誠的感受，弊多於利 (p.50)。對我們中國人而言，身體接觸的非語言行爲在諮商中少用爲宜，而且要特別愼重。

面部表情 (facial expression) 及聲調 (vocal tone) 兩種非語言行爲，對溝通有很深的影響。Egan 認爲面部表情及身體姿態最易溝通，即使兩人沉默不語，也會充滿訊息。面部表情、聲音的品質及生理的反應，比語言更能傳達心意 (1994 ，p.95)。Mehrabian (1971) 研究發現，人們辨識別人對自己喜歡或不喜歡時，所獲得的語言線索只佔百分之七，聲調佔百分之三十八，而面部表情卻佔了百分之五十五。若面部表情與語言不相符合時，他也發現前者比後者更可信 (cf. Egan ，1994 ，p.95)。溫柔、悅耳及富關懷的聲調，一如慈祥、溫和、微笑及有變化的面部表情，會顯示諮商員的輔助意願、關心、支持、鼓勵及興趣。說話的聲調、抑、揚、頓、挫、速度及音色等，會引發對方的感受。以上的這些線索能影響當事人對諮商員的觀感，也能使諮商員體察當事人的心事。

沉默 (silence) 有時也能發揮溝通的功能，以無言代替有言，表示支持。實際上，沉默也是非語言的一種，當事人沉默不言時，諮商員若也能保持靜默，可鼓勵當事人思考，自己也可有時間考慮應對的方式。諮商員若在當事人沉默不言時，表示不耐煩而急於講話，反而阻礙了讓當事人自我反省的機會。Ivey (1994) 指出，爲初試諮商的諮商員，可能不耐煩等待當事人思考說什麼，或想用話來激勵他安慰他，其實，最好的支持就是跟當事人一起靜思。支持性的沉默會成爲最實用及強而有力的專注行爲，有時比語言更有意義 (p.33)。諮商學員應學習如何保持有效的沉默技巧，懂得運用沉默的時機。

總之，非語言的表達因人而異，也因文化背景而異。因此，非語言溝通技巧的訓練或運用，不能機械化或造作，越自然越好，並要考慮到傳統文化的背景、各民族的禮俗、地方性的風俗習慣及性別的差異影響。不適當的非語言表現，反而會對當事人造成困惑、緊張不安或傷害，導致非語言技術的反效果。就如 Egan (1994) 所提示的，應用非語言技巧不是機械化的操弄，更重要的是覺知你的身體乃溝通的資源。有效的諮商員在與當事人互動時，會注意他經常藉身體所傳達的線索和訊息。查察個人的身體反應，是最重要的起步 (p.93)。

2. 積極傾聽 (active listening)

聽比說更難，會聽可幫助諮商員更能瞭解當事人的心境。所謂傾聽是要眼耳並用，聽對方所說的，也要觀察他說話時的非語言行爲。當事人會藉非語言行爲透露很多的訊息，諮商員的技巧即在能仔細觀察，把握這些訊息，作正確的詮釋。

面部的表情 (facial expression) 的身體語言 (body language) 最具有溝通的功能。前述 Mehrabian 的研究即一最有力的實證，Bandler & Grinder (1979) 也發現幾種反映當事人的情緒生理變化的非語言行爲，包括面色的變化、嘴唇的變動、肌肉的鬆緊及呼吸。由於這些生理的變化是屬於非意志的，很難隱蔽，容易觀察。Egan (1994) 更具體的指出如何學習聽，他認爲要聽或看：

——身體行為：包括身體姿勢、身體動作及手勢。

——面部表情：諸如微笑、蹙眉、揚眉及繃緊嘴唇等。

——與聲音有關的行為：例如聲調、音量、音節、強度、降音、斷續、強調、停頓、沉默及流暢等。

——可觀察的生理反應：如呼吸急促、突然地說話匆促、臉紅、蒼白及瞳孔放大等。

——身體特徵：身材、身高、體重、膚色等。

——一般外表：例如服飾及穿著等 (p.95)。

許多身體語言經常伴隨語言而發生，不僅影響溝通的斷續，也會改變溝通語言的訊息。根據 Knapp (1978) 的看法，身體語言的變化能表示肯定或重述所言，能否定或混淆所說的，能強化或強調語言的內容，也能控制或調節談話中所發生的情境。但是我們應注意，觀察身體語言而非解釋它，因為身體語言含義頗廣，先要敏覺到這些身體語言，把握整體的情況後，再作推論。一般而言，語言是表達個人思想、感受和行為的工具， 因此， 從當事人的話中我可以體會他的思維方式、內在的情緒反應及行為表現的型態。注意聽他的陳述，再配合觀察其身體語言的結果，當可瞭解他的生活問題的癥結，因為人的日常生活方式及因應生活問題的策略與其思想、感受及行為有密切關係。如何聽？要注意語言的哪些線索？才能瞭解清楚他所說的眞義呢？

Cormier & Cormier (1985) 認為傾聽包括三個過程：接收訊息，整理訊息及發送訊息。接收訊息是聽當事人的語言及身體語言，聽了以後，諮商員要玩味其中的含義。這兩個過程都是隱形的 (covert) ，因為只有諮商員自己知道聽到什麼和怎麼想法。發送訊息的過程則是外顯的 (overt) ，因為諮商員根據瞭解要做語言及非語言的回饋。要聽什麼呢？我們常說，「聽話要聽音」，所謂音係指表達語言時的各種線索及含義 (cues and significant meaning) 。 Capuzzi & Gross (1991) 及 Ivey (1994) 指出，晤談時當事人所提供的線索範圍很廣，包括所談主題的轉換、題外話、主要用詞（常出現的字或詞）、句子的組織、言語的不一致、矛盾及雙關語句等 (p.52) 。這些線索需要瞭解的正確，才能使當事人知道諮商員眞正瞭解他。諮商員能否做到，就要看他聽的功力了。

除了上述的這些線索外，最重要的是聽當事人說話的內容 (content) 及伴隨語言的感受或心情 (feeling) 。當事人所表達的訊息中，一定是他想提供一些有關訊息、想法、人事、環境、事件等，此外，也會涉及他對這些人的感受。諮商員可從他所用的感性的和情緒化的字眼或詞句中辨識。一般反映感受的字、詞及其表達喜悅、悲傷、恐懼、猶疑、忿怒、強悍、柔弱，及各種感受程度的詞彙表，有關諮商技術的著作中多會列舉，如 Cormier & Cormier (1985 ， p.99) 所列舉的通用感受字彙，可用以學習辨識各種不同的感受反應用語。

積極的傾聽並不容易，許多障礙有待克服。 Egan (1994 ， pp.100-103) 提出幾項，值得諮商員注意。他說，在晤談時，最常發生的是分心，浸沉在考慮如何回答當事人，或想自己的問題或需要，或疲憊懶散，以致聽而不聞，使當事人覺得「你根本沒聽我說什麼」。其次是批評，對當事人所說的好壞、對錯、適當與否等的判斷。再來就是偏見，把當事人的話做選擇性的過濾，依個人的好惡予以篩選，決定其應注意或應忽略的事項。給當事人貼標籤是另一種過濾行爲，諮商員受理論導向的影響，把自己侷限於某種診斷模式，從當事人的談話中認定他就是這樣的人。過於重視資料的蒐集，而忽略對當事人其人的瞭解，也是一種傾聽的障礙，諮商員應從當事人所提供的主要訊息中瞭解他。當事人經常把自己描述成受害者，他所表現的悲傷與痛苦，最易引起諮商員的同情。如果諮商員表現過分的同情，會使他迷失在當事人所說的故事中。 Egan 提出的最後一種傾聽的障礙是打斷當事人的談話。他認爲諮商乃雙方對話，打斷當事人的談話，就表示他不想聽。這種行爲若是故意的，便是對當事人惡意的中傷。

□發問的技巧(*skills of questioning*)

專注行爲是諮商員與當事人溝通最基本的技巧，而發問的技巧會使諮商互動過程有系統的進行。有技巧的問答不僅能使諮商進行的順利，並能開展新的討論，有助於控制晤談的主題，澄清問題，及增強當事人深入的自我探討(Ivey，1994；Capuzzi & Gross，1991)。因此，發問的技巧，不論是在建立諮商關係，及促進有效的溝通，是非常重要的。雖然有的諮商學者反對用發問的方式，以避免造成當事人的恐慌，實際上，這要看發問的方式而定，如果一連串的問題轟炸，或者問題的答案只需要是或不是、對或不對等，當然這樣的發問弊多利少，不用也罷。如果有技巧地用特殊的問題引導，諮商員可藉以發掘出當事人的許多重要事情、感受和狀況。

發問的形式有兩種，一種是開放式的問句(open question)，另一是封閉式的(closed question)。所謂開放式，是提出的問題引導對方更詳盡和更進一步的陳述或描述性的回答，具有引發思考、鼓勵深入探討、澄清疑慮、甚至也有抑制說下去的功能。開放式的問句經常用什麼(what)？如何(how)？爲什麼(why)？等問起，使當事人有機會作更多的說明。例如，「您想跟我談些什麼」？「事情是怎麼發生的」？「你想他爲什麼會這樣做」？類似這樣的問法，會使當事人不能不做一些說明，以回答問題，諮商員也可從他的說明中獲得重要的訊息，瞭解他的想法、看法、感受和行爲反應模式，並使溝通持續不斷。

封閉的問句只能讓當事人簡單的答覆「是」或「不」，「對」或「錯」或很簡單的詞句等，不像開放的問題能鼓勵當事人自由的交談，諮商員也只能從中獲得極有限的資訊。例如「是不是他又跟你吵架了」？「他有沒有傷害你」？在諮商過程中宜避免提出封閉式的問題，以免使當事人有被審問的感覺，對諮商沒有什麼好處。不過，如果當事人很善談，東拉西扯，滔滔不絕，諮商員可用封閉式的問題，幫助他回歸正題，提供爲瞭解他必要的資訊。諮商員必須注意，多用封閉式的問答，會使晤談易陷於癱瘓。其實，不論是開放式或封閉式的問句，若過份的運用，會產生諮商員喧賓奪主之嫌，忽略了當事人爲主角的諮商本意。

Ivey (1994) 指出發問的許多有益於諮商的特質，但也對不適當的運用提出警告，應切記發問可能引發的一些問題。太多的問題會引起當事人的防衛，並使晤談受到太多控制。一下子提出好多問題，就像問題轟炸，會使當事人難以承受。肯定語氣的問話雖然有其好處，但會使當事人感覺被套牢。問理由的問題會引起當事人不安的感覺，找藉口以自我防衛。問問題也要注意文化的差異，提出不適當的問題很容易引發當事人的不信任，好發問的諮商員不可不慎 (p.57) 。

□鼓勵的技巧 (*encouraging skills*)

鼓勵是積極推動交談的最有效的方法。鼓勵不一定非用語言不可，就是一些小動作，如點頭、微笑、手勢等，都能產生鼓勵繼續說下去的功能。Ivey 認爲沉默伴隨著非語言也是一種鼓勵。此外，重述當事人談話中的關鍵字，再配合說話或問話的聲調，更能鼓勵或引導他繼續或轉變談話的主題，因為對關鍵字的選擇，會引導晤談的方向，比任何其他誘因更有效。若把當事人所陳述或表達的感受，用簡短的詞句重述，也有很好的鼓勵作用。例如「於是你很生氣」，「你奇怪他為什麼老是纏著你」，等。這類的簡短回應，因為正反映出當事人的感受，其鼓勵繼續說下去的功能比解義 (paraphrases) 強，不過，說話的口氣和音調能影響效果，鸚鵡式的重述會打斷交談，不可不慎。

□解義 (*paraphrasing*)

解義比鼓勵較為複雜。所謂解義與解釋不同，解義是把當事人所說的關鍵字重組，加上你的一些觀察，形成簡明的短句，擇要出當事人的意見。解釋 (interpretation) 是諮商員針對當事人的談話說出自己的見解。 Egan (1994) 給解義的定義是「用精確的詞句把當事人所說的原始觀念譯述，只重述當事人的訊息，而不增加新的觀念」。解義如果正確的話，可促進當事人繼續做更深入的探討。就如 Capuzzi & Gross (1991) 所說，「解義的強而有力，在於諮商員是以當事人的參照架構思考語義，而不按自己的想法來說」(p.54) 。解義不僅有鼓勵的功能，也能幫助當事人澄清問題，並知道自己所說的，已被正確的瞭解。所以，解義的正確與否非常重要。如何做正確的解義呢？ Ivey (1994) 提出正確解義的四個應注意的事項：⑴解義的語句應盡量依據當事人接受訊息的方式。⑵語句的組織要用當事人描述人或事的字或詞。⑶擇要說明當事人的主要談話內容。⑷以簡短的問句檢查解義是否正確 (pp. 104-105) 。

□擇要說明 (*summarizing*)

擇要與上述的幾個技巧類似，但談的時間較長，其涵蓋的範圍包括本次整個晤談的內容，涉及當事人的所提供的事實、所表現的感受、所表達的意見及討論的意義和結果等，盡可能正確地再擇要述說一遍。Ivey 提醒諮商員，在作擇要說明時，要注意當事人語言和非語言的註釋，選擇當事人主要觀念和對事情的看法，盡可能正確地向當事人複述，並在最後向當事人查證你的擇要是否正確(1994，p.106)。這樣的擇要經常可讓當事人在探討思想和感受時，激勵他進一部的探討(Egan，1988)。除此之外，對上次晤談的擇要也能對當事人產生暖身的功能，指出本次的諮商中的討論方向，使前次與本次的討論主題連接。同時，也可使諮商員查察自己所瞭解的是否正確。

□反映感受的技巧 (*reflecting feelings*)

傾聽當事人的語義重要，傾聽他內心的感受更重要，因爲感受有時無法用語言表達，卻暗含於語言與非語言行爲中。諮商員應發掘並辨識這些語言背後的情緒。感受反映技巧與解義近似，其不同之處在於解義是反映當事人語言中所透露的事實，而感受反映是覺知與事實相關的情緒。其主要的目的就是把語言及行爲背後所隱含的情緒和感受透明化，讓當事人清楚地覺知它們(Ivey，1994)。當事人的情緒和感受有正向的和負向的，諮商員可用開放式、封閉式的問話、或推理方式察知。例如當事人說，他最近心情不好，或心灰意冷，或心煩意亂等，其話中隱含的感受可能是感到悲傷、焦慮、沮喪、氣忿、或罪惡感等。諮商員必須在反映當事人的具體感受之前，學習如何確認這些表達具體感受的代名詞或形容詞。

Capuzzi & Gross (1991) 指出反映感受的五要素，包括⑴語句要按照當事人接收訊息的方式（聽、看、動作）；⑵用人稱代名詞「你」；⑶感受或情緒標籤；⑷情緒的情境；及⑸反映的正確強度。若能對這五項要素清楚的辨識，則感受反映才能正確。例如當事人說，「我最近心情很壞，很亂」，你看清他說這句話當時的情形，你可能這樣反映他的感受，「你心情煩亂，我覺得你也很生氣，很沮喪」。這樣點出其主要的具體感受，可幫助當事人澄清他的眞實情緒，對諮商的進行和催化功能很有幫助。反映感受技巧與諮商員辨識感受及原因的能力有關，因此，諮商員要多練習辨別語言和伴隨的各種線索，避免用類似「你怎麼會有這種感受？」不適當的直接問話 (Egan，1994)。反省你自己生活中的喜、怒、哀、樂、愛、惡、慾等感受經驗，或可幫助你更能清楚的反映當事人的具體感受。

反映技巧如用之不當，難能發揮其應有的功能。Brammer (1985) 提出幾項常犯的錯誤，很值得參考。他認爲，一般常見的反映錯誤，包括僵化回應的方式 (stereotyping responses)，時機不對 (timing)，反映深度越線 (depth of feeling)，用語不當 (inap-proprite language) 等。意思是，反映時不要常用固定的開始語反映當事人的感受；不要每句話都做反映，實無必要；更不要超越當事人的現時感受，而反映較深度的反映；反映的用語應符合當事人的文化經驗及教育程度 (p.73)。

□澄清技巧 (*clarifying skils*)

前面所說的解義及反映感受的技巧亦有澄清的功能。此處澄清專注於事情的糢糊混淆，說明如何幫助當事人澄清。當事人會由於緊張、思想混亂、心情不定、或口語不利，有時不能清楚的表達他的意思，諮商員只好用猜想去瞭解當事人的基本訊息，並說給當事人聽，查知所猜想的是否他的本意。其所說的如此混淆不明，致使諮商員無法把握其中的關鍵詞句，給他解義，只好猜測他所指爲何。澄清多以試探性的問句，如「我不清楚你所說的，讓我試說一遍你所說的」，或「聽起來你好像指什麼重要事，但有些觀念似乎不太明確，是不是……」。

在諮商初期，澄清技術不宜太強烈。澄情旣然含有解釋的意味，多少會反映諮商員的看法，或因諮商員分心而沒聽清楚，就應小心語氣適中，別太強烈或混入批評的字眼，以免影響當事人的心情。初步的澄清只是說出諮商員自己對所言的混淆感受，引導當事人作較清楚的說明，千萬別使當事人有被批評或被斥責的感覺。 Brammer (1985) 認爲，澄清的主旨在以自己的回應澄清當事人的溝通，澄清行爲中的自我表白 (self-disclosure) ，故諮商員應當心自己的反應態度，先別走向面質 (confrantation) 形式。

□引導技術 (*leading skills*)

引導技巧有鼓勵溝通的功能，也與發問的技巧密切相關，因爲鼓勵與問答都在引導溝通的進行。引導雖然是整個諮商過程中常用的技巧，但在諮商初期最能幫助當事人的語言表達。 Robinson (1950) 把引導定義爲諮商員的回應 (responding) 的選擇，期望當事人能從此特殊反應準備受益。同樣地，Patterson & Welfel (1994) 也界定引導爲由諮商員所評估的回應 (response based on counselor's estimate)，即評估如何與當事人的經驗做進一步的接觸。回應含有解釋及面質的成份，若用於諮商初期當事人還未統整資料的準備時，會產生不利的影響。Martin (1989) 也認爲，引導的觀念含有危險區的暗示，危險就在當事人眼前不遠處，那裡正是有效治療的發生地。不過，用之不當，或超越了當事人的準備度，也會具有潛在的危險，反而阻礙了諮商的進行。

引導式的回應應與當事人所言非常接近，至少在諮商初期是如此，逐漸地再從當事人的談話中，引進諮商員的觀點。最好的進行方式是由輕微的引導，逐漸導向強勢的引導，如此可建立起選擇回應的參照架構，以符合諮商進行的步調，形成引導的連續過程 (Robinson，1950；Hansen，Stevic & Warner，1982)。根據 Robinson 的解釋，所謂輕微的引導回應 (least leading responses)，是指以沉默、接納、解義、澄清、肯定、一般性引導、解釋、勸說及再保證等技巧，激發當事人表露、探討及領悟。強勢的引導回應 (most leading responses) 在提供新的資訊及新的觀念，引導當事人走向新的思考方向。Benjamin (1987) 在論述輔助過程時，也同樣主張引導回應的連續性。他也提示諮商員，運用各階段的引導回應要適時適當，只要這樣，回應本身並沒有好、壞、對、錯之分。引導的進行，最重要的是考慮當事人的準備度、他關心的事情及諮商員的態度。如果當事人表現出自我防衛，諮商員最好設法引導他說出他對事件的看法有何感受；

若當事人想知道有關的一些資訊或輔導，諮商員的諮詢服務會使他受益 (Patterson & Welfel，1994)。

Brammer (1985) 把上述的輕微引導回應技巧綜合成以下的四種引導方式：間接引導、直接引導、集中引導及問話引導：

1. 間接引導 (indirect leading)

所謂間接引導，在引發當事人的話題，並使話題在諮商過程中繼續發展。在諮商開始時，間接的引導就像是一種邀請，希望當事人說出他的求助目的及想訴說的困擾問題。這種間接的引導通常是以簡單的問話或催化語開頭，例如「你想要跟我談些什麼？」，「有什麼事我可以幫忙麼？」，「對這件事請你說詳細點」，「你的意思是……」等。間接的引導旨在示意當事人說明他的需要，好使你知道他的想法和感受。因此，引導要有一定的目的，保持一般的方向，等當事人接受你的引導。精微的身體語言也能產生間接引導的效果。

2. 直接引導 (direct leading)

直接引導是針對一主題，鼓勵當事人作進一步的探討、澄清、或表明所說的。有時會含有某種程度的提示，比方提示他多談談有關某人、某事、某種觀念或情境的細節。直接的引導往往跟諮商員的興趣有關，而目的總是在引發當事人的感受知覺，並促進他的自我瞭解。

3. 集中引導 (focusing)

當事人談話散漫無章時，諮商員要引導他集中於主題陳述，不讓他漫無目的地東拉西扯。間接的引導有時會導致主題的蔓延，造成問題的混淆。一理會這種情形，諮商員當即設法認清當事人要探討的主題，如他的某一觀念或某一種感受，集中一點引導他進一步表達。例如當事人談到他的親子關係，說了很多有關他母親的事，諮商員可引導他集中於他對母親的感受，問他，「請你談談你對母親有什麼感受」。集中特點引導能夠從當事人談話中的一個字、一個詞句、一個觀念或一種感受，爲強調的重點，引發他作重點的探討。主要的目的在減低當事人談話的空洞、混淆、及散漫，而導向重點經驗的探討。

4. 發問 (questioning)

前面所提及的發問技巧，尤其是開放式的問題，能引導當事人進一步的探討。開放式的問題可使當事人自由地陳述，而不受限制。發問引導的主要目的，即在幫助當事人瞭解，而非促進諮商員的瞭解；在讓當事人擴大視野、啓動交談、舉例說明、檢視知覺及蒐集資料等。因此，發問要有一定的目的而謹愼，否則會流於發表聲明，失去了引導的功能。例如說，「在這種情形下，你不覺得離婚是最好解決問題的辦法嗎？」，這種問句會誤導當事人認爲你贊成離婚，並增強了他對離婚的安全感，甚至把責任推給你。

總之，引導技術的運用應隨著諮商進展的過程遞增，在諮商初期，輕微的引導回應有助於諮商關係的建立，促進當事人的坦誠開放，把握主題，及其對問題的看法和感受。及至當事人進入狀況後，再引導他對問題做深入的探討和瞭解。最後，就要以適切的高層次引導技巧，鼓勵他擬定行動計劃並執行計劃。引導回應的時機與適當與否，以及對當事人文化背景的考量，也對引導的效果有關鍵性的影響。

高層次的溝通技巧

當諮商進入中程階段及行動階段，諮商員已逐漸認清了當事人的眞正困擾、問題和需要，這時就要幫助當事人面對問題、瞭解問題及解決問題。

高層次的會心瞭解 (*advanced empathy*)

會心瞭解是站在當事人的立場看他的問題，換言之，就是設法跟當事人一起想，而不是為他想或討論他 (Brammer & Shostrom，1982)。根據 Rogers (19961，p.284) 原來的解釋，會心瞭解是指諮商員能進入當事人的現象世界，去經驗他的世界，就好像你自己的經驗，而不失掉「好像 (as if)」的品質。這種初層次的會心瞭解是希望瞭解他的想法 (desire to comprehend)，而諮商員所指陳的瞭解，是當事人訴說的明顯主題，而高層次的會心瞭解是進一步反映出他話中隱含的訊息，參照他的感受，與他討論為什麼他是最重要的 (Cormier & Cormier，1985)。誠如 Kahut (1978) 所說，會心瞭解、接納、肯定及瞭解人自我的心聲，是一種心理的營養，沒有它，人類寶貴的生命難以存活 (p.705)。為此，會心瞭解實是一種價值、一種哲學，也是一種具有強烈宗教色彩的動因 (Egan，1994，p.107)。Corey (1989) 把會心瞭解稱為成功者七大習慣之一，視它為心理空氣，幫助人在其人際關係中更自由地呼吸。

高層次的會心瞭解涉及敏覺當事人未覺知的意義 (Rogers，

1980，p.142)，也就是 Truax (1967) 所指隱含的或未直接表明的，也如 Berger (1989) 所說的故事背後的故事。高層次的會心瞭解是諮商員掀開當事人深藏於內心的感受區，當事人自己卻未覺察。諮商員進入當事人隱蔽的感受和經驗。例如當事人說他很生氣，而生氣背後可能隱含著傷害或怨恨。一般而言，有些感受和觀念比較容易用語言表達，有些心情很難用言語表達，藉著諮商員的點明，當事人會馬上承認。高層次的會心瞭解即在幫助他深入地發掘內心深處的感受，如果發掘出來的正確，當事人便會立即表示肯定，並做進一步的探討；如果諮商員的會心瞭解不正確，當事人必然會否認。因此，Egan (1994，p.116) 把會心瞭解分為正確的 (acurate) 及不正確的 (unacurate)，可由當事人的反應獲得驗證。

正確的高層次會心瞭解不僅使諮商員與當事人想的大致相同，更能影響當事人深入探討他的隱情及含意 (Ivey，1994)。Carkhuff (1969) 及 Ivey (1994) 認為，如果前述的專注技巧，特別是含意的回映 (reflection of meaning)，用得適當，可促進當事人的思考運作，增加其探討的深度，不只停留在純感受的反映和解義上。這種加強作用是介於初、高兩層次之間的 additive empathy。眞正高層次的會心瞭解有三個基本的要素及四個特徵：

1. 三要素

(1)正確的覺察：就是諮商員的溝通技巧與其所憑藉的正確知覺一樣好。

(2)知道如何表達，因為若沒有把瞭解傳達給當事人的技巧，瞭解根本沒有用。

⑶肯定，意指除非在需要時實際的運用，再正確的瞭解及再純熟的溝通技巧也沒用。

2.四特徵

⑴集中性：眞正的會心瞭解所傳達的是中心資訊，亦即感受經驗和行爲。

⑵情境導向：好的會心瞭解是對所談的整個情境回應，而非針對零星的字彙。

⑶選擇性：眞正的會心瞭解要強調某種感受、經驗和行爲。

⑷正確性：瞭解的正確與否，可從當事人的反應來鑑定。(Egan，1994，pp.108-116)。

運用會心瞭解並非一件容易的事，千萬別與解釋技巧混淆，會心瞭解常以當事人的參照架構爲依據，並把當事人視爲意義與感受的本源。運用高層次的會心回應時，諮商員所說的，旨在喚起已存在於當事人內心的感受和意義(Patterson & Welfel，1994，p.65)。所以，在運用會心瞭解以前，要先辨識當事人不完整的說詞爲何，他隱瞞了什麼，說的話何處混淆，語言背後聽出什麼含義等。同時，Egan也建議諮商員要切記，雖然有人認爲會心瞭解本身有治療功能，但它絕不是萬靈藥，它像其他的溝通技巧一樣，對整個諮商過程的進展及成效有貢獻，也只能在某些方面有所幫助，在其他方面不見得受用，有時也不能用(1994，pp.117-120)。

爲檢視會心瞭解的層次，Carkhuff & Pierce (1975) 發展出一份區分量表(discrimination inventory)，以五層級區分諮商員會心瞭解訊息的程度。

一：是最低的，只是簡單的問話、再保證、否定或建議。

例如，「怎麼會跟父親合不來呢」？

二：只回應談話的內容、而未涉及當事人的感受。

例如，「你跟你父親很難相處」。

三：根據當事人的表面訊息，回應出他的感受及表意。雖然已對他有所了解，但方向還不清楚。

例如，「你感覺很失望，因為你試著跟他好好相處卻失敗了」。

四：已瞭解，而且有方向。瞭解了當事人的感受及隱含的他的缺點，並指出他對自己的缺點應負的責任。

例如，「你感覺很失望，因為你試著好好跟他相處，卻失敗了。你希望他別再約束你」。

五：包括層級四的瞭解，並增加行動部份，指出他為掌握缺點及改善所能做的。

例如，「你感覺很失望，因為你試著跟他好好相處，卻失敗了。你希望他別再約束你。或許你先向他說明你的感受」。(cf. cormier & Cormier，1985，p.23)

在這五層級會心瞭解的回應中，第三層級的回應符合 Carkhuff & Pierce 的互換會心瞭解 (interchangeable empathy) 及 Egan 的初層次會心瞭解 (primary empathy)，可稱為最低限度的會心瞭解。第四層級與 Carchuff 的附加會心瞭解 (additive empathy) 及 Egan 的高層次會心瞭解相符合。第五層級的會心瞭解則表現出促進行動的功能。此一量表有助於幫助諮商員評估自己回應的層次及溝通技巧的程度。

□解釋的技巧

解釋 (interpretation) 是理解及溝通當事人語義的技巧。解釋蘊含著諮商員對當事人所言有所領悟，且比當事人的看法更能被接受，應該跟當事人分享。其目的在幫助當事人擴展他對己及對其環境的認知。為此，諮商員做解釋時，應提供當事人新的自我觀念，並對其態度和行為給予新的詮釋 (Ivey & Gluckstern，1975；Patterson & Welfel，1994；Cormier & Cormier，1985；Brammer & Shostrom，1982)。由於諮商員個人的觀念、理論導向及對當事人的問題和行為是否有利或認知的不同，故對解釋的觀念也會有差異。Brammer (1985) 認為，解釋是諮商員向當事人解說事件意義的積極過程，以使他用新的眼光看自己的問題。其主要的目的在教當事人自己解釋他生活中的遭遇 (p.82)。Cormier & Cormier (1985) 界定解釋為諮商員的陳述，把當事人的各種行為、事件和觀念予以聯貫，並指出其間的因果關係，或對當事人的行為（包括他的感受、思想、和外顯行為）作可能的解說 (p.124)。

由於解釋時諮商員經常說出當事人感覺模糊的問題 (Cormier & Cormier)，諮商員提示當事人新的參照架構 (Brammer，1985；Martin，1989)，為當事人的態度、感受和行為加入新的意義 (George & Cristiani，1990)，諮商員依據他的人格理論，給當事人提出有關關係、意義及行為 (Brammer，Shos-trom & Abrego，1989；Patterson & Welfel，1994)，所以解釋與解義 (paraphrase) 及會心瞭解 (empathy) 不同。不過，Cormier & Cormier (1985) 卻認為解釋與 Egan 所說的 advanced empathy 類似，因為高層次的會心瞭解是促動當事人的瞭解由少至多的工具。換言之，如果當事人對某些問題不清楚，或者他說的不夠明確或有所保留，諮商員就直接地、清晰地及坦誠地指出 (p.124) 。

解釋與諮商員所秉持的理論有關，因爲解說經常以假設的口吻表達所發生的事。諮商員運用解釋時，經常是根據他們對人格理論的瞭解，例如 Rogers 就把當事人的主觀參照架構視爲唯一考量的標準，所以他反對解釋，並認爲解釋的回應是錯誤的。相反的，遵循 Freud 的心理分析諮商員，會依 Freud 的理論系統來瞭解當事人，並建立假設。把當事人的意思、感受和行爲看作思想過程的功能，會根據對當事人挫敗行爲的觀察，建立假設 (Patterson & Elfel ， 1994) 。

至於如何作解釋， Cormier & Cormier (1985) 從許多研究中綜合出三個途徑：深度 (depth) 、集中 (focus) 及含意。深度是指諮商員的觀點與當事人的信念之間的差異程度，也就是他所提出的觀點，能使當事人重新思考問題，並相信可藉以促進其改變 (Claiborn et. al. ， 1981) 。集中方向是另一影響解釋內容及措詞的因素， Strong et. al. (1979) ， Forsyth & Forsyth (1982) 都建議，解釋集中於當事人能控制的動因，比注意他不能控制改變的成因更有效。集中於可控制的原因，對內控力強的當事人特別有用。解釋的含意係指諮商員的想法或對當事人行爲和信念的看法爲正向或負向。負向的解釋含有提示當事人偏差的觀念，而正向的解釋則含有鼓勵的咋用。雖然兩種解釋都能產生立即的改變，而正向的解釋能使改變更持久 (Beck & Strong ， 1982) 。

爲使解釋的技巧更有效，應注意解釋的時機，避免諮商員個人的偏見，要以當事人所說的爲根據，並當心自己解釋的方式和措詞。Cormier & Cormier (1985) 所提的建議，對如何作有效的解釋可能會有幫助。他建議諮商員考慮以下的認知學習策略：(1)哪些是當事人訊息的隱涵部份？(2)根據你的理論你對問題的不同觀點是什麼？(3)當事人能控制問題的哪些方面？(4)你要用什麼字眼才能配合當事人的用語？(5)我如何知悉我的解釋有用？(p.128)

上述的原則及思考可幫助諮商員避免不成熟的解釋，或不適時的運用，因爲解釋是要當事人對困擾問題的原因另做思考，或改變他以前的想法，用的過早或不成熟的解釋，不但沒用，而且會促進當事人的自我防衛。

面質技巧

面質 (confrontation) 是最受爭議的一種技巧，因爲日常生活中用面質一詞，經常含有衝突、質問、攻擊、辯論、對抗、氣憤、甚至暴力等色彩，並表示爭強鬥狠的敵對關係。因此，在諮商中用面質應特別小心和愼重。諮商中的面質，是諮商員陳述當事人的不一致、自相矛盾或思想不週的一種干預技巧，所以用面質是爲當事人好，並站在當事人的一邊，而不是反對他。換言之，面質不是爲滿足諮商員個人的需要，以發洩諮商的挫折感，或懲罰當事人。相反的，諮商員確信，若當事人能面對自己的不一致和矛盾，他會更能經驗到自己的成長 (Patterson & Welfel，1994，p.70)。Egan (1975) 在他的 The Skilled Helper 一書中，解釋面質爲揭穿當事人用矛盾、混淆、遊戲和煙幕，以掩飾自我瞭解及建設性的行爲改變的假面具 (p.158)。Egan (1994) 在同一書的第五版中，避用 confrontation 一詞，而改用挑戰 (challenge) 。他說，「挑戰是邀請當事人檢視他挫敗的內在（認知）及外在的行爲。注意現用的是挑戰 (challenge) 而非生硬的面質 (confrantation) 字眼，因爲使用面質或被面質，會有一種不愉快的經驗。」(p.158)

面質也好，挑戰也好，主要的還是在如何運用。就如 Capuzzi & Gross (1991) 指出，面質當事人時，諮商員要時刻地表現關心當事人是否瞭解這種挑戰，這樣才能使他有所進步，而不否定或逃避。爲使面質生效，諮商員應正確的反映當時的情境，尤其是在諮商初期，試探性的反映最爲重要 (p.63) 。由此可知，運用面質要特別謹慎，並要用的適時、適當。 Ivey ， Ivey & Simek-Downing (1987) 曾提示，好的運用方式，要使面質與支持性的溫暖、積極的關懷及尊重之間取得平衡。 Brammer (1985) 指出建設性的六個要素， 很值得諮商員參考。⑴認清 (recognizing) 自己是一個輔助者；⑵描述 (describing) 自己內在的感受並與當事人分享；⑶回饋 (feed back) 反應要以對行爲表示意見的形式；⑷默想 (meditating) 爲自我面質的方式；⑸重述 (repeating) 爲強調及澄清的方式；⑹聯想 (associating) 是接觸感受的方法 (p.75) 。 Brammer 並對這六項要素做了很詳細的說明和解釋。

根據 Ivey (1988 ， 1990) ， Egan (1990 ， 1994) ， Dinkmeyer & Dinkmeyer (1985) ， George & Cristiani (1990) 等學者的研究，面質的過程大致有以下的步驟：首先要藉觀察、 詢問及傾聽，認清當事人哪些說詞及行爲需要注意，然後對所觀察到的予以清楚、準確、而不做判斷的回饋。一般而言，需要面質當事人的言詞和行爲，大致包括觀念與事實的矛盾、期望與實際的矛盾、言行不一致、行爲與目標的矛盾、言語與行爲的矛盾，訊息的混淆等，以及自我防衛等情形。運用面質技巧，常含有某種程度的冒險，而導致當事人的抗拒，因此，諮商員利用面質幫助當事人時，要注意以下的原則（Patterson & Welfel，1994）：

1. 切記面質不是唯一回饋的方式，要謹愼利用。

2. 絕對不要採取與當事人敵對的立場。

3. 如果你生氣，那是你的問題，應請示同仁幫你解決。也許抗拒的當事人會惹你生氣，你可利用你的氣憤作爲認識抗拒訊息的資源，你不能用懲罰幫助人。

4. 要清楚地瞭解你用面質的理由。如果你計劃與當事人達成某些成就，面質應以當事人的需要爲基礎，而非基於你的需要。

5. 要完全與當事人配合，而非對立。意指面質乃爲提供回饋的方法，而不要有預設的非難。

6. 運用直接和簡單的言語。空洞的言詞顯示你根本不知道你面質當事人的事和動機，或當事人是否準備好聽你所說的。

總之，面質是相當難用的一種高層次的技巧，用得好，很有效；用的不是時候，或言詞不當，或脫離了當事人的眞正需要，不但沒用，反而有害。爲此，運用面質時，要愼重考慮當事人的心態，如果當事人已經很苦悶、或很煩亂，面質沒好處，反而會使他更痛苦、更迷惘。

溝通技巧的選擇與運用

整個諮商的基本組織大致包括。

1. 建立投契與信任關係，以形成諮商商員與當事人互信與合作的基礎。在這一階段，諮商員的主要工作是向當事人說明諮商的目的及其輔助功能，提供他對諮商所需要的資訊，以增強他接受諮商的意願。此時諮商員的態度非常重要，他能否給當事人一個親切、可靠、而值得信賴的傾訴對象，端看諮商員的談吐和表現。遇到抗拒的當事人，諮商員就需要用特殊的技巧，與他共同探討他不願接受諮商的困擾因素，直接討論他的困擾問題，千萬要避免與當事人敵對或爭執(Cormier & Hackney，1993；Pipes & Davenport，1990；Patterson & Welfel，1994)。不論是主動或被動的當事人，爲使他安心的接受諮商，前述的各種精微專注技巧，都可依當事人的情況選擇運用。所謂依當事人的情況，即指不同文化背景的族群有不同建立關係的方式，諮商員不能不提高警覺。

2. 投契及互信關係建立後，才眞正的開始進行諮商。爲了使諮商進入情況，諮商員首先要認清當事人的眞正需要。他爲何來請求諮商？有什麼問題需要幫忙？什麼困擾需要解決？爲瞭解他的需要，就要蒐集相關的資料。資料的最好來源就是當事人本人，鼓勵他自由地陳述，是最好的辦法。不過，一般當事人經常會說出一大堆問題，或把自己說成受害人，並把所有問題歸罪於別人。因此，諮商員要特別注意他眞正關心的事，以及他對問題和困擾的產生應負的責任。運用耐心的傾聽、封閉及開放的問題、鼓勵、引導、及初級的會心瞭解，幫助他清楚地說出問題發生的眞實情境，把人、地、事、物、時間和原因，作一完整的交待。然後，諮商員可把他的陳述作成摘要，與當事人共同結論出問題的關鍵，界定他的眞正需要。

3. 當事人的需要是諮商要達成的目標，諮商員的進一步工作，就是要針對當事人的需要，與當事人研商諮商要達成的目標。最主要的還是要當事人說出他的看法，諮商員可以用擇要的方式，把問題指明，然後問他，他想如何解決。開放式的問題可以幫助瞭解當事人解決問的方向。專助傾聽可以促進當事人表達更多的思想和感受。遇有混淆、模糊不清、難以決定的思想和方向時，諮商員就要利用澄清的技巧，以問答的方式可幫助他釐清觀念，調整情緒、澄清困擾。

4. 諮商的目標確定後，接著就是探討達到諮商目標的方法，實際解決問題。在這一階段，當事人經常會處於茫然無知或兩難的情況，諮商員就要幫他探討可能解決問題的方法，並選擇新而可行的出路。諮商員針對其盲點，運用摘要的技巧，點出當事人的衝突所在及思想的參照架構，再用傾聽的技巧催化他提出他解決問題的想法。如果仍有不周之處，諮商員擇要指出他想法的矛盾，並運用影響技術，說出自己的看法。影響技術包括前述的回饋、自我開放、面質、引導、及解釋等，也可利用不同諮商理論所設計的計術。

5. 如何把所學類化並用於實際的生活中，是諮商的最終目的。就如 Ivey (1994) 所說，「諮商中所獲得的資訊、所習得的觀

念、及所操習的新行爲若不轉移及類化於日生常生活中，則一切白費」(p.157)。但是諮商的環境究竟與實際的環境不同，即使在諮商中諮商員與當事人共商出解決問題的方法，或結論出破解衝突的辦法，若當事人處於同樣的環境，學習轉移或類化是難而至不可能。因此，諮商員也要與當事人研商如何瞭解其實際所處環境，並如何改變影響他生活的環境。改變個人的思想、感受和行爲困難，改變環境更困難。雖然如此，但並非不可能，只要用心學習轉移的技巧，就可幫助他確認新行爲的需要，學習有效控制環境的方法，檢視自己主觀的反應，並不斷的操習諮商中所學到的因應技巧等。爲此，諮商員在諮商的最後階段應採用其他的諮商技術，如角色扮演、引發想像行爲記錄及家庭作業等，配合高層次的溝通技巧、家庭或團體諮商及追蹤輔導與支援等，幫助當事人達到學習轉移及類化的最終目的(Ivey，1994)。

結　　論

溝通技巧是諮商員必備的條件之一，不論實施任何理論導向的諮商，或在任何情形下做諮商，都需要純熟這些溝通技巧，因爲諮商本身就是互動與溝通的過程。語言與非語言的溝通旨在幫助當事人自我瞭解，因此溝通技巧的運用適當與否，直接或間接影響當事人的心態，以及他知覺、思維、感受及自我改變的歷程，對諮商的成敗具有關鍵性的影響。鑑於當事人的個別差異，以及各人文化背景的不同，諮商員的語言及非語言行爲應特別愼重，要考慮到當事人對各種精微溝通技巧的反應模式，審愼選擇適當的語言及非語言行為，切勿一味模仿別人的溝通方式，而要把握溝通技巧的原則，依照個人的人格型態和風格，對當事人的反應做自然的交談。不自然的造作，反而會使溝通技巧失去效力，弄巧反拙。此外，諮商技巧應依當事人的準備狀況，循序漸進的逐步採用，若因求好心切，操之過急，貿然使用高層次的溝通技巧，以促進當事人的改變，不但不能達成目的，反而會得不償失，不可不慎。

Chapter 10

諮商技術

諮商技術 (counseling techniques) 是依諮商理論架構而發展出來的諮商策略。每一種諮商理論有它自己的一套哲學理念，遵循此一理念的諮商員均依照其理念和方法 (approaches) ，設計出適當的技術，以達成此一諮商方法的目的。例如理——情治療法 (RET) ， Ellis 認爲非理性的行爲肇因於不合理的信念，所以要改變當事人的自我挫敗行爲，就得先改變他的不合理的信念。爲達到這個目的，就要設計一套技術，改變不合理信念的技術就是要當事人辨識自己不合理的想法，辯駁這些不合理的信念，學習新的合理的信念，繼而改變不合理的情緒和行爲。這一套諮商方式是 RET 慣用的技術，別的諮商理論不見得欣賞，但不論哪一種理論在運用其理論的技術時，不能不用溝通技巧，以發揮其技術的功能。所以溝通技巧與諮商技術之不同即在於此。一般的諮商理論多針對個別諮商設計出其諮商的技術，但也能適用於團體諮商，爲此，以下就從個別及團體諮商來說明諮商技術的運用。

個別諮商是諮商員主要的專業工作，也是輔導的最佳技術(Nordberg，1970)。根據Cormier & Hackney (1987)，個別諮商需具備以下的四個條件：(1)有人請求幫助，(2)有人願意給予幫助，(3)他有能力幫助也受過專業訓練，(4)在適切的情形下給予並接受諮商。由此我們可以注意到個別諮商的幾個重要因素：(1)諮商員與當事人雙方的意願，也就是說，諮商應是主動的，否則無法進行。(2)諮商員不僅要有助人的意願，也應有專業的知能和接受過專業訓練，方能給予專業的服務。(3)要有利於諮商的環境，包括物質環境的各種有利條件，及心理的準備。即使這些條件具備，各種因素考慮周全，如何實施個別諮商，卻因諮商員專業傳承的不同而有差異。

首先諮商學者們在界定諮商的性質上就意見分歧。前面我們已提及諮商的三種不同的諮商定義，有的主張諮商是一種獨特的輔助關係，提供當事人學習、思考、感受、經驗及要改變的機會(Blackham，1977)。另有人強調諮商爲一種互動過程，幫助當事人自我瞭解並瞭解其環境，以建立並澄清其行爲目標和價值觀(Shertzer & Stone，1980)，或做有效的決定和生活方式的選擇(Cottle & Downie，1970)。第三種定義關係及過程並重，如Stef-flre & Grant (1972)視諮商爲專業諮商員與其當事人的專業關係，且經常是一對一的關係，旨在幫助當事人瞭解並澄清其對人生的看法，藉可面對未來做明確而有意義的適當選擇。此一定義視諮商爲一種過程，也爲一種關係，並把諮商目標放在幫助做選擇上，諸如學習、人格發展、自我認識等，因而獲得較好的角色認定及更有效的行爲角色（p.15）。

不論如何界定諮商，諮商的主要目的是幫助當事人滿足他的需要，解決他的問題。但是，諮商員要發揮專業輔助的功能，需要當事人主動而積極的配合，也就是當事人必需有求助的意願，並有改變的決心。因此，接案以前，諮商員第一件要做的，就是瞭解當事人是否願意接受諮商。其次，要澄清當事人求助的問題，以確定個人能否給予專業的服務。若當事人的問題超越了自己的專業知能，諮商員就應予以婉拒並轉介（CGA，民78，貳，六）；若能給予專業的幫助，則應愼重選擇適當的諮商技術，協助當事人達成請求諮商的目的。

□處理被動當事人的技術

當事人主動請求諮商，是建立專業諮商關係的條件之一。遇到被動來諮商的當事人，諮商員就必須使他化被動爲主動，才能進行諮商，否則，諮商是不可能產生功效的，因爲諮商的主角是當事人，受益的也是當事人，他不願接受諮商，諮商員的專業技術再高明，專業知能再豐富，也是徒勞無功。在國內學校諮商的情境中，經常是老師、導師、訓導人員或家長送學生到輔導中心請求輔導老師輔導或諮商，學生則不免會心不甘，情不願，處於被動而無奈的情形。諮商員如何使他化被動爲主動，自願接受諮商，就需要運用一些技術。

1.何謂被動當事人？

被動來諮商的當事人，不僅會心不甘，情不願，甚至會覺得自己被控告、被攻擊、或被否定、或被牽制，無形中也會對諮商員有反感，而不信認諮商員 (Pipes & Devenport ，1990) 。Patterson & Welfel (1994) 稱這類的當事人爲不情願的當事人 (reluctant) 。如果他能有選擇的話，這類的當事人寧願不來諮商及不談他的事。就連那些自動來諮商的當事人，因對諮商員的動機缺乏信心，也會有是否一試的矛盾心情。類似這樣的當事人屢見不鮮，需要接案前的心理準備和調適。也有些當事人是爲了別人的關係而來諮商，並非自己眞的願意諮商，即使因某些偏差或不良行爲需要諮商，也可能認爲請求別人的幫助，沒面子或表示懦弱。因此，他們會厭惡做自己不願做的事，而表現不願接受諮商的態度。

2.處理技術

面對這類厭惡諮商的當事人，諮商員需要先瞭解他們所以厭惡諮商的原因。如果當事人對諮商員有敵視的現象，表示討厭諮商員，很可能是情感轉移 (transference) 所造成，因其潛意識中與某人的衝突，在諮商的情境中把諮商員視爲衝突的對象。就如 Pipes & Davenport (1990) 所說，是在這種情況下，當事人就好像確定他的言行必不被接受，因爲他想諮商員也與其他人一樣獨斷獨行，但事實並非如此。實際上，情感轉移就是個人以前與其重要人物衝突的重現，致使其早期人際關係的感受、行爲和態度轉移或投射到諮商員身上 (Brammer ，Shostrom & Abrego ，1989) 。厭惡諮商的當事人若是因爲敵對性的情感轉移，多具有反權威的潛意識動機，會期待諮商員對他的負向反應，並表現激發諮商員負向反應的行爲。

不論當事人爲何原因而不願接受諮商，諮商員面對這類被動的當事人，必與他共同探討他不信任諮商員的理由和困擾，先予解決（Pipes & Davenport，1990）。爲避免與當事人針鋒相對或爭吵，即使你明知道他是有意地對你不滿，仍要專注在他的經驗和感受上（Cormier & Hackney，1993）。諮商員本人也要盡力克制自己的情緒反應及反轉移，要承認當事人有權接受或拒絕諮商，並表現你對他的關心和支持。當他逐漸體會到你的態度並不像他所想像地那樣時，他就會改變他的互動方式，面對新的環境，試著建立對你的信心。至於具體的做法，Pipes & Davenport（1990）建議以下的三個處理的步驟：⑴觀察其行爲，例如「你好像很生氣似的」。⑵引發對某些情境的感受，例如「你很生氣是因爲別人要你來，你不曉得我如何幫助你」。⑶袒誠邀請他討論他的感受，例如「探討一下什麼事使你這麼不高興，你不介意吧？」。

對於被動來諮商的當事人，需要慢慢化解反抗權威的想法和感受，諮商員不必心急。最重要的是在與他討論問題以外，要表示尊重他的自由，要不要你幫助，讓他自己決定。一般而言，被動的當事人要比主動的當事人難說服，但也不是沒有希望。

□抗拒當事人的處理技術

不甘心接受諮商的當事人，經過諮商員的袒誠溝通，很有希望改變初衷，化被動爲主動。抗拒的當事人（resistant）可就更難處理了。

1.什麼是抗拒當事人？

被動來諮商的當事人也會表現強烈抗拒的現象，他若過份自衛，則不是單純的被動。Ivey & Simek-Morgan (1993) 稱抗拒 (resistance) 包括當事人的各種言行，用以防範接觸其潛意識的內容，所以抗拒與諮商互相對立。Patterson & Welfel (1994) 視抗拒爲潛意識的過程，旨在保護自己別觸及已平息的早期感受和動機。實際上，抗拒是內在的心理過程，許多當事人都多少會有一些這種經驗，怕因提及過去的痛處再受到傷害。

2.抗拒的類型

根據 Otani (1989) ，抗拒可分爲四種類型，包括二十二種抗拒形式：(1)拒絕溝通型 (withholding communication) ：包括保持沉默，極少回應，極簡單回應，不停的東拉西扯。(2)限制內容型 (restricting content) ：包括閒聊，推論，找問題問，胡亂漫談。(3)操弄型 (being manipulative) ：不信任，誘導話題，題外話，遺忘。(4)違規型 (violating rules) ：包括失約，遲延付費，做無理要求，表現不適當的行爲。

Kottler (1992) 綜合學者們的意見，把拒絕諮商的當事人分爲五種基本類型：第一種拒絕型的當事人根本不瞭解諮商員對他的期望。他們是屬於實用思想派，對諮商工作持疑而不信任。問他爲何來諮商，他會答以「坐公車來的」，答非所問他並非逃避問題，而是不瞭解問的什麼。這種情況可能是由於當事人很天眞，或是因爲諮商員的問題不清楚，或兩者皆是。Kottler 認爲，一旦認清誤解的根源，諮商員便能澄清諮商的期望、角色和目標，同時，導入以後的正確溝通。

第二種拒絕型的當事人不願做指定的作業，主要的原因是他缺乏做的技巧和知識。這類情形可能是由於過去的失敗或自我挫敗的信念系統所致，諸如當事人對現實世界不實際的要求，或自我破壞的內言等 (Ellis，1985) 。而 Kottler (1992) 認爲，有些當事人特別難與溝通，不是因爲思想功能失調的問題，而是因爲他們對自己的能力拒絕挑戰。

第三種拒絕型的當事人沒有合作的動機，不曉得爲什麼要依諮商員所說的去做，反正沒什麼可改變的，做與不做，事實就是如此，不如任水流舟，保持原狀。對這類的當事人，諮商員還是要溯本追源，激發當事人的希望和積極的期望，並找出可能的動機來源及增強方法，幫助他體會他行爲的後果，及對別人的影響 (Kottler，1992) 。

第四種拒絕型的當事人是心理分析學派所認定的罪惡感或焦慮型的，由於自我防衛功能失效，而寧願驅走已浮現的壓抑的感受，有意或無意的破壞進一步的改善。對他，怕懼是強烈的主動力，怕把私事告訴生人而尷尬，怕未知數的出現，怕諮商員激起他先前的經驗，怕被批評，以及怕面對問題可能帶來的痛苦 (Kushner & Sher，1991) 。 Kottler (1992) 認爲，對這類拒絕的當事人，最好的辦法就是心理動力學派的領悟導向的處理，給予支持，建立信任關係，促進當事人的自我接納，並爲他解釋正發生的事。

第五種拒絕的當事人由於當事人所表現的病癥。一般而論，當事人的許多自我挫敗行爲來自一些基本的問題，例如有身體慢性疾病的當事人，因爲可藉以獲得某些福利，會拒絕任何治療，特別難以改變。這種附帶的利益經常會讓當事人不願付諸行動，而寧願慣施故技，拒絕成長和改變的冒險。由於當事人也會因此而託詞無能，不肯承認自己造成痛苦的角色，諮商員要幫助他不要迴避責任。如果讓他浸沉於過去，永遠無法把握現在，展望未來。當事人就會使用其慣用的策略，以逃避而求安全，不肯努力改善其生活型態。

雖然 Kottler 把抗拒型的當事人分成上述五種類型，但是學者們因諮商理論導向的不同，給予抗拒者的標籤也各異。這些不同的標籤包括：抗拒的當事人是性格失調的 (Leszcz，1989)，壓力大的 (Medeiros & Prochaska，1988)，令人討厭的 (Martin，1975)，忿恨塡膺的 (Groves，1978)，拒絕幫助的 (Lipsit，1970)，操弄型的 (Hamilton，Decker & Rumbaut，1986)，難纏的 (Davis，1984)，沒資格的 (Boulanger，1988)，剝損的 (Greenberg，1984)，不願接受的 (Dyer & Vriend，1973)，抗拒的 (Hartman & Reynolds，1987)，缺乏動機的 (West，1975) 等。由於學者們對抗拒當事人的印象不同，他們的處理方式也各異。

3. 處理技術

實際上，抗拒的當事人是有許多不同的情況和不同的表現，因而造成處理的困難。Kottler (1992) 就列舉出十七項抗拒型的特徵，包括難以啓口的生理疾病、隱含的動機、缺乏角色分際、不願擔負責任、好爭辯、怕接近別人、與諮商員談不攏、自認爲反移情的對象、不耐煩、不善於表達、咬文嚼字、空洞、絕望、順從、攻擊、失控等。諮商員在處理抗拒型的當事人時，必須先要認清他是屬於哪種類型，並具有哪些抗拒行爲特徵，然後再選擇應付的策略。

一般而言，處理抗拒當事人的主要技術應是行爲導向的。針對思想上自我衝突的抗拒者，要揭發他的潛意識動機，幫助他分析他的思想過程，引導他領悟他慣用應對方式的錯誤，使他瞭解「絕對」的思想是造成混淆現實及失敗的主因。爲處理抗拒，認知理論的技術大可派上用場。藉著信念系統的重組，可減輕他對諮商的抗拒及曖昧心理，使他重拾安全感。如果抗拒的當事人表現絕望、失敗認同、難以自拔，而拒絕諮商時，可引導他探討他的積極面，以及可行和可努力的方向，使他瞭解諮商對幫助他成功的正面意義，或可能達到化被動爲主動，化抗拒爲接受諮商的態度。總之，對抗拒的當事人不可強予諮商，或剝奪他選擇的自由，否則，他更會變本加厲，抗拒到底。

□問題診斷技術

當事人表示願意接受諮商後，接著要認清他的中心問題、困擾或需要。被動來諮商的當事人有時自己也搞不清爲什被送來諮商，而是送他來的人控訴他一些不是之處。若只聽一面之詞，可能會導致誤解及誤導。即使當事人是自動來求助，也難免會緊張、怕懼或疑慮，也會表達不清自己的眞正需要或困擾。爲此，在諮商一開始，就要先跟當事人共同澄清其問題。這需要諮商員具備熟練的診斷技術。

1.診斷的意義

診斷是醫學的用語，係指尋找病因。諮商中的診斷是辨識當事人問題和困擾的過程，以界定諮商的目標和適當輔助策略。此一過程實際就是蒐集資料的過程，或接案前的晤談(intake interview)，並非正式的諮商，因爲認清問題後，諮商員才能判斷他是否能接案給予專業的協助。如果他接受超越自己專業知能的個案，而不予以適當的轉介，則違反諮商專業倫理(CGA，民78，貳，六)。如果當事人一開始就把問題交待清楚，諮商員也認爲能幫助他，那麼在正式諮商的初次會談，就可開始問題診斷，不過，若專注於問題診斷，有點冒險，因爲牽涉到診斷的內容，及當事人對諮商員如何回答的恐懼，特別是因爲診斷需要當事人說出內心的隱私、痛處及情境，在尚未建立起信任關係前就做診斷，是很危險的。因此，諮商員需要注意診斷的過程，看是否要先識別問題，如果是，就要以 intake innterview 瞭解當事人的問題情況，然後再做進一步的分析和診斷。

2.診斷的內容

Patterson & Welfel (1994) 指出六個診斷過程的要素。⑴瞭解問題的界線(boundaries)，也就是瞭解當事人困擾經驗的範圍和限制。⑵瞭解維持和減輕問題的因素。⑶因問題困擾而產生的情緒強度。⑷瞭解問題對其生活影響的程度。⑸探討當事人慣用的解決問題的方法。⑹瞭解當事人能力及因應技巧。探討這六種問題的要素，也是問題診斷的主要目的，因爲藉著這幾項線索的探討，可以了解當事人問題的眞象，而擬定解決問題的計劃，有效地解決問題。這六項診斷的內容非常重要，主要的理由在當事人困擾的浮現及繼續，可能涉及許多與其個人、人際及其它環境因素。諮商員可根據這六要項的探索，一方面在諮商之初確定自己是否有能力給當事人專業的協助，另方面也可與當事人共同驗證問題解釋的正確性，減少不必要的其它考慮，也可避免因草率地問題認定，而產生錯誤，導致誤導。

3. 問題診斷的過程

上述的六項內容也可作爲進行診斷的依據，依序實施。不論是當事人自己陳述的問題，或引介人所描述的問題，多屬表面或假設性的，要認清問題的眞象，必須經過一番探討，再決定誰可以幫助他，及如何幫他解決。

(1)接案前的晤談 (intake interview)：在接案以前，一般需經過正式諮商以外的一次晤談，以確定當事人的眞正需要，並指定適當的諮商員，給與諮商。即使當事人找某一指定的諮商員諮商，也需要在正式諮商以前，先就當事人所說的問題和困擾，與當事人共同認清問題和困擾眞實性，以確定諮商的方向，或是否需要轉介給其他專業人員。

接案前的晤談是針對當事人所陳述的困擾問題、生活狀況、生活史中的關鍵性事件及其個人與人際功能等，蒐集有關資料的工作 (Sommers-Flanagan & Sommers-Flanagan，1993)。當事人所陳述的問題必然與其過去生活中所發生的某些事有關連，所以要從他的生活史中找出一些蛛絲馬跡，看是否對他目前的困擾有無影響。生活史本身的探討不是目的，而是藉以瞭解問題的來龍去脈，驗證問題或困擾的眞假和脈絡。因此，這種歷史導向的資料蒐集過程，被稱爲歷史回顧 (history taking)，晤談的內容只是與當事人有關的資料，而非正式諮商或治療。

Hackney & Cormier (1994，pp.66-68) 把接案晤談的內容，撮要出以下的七項：

①識別資料 (identifying data)：當事人的姓名、住址、電話、年齡、性別、籍貫、婚姻狀況、職業及教育程度。

②所陳述的主要和次要問題 (presenting problems)：完全按照所說的問題，詢問他

a. 問題對他日常生活干擾的程度如何？

b. 問題如何出現？隨之有哪些思想、感受及可見的行爲？

c. 是否經常出現？維持多久？

d. 能否識別環繞問題的事件型態？何時發生？跟誰？問題發生前後發生了何事？

e. 現在才要來諮商的原因是什麼？

③當事人目前的生活境遇 (clent's current life setting)：他每天或每週怎麼過的？有哪些社交、宗教、休閒等活動？他的職業及教育情況和性質？他生活的環境如何？他現在有哪些重要關係？

④家庭史 (family history)：

a. 父母的年齡、職業、他們的人格描述、他們彼此的關係、對他的關係及同胞關係。

b. 兄弟姐妹的名字、年齡；當事人與他們的關係。

c. 家中有沒有人有過情緒困擾及／或濫用藥物？

d. 描述家庭的穩定性，包括從事哪幾種職業、遷居的次數、嚴重的損失等。此類資料可在以後的諮商中，對當事人有關穩定及關係之類的問題提供參考。

⑤個人生活史 (personal history)：

a. 醫療史 (medical history)：自母胎至現在有過什麼嚴重病症

和傷害，包括住院、手術及用藥等。

b. 教育史（educational history）：迄今各階段學程中的學業成績。也包括課外的興趣及同儕關係。

c. 兵役紀錄（military service record）。

d. 職業史（vocational history）：在何處工作過，並做過哪些工作，工作多久，及與同事的關係如何？

e. 性與婚姻史（sexual and marital history）：從何處得到性知識？他的約會歷史怎樣？訂過或結過婚嗎？以前也過嚴重的感情問題？夫妻關係如何？結婚的理由？結婚後夫妻的關係如何？有沒有子女？分居？離婚？

f. 過去接受諮商的經驗和反應如何？是誰轉介的？

g. 他的人生目標是什麼？

⑥當事人在晤談時的描述（description of the client during the interview）：有關他的外表特徵、身高、體重、服飾、儀容、舉止、聲調及緊張狀況；晤談時他對你的關係，他回答的情形，動機、熱情、距離及被動等情形；互動中是否有知覺或感覺的功能介入？

⑦擇要和建議（summary and recommendations）：指出當事人所說的問題與晤談中所得到的資料之間的關係。你所瞭解的問題是什麼？給他諮商所期待的結果是什麼？哪一種諮商員最適合他？如果你給他諮商，你哪種人格特質最能幫助他？對他特別沒幫助的可能是什麼？當事人諮商目標的眞實性有多大？你想諮商可能持續多久？經過這些思考與評估，假如你認爲你可以幫助他，也能在你的專業知能範圍內，提供他有效的協助，則自己接案，或

繼續給予諮商。否則，應予轉介，依據當事人問題的性質，把他轉介給能幫助他的助人機構或專業人員。

⑵轉介（make referrals）：經過詳細的事前晤談和謹慎的診斷，諮商員當可判斷是否需要轉介。但是諮商員不可單就當事人的問題，就斷定諮商乃最好的解決問題的方法，因爲有的問題可能涉及其它的需要，如醫療服務、福利措施及功能性的治療等。當事人，尤其是老人或有身心官能問題的當事人，經常會把他們的生理或功能現象誤認爲心理問題，而實際不然，故諮商員應在診斷的過程中，仔細評估究竟問題出在哪裡，如果諮商不能解決當事人的問題，有哪些可以轉介的資源，以提供他適切的幫助（Patterson & Welfel，1994，pp.97-98）。根據諮商員倫理守則（民78，貳，六），若諮商員發現當事人的問題超越了自己的專業知能，必須予以轉介。

□解決問題的技術

Egan (1994) 強調，諮商的第一個目的就是能使當事人有效地處理問題。他指出，「諮商員的效能如何，端視他經由互動，使當事人更能處理問題情境，發展他的天賦資源及更有效地創造生活機會的程度」(p.5)。由於諮商是諮商員和當事人合作的過程，諮商的效果不只在諮商員，當事人也扮演重要的角色。爲此，當事人的成就端看他在諮商中用心學習的程度，並如何運用所學，更有效地處理問題和發展更充分的機會 (p.6)。雖然如此，如何幫助當事人積極合作，並學習處理問題的技術，就要看諮商員的專業能力了。

1. 識別問題的眞象

爲識別問題的眞象及相關問題，開放式的發問技術大可派上用場，以引導當事人說出眞正的需要。前章已詳述了開放式發問的技巧，可供參考。最主要的，諮商員在引導當事人描述其問題時，注意當事人困擾的線索及其處理上的困難。有時當事人不見得會對你的引導有反應，可能是因爲他根本志不在辨識問題，或因爲不願觸及他的隱私，或因尙未準備好與諮商員分享內心的秘密。在這種情況下，諮商員就得改換引導的方式，而以其它的方法讓當事人說出心事。Lazarus (1981) 的內圈法 (inner circle) 不失爲良策。

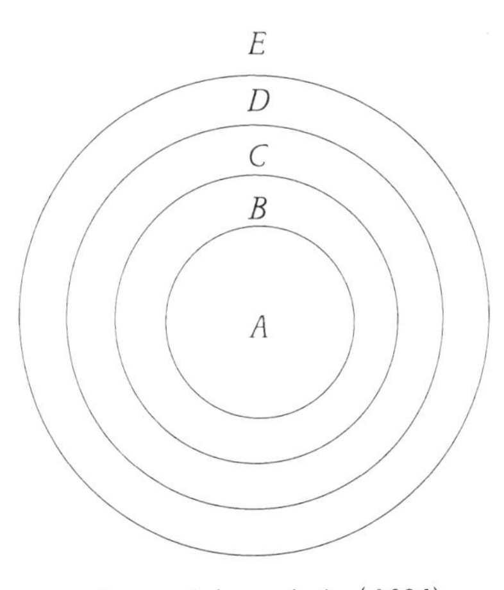

Lazarus' inne circle (1981)

Lazarus 先畫出 A.B.C.D.E. 五層圓（如圖），給當事人看。然後爲他解說，

A.B.C.D.E. 各圓層代表的意義，如 A 圓內包括你個人的隱私，

而 E 圈內的是你公開的事情，衆人皆知。如此由內向外你的事情越外越公開。再就各圓圈的內涵解釋給他聽，如 A 圈內所包含的是你不願他人知道的秘密，例如性慾望、內心的感受或敵意、個人的婚姻問題及不名譽的意念等。B 圈內是你願意與知心朋有分享的事，而 C 圈則包括與好朋友可以談的事。好像你我之間所談的乃是 C 圈內的事，你想我們可不可以進入 A 或 B 圈內，談談那裡面的事呢？如果當事人肯說出他內心隱私，可用角色扮演的技術，幫他辨識問題的情境，或用引發幻想或影像，看清問題或困擾的所在，都有助於識別當事人的問題。

2.選擇特定問題

當事人所陳述的問題能是多種未解決的困擾，諮商員與當事人需要進一步選擇問題，即認清當事人眞正想求助的問題。爲此，要根據他所希望先解決的問題著手，訂定諮商的目標。不過，有時當事人的困擾問題多，他很難確定哪個問題該先解決，諮商員就要根據問題對安全威脅的傷害程度、對情緒的破壞情形及對生活效能的損害程度，幫助當事人做選擇。諮商員要注意，選擇改變的目標行爲或應解決的問題，是當事人的責任和權利，諮商員不能越俎代庖，而要尊重當事人的意見。遇有價值衝突時，應把他轉介給其他的諮商員，或有意無意地避開爭議的問題，或跟他談他願意處理的問題（Kanfer & Grimm，1977）。

Egan (1994) 認爲，爲幫助當事人選擇、修正及發展諮商的目標，諮商員可以運用溝通的技巧、輔助方法和技術，給予價值影響 (p.255)。主要的原因在於諮商的特定目標有其應有的特徵，包括強調結果而非活動，可驗證及激發行動的特殊性，有挑戰性及實在性，實際而又持久，符合當事人的價值觀，並能在一定的時間範圍內完成。換言之，當事人要改變的行爲或要解決的問題，不能太廣泛，而應有特定而具體的方向，並能達到實際的效果。爲此，在當事人不完全清楚特定問題的情況下，諮商員有責任幫助他做特定問題的選擇（Patterson & Welfel，1994，p.116）。Egan (1994) 也強調，有技巧的諮商員會用探察和激勵幫助當事人說出他眞正想完成的事。Egan 並引用 Locke and Latham (1984) 的話，說明特定諮商目標對當事人的促動力及挑戰力，「沒有比成就更能導致成就的；相反的，也沒有比一再的失敗更會導致失望感的。建立特定目標的主要目的，即在增強個人動機的層次。但目標的建立若使人產生無力感，則會有負效果」（p.260）。爲此，當事人的特定目標不宜過高，否則有害而無益。

3.符合當事人的價值觀

價值觀是做決定的標準，尊重當事人的價值觀，並不示意諮商員絕對不能影響他。實際上，有技巧的諮商員應幫助當事人區分他需要克服的障礙與達成目標的障礙，並幫助他找出解決問題的新方法。諮商員鼓勵當事人重新考慮其價值觀的同時，應避免鼓勵他採取違背其價值觀的行動，但是諮商員也要幫助他探討並澄清有關的價值，以免被錯誤的價值觀誤導。不過，探討及澄清其價值的自由仍掌握在當事人的手中。

4.建立解決問題及達成目標的意願

天下無難事，只要有心人。有突破問題的決心，沒有解決不了的問題。鼓勵當事人下定決心去解決問題，是解決問題技術的最後一招。首先要幫助當事人找出解決問題的誘因，也就是藉著行為的改變，他可以獲得什麼好處。其次，要幫助他確認目標是他自己選擇的，並設想自己為解決問題究竟要做什麼。也許他提出一些具體的改變行為的計劃和行動，卻未考慮到改變過程中的一些難題和衝突情境，致使行動計劃難以實現。因此，諮商員要幫助他做熟重熟輕、熟先熟後及首要及次要的選擇，而不至瞻前顧後，寸步難行，最後落得一無所獲。

5. 採取行動解決問題

為解決問題而採取行動時，當事人可能面對一場奮戰，他要與自己奮戰，與環境奮戰。他最需要的是對己、對人、對環境的戰鬥策略，所以在這一階段，諮商員要幫助當事人發展解決問題的策略，是最親切、最有人味及最有效的表現（Egan，1994，p.278）。最好的策略就是避免不智之舉。這並非指拒絕採取行動，而是要慎重其事，不要漫無目標或魯莽行事，因急於解決問題而做出不智之舉，而功虧一簣。其次，拖延行動，所謂拖延，不是遲疑不決或不敢採取行動去解決問題，而是在明知問題的情境和解決之道後，仍要深思熟慮，把有關解決問題的方法、步驟和必要的支援用心考量及評估，以能順利的解決問題。最重要的還是當事人要有解決問題的意願，否則任何解決問題的技術都難以發揮其功能（Egan，1994）。

幫助當事人解決問題的方法和技術很多，主要的是要讓他在諮商員的協助下，自己發展為他解決問題最適當的技術。為此，諮商員最好用腦力激盪（brainstorming）激發他的想像力，發掘能解決問題及達成目標的各種可能性，再從中選擇最合適的解決之道。腦力激盪技術就是幫助當事人擴展其思想的工具，用以促動他的創發潛能並刺激他的思考。運用腦力激盪技術時，要注意以下的規則：不做判斷 (suspend judgment) ，也就是諮商員及當事人都要延緩或暫停判斷，諮商員不批評當事人的想法，不作任何解釋或提供意見，也不提任何問題，以免不成熟的判斷阻礙了當事人的創發性思路。其次，要盡量鼓勵可能的想法，越多越好。幫助當事人用一個觀念爲起點，引發另一觀念。另外，要擺脫平時思想的禁忌，以產生更多的思想，並澄清已發展的想法 (Egan ，1994 ，pp.229-232) 。

腦力激盪在鼓勵當事人思想，爲使他發掘可行的解決問題的技術，諮商員應幫助他擬定思考的範圍，也就是與解決問題有關的人、地、事、物及其所處的環境、所屬的團體和組織，以及參考解決問題的成功範例和計劃等。此外，人之所以有問題難以解決，多因爲缺乏面對及因應生活問題的技巧，或不知利用個人內外環境的資源，故諮商員要幫助當事人學習因應生活問題及環境的技巧，認清自己潛能和優勢能力，熟悉個人周邊環境的有力支援，則不難想出許多解決問題的策略。最重要的，是在可行的解決問題的策略中，選擇最好的策略，以利達成最佳的效果。 Egan (1994) 指出最好策略的標準有四：⑴特殊性 (specific) ，就是足以促動特殊行爲，以解決其問題。⑵實在性 (substantive) ，指策略應踏實，足以鼓勵當事人開發其資源，並確實運用，以獲得問題的解決。⑶可行性 (realistic) ，指符合當事人的能力，並在其能控制的範圍內，不致因無法克服的阻力而失敗。⑷符合其價值觀 (in keeping with the client's value) ，亦即所選擇的策略與其價值觀一致。因此，在選擇解決問題的策略之前，諮商員應幫助當事人澄清他的價值觀(pp.290-292)。

選擇出最好的方法去解決問題，是一個做決定的過程(decision making process)。雖然有選擇的標準作參考，當事人卻因搞不清什麼爲他是最好的，或未考慮到後果，而做出錯誤的決定。因此，諮商員要幫助他仔細考慮：如果我這樣做，會有什麼後果呢？這就是一般所謂的利弊對照考量，Egan稱之爲balance-sheet methodology。簡單的說，就是要當事人寫出，如果這樣做，對我自己、對親友、對社會有什麼利弊得失呢？自己和別人能接受嗎？會付出什麼代價？是否得不償失？經過這樣審慎的考量作業，不僅有助於做最適當的策略選擇，也可使當事人對自己的選擇、決定及行爲後果，有更強烈的責任感。

□理論導向的個別諮商技術

主要的諮商理論已在第三章介紹過，並簡約的提到各理論所專用的諮商技術。從這些不同的理論中不難發現其間的連貫過程，依各理論所強調的理念及諮商方式，排列在認知與情意兩個極端導向之間，連接成一直線(Patterson & Welfel，1994，p.229；Patterson，1986)。

實際上，人的一般問題多起因於人的思想、情緒及行爲。而這三者又互相影響，思想引發情緒，情緒反應在行爲上。因此，爲幫助人解決困擾問題，依其問題的性質，各種諮商理論和技術都能做彈性的運用。一般而言，如果當事人是因以往的經驗或動機，不論是潛意識或意識的，可藉重心理動力分析的技術psychodynamic analysis techniques，使他瞭解這些經驗和動機與其行爲之間的關係。若問題出在偏激或錯誤的思想，那麼認知——行爲導向的技術，大可派上用場。外顯行爲的問題就需要行爲學派的行爲改變技術了。

諮商理論的銜接

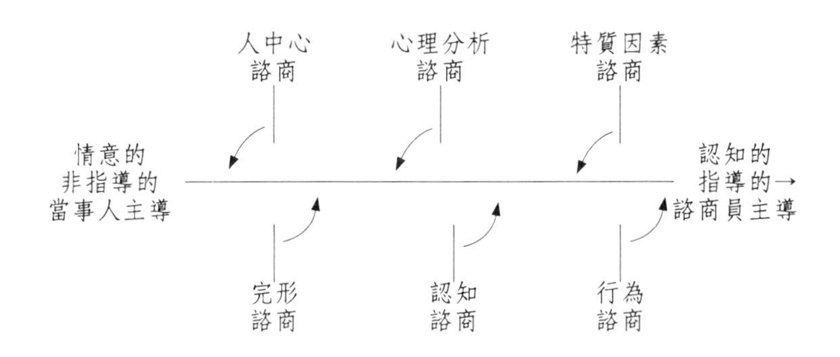

1.動力分析導向的技術

動力分析強調行爲背後的動因，行爲的動因能是潛意識的或意識的。潛意識的動力因素係壓抑的慾望，對行爲產生潛動的影響，個人卻不自知。因此，若要幫助當事人改變他的病態行爲，就必須設法把壓抑到潛意識的事提升到意識層面，使他瞭解潛意識動機與其現在病癥的關係，藉此一關係的領悟，病患便可擺脫潛意識動機的影響，而獲得痊癒。所以提升潛意識到意識是傳統心理分析的主要方法，爲使方法奏效，所採用的技術包括催眠(hypnosis)，自由聯想(free association)，解釋(intepretation)及夢的解析(dream analysis)。爲一般的諮商員這些技術並不適用，因爲諮商的對象是正常人而非病人，一般的諮商員也未受過心理分析的專業訓練，不能採用超越個人專業知能的技術。不過，過去的經驗確實能對當事人的偏差行為有影響，鼓勵他探討過去的經驗，有助於瞭解其心理困擾。

新心理分析學者雖然也承認潛意識的動力因素對行為的影響，但比較重視意識層面的個人經驗及社會因素。Erkson 的心理——社會發展理論強調發展中的危機，諮商員可幫助當事人覺察其各危機轉戾點的生活環境，以決定哪些事件對他產生的正、負影響(Corey，1991，pp.127-128)。強化當事人的自我功能(ego functioning)，化解危機，做好各發展階斷中的發展任務。Adler 由於強調生活方式(lifestyle)是個人生活的基本方向，而生活方式又是由自我觀念、世界觀及追求目標的行為和習慣所構成，個人的所做所為也影響其獨特的生活方式，故諮商在瞭解當事人的個人動力(individual dynamics)，亦即瞭解他的生活方式及其對個人生活功能的影響，鼓勵他檢視他的錯誤觀念及因而產生的後果，並幫助他認清自己的能力和才華，重新導向新的生活目標。為達到此一諮商目標，Adler 最常用的技術包括直接技術(immediacy)，處理此刻諮商中他所想的事；矛盾意向法(paradoxical intention)，即使當事人故意地專注於及誇大其脆弱的思想和行為，致使其癥狀遠過於實際情形，以達到反制作用。Adler 的其它諮商技術可參考 Corey(1991，pp.156-158)的簡明介紹。

2.認知——行為導向的技術

當事人的困擾問題往往來自偏差的想法和態度，且多係因欠缺正確的資訊而導致。例如高焦慮的人經常會對自己、別人及外在環境有負向的看法，因此，認知行為諮商員較重視思想的改變。根據 Ellis，情緒的困擾肇因於錯誤、不邏輯或不合理的思想，換言之，若人覺得心煩意亂，不是環境造成的，而是個人對人或環境的想法的結果。所以要幫助他改變，必須從 A-B-C-D-E 的分析著手，就是要他認清他的錯誤信念及其對情緒困擾的影響，予以駁斥，並改以新而合理的想法取代。除 A-B-C-D-E 分析外，Ellis 也採用其它的情緒及行為改變技術，諸如理性情緒意像、角色扮演、羞恥抗拒練習、強力對話及操作制約技術等

認知重組 (cognitive reconstructuring) 是另一種認知行為導向的技術，旨在幫助當事人學習辨認及制止自我挫敗的思想，代以積極、自我啓發及因應的思想。先是讓當事人學習如何制止分神、不邏輯或消極的思想，即訓練他覺知自己的內言，在這些思想發生、延續及事後作記錄，以瞭解這些思想的性質，重新予以組織，並找出更積極、更合理的想法及因應措施。找出一些積極的因應思想後，可用角色扮演及心象法把因應策略反覆演練，並運用在實際的生活中。演練也可以用認知重組對話方式實施，或寫成腳本，讓當事人朗讀，或製成錄音及錄影帶，讓當事人重複聆聽或觀賞，以達到實習因應思想的目的 (McMullin，1986；Hackney & Cormier，1994)。

Beck 的認知治療在改變當事人思維方式，重視當事人的自動思想 (automatic thought)，並予以觀察。認知治療包括了各種改變錯誤觀念及自我信號的技術，以減輕心理壓力。對 Beck 來說，調適心理功能的最好辦法，就是改變失調的思想功能。思想的不正確或失調來自資訊處理過程的混淆，而導致錯誤的假設及觀念，例如毫無根據的推論、以偏蓋全、過份類化、誇大其詞、自

找麻煩、凡事兩極化等。這種思維方式會導致負向的自我觀念、對己對人的消極態度及對未來的迷惘，終至嚴重的挫折感 (depression)。他對消除挫折感所用的策略包括揭發當事人的矛盾思想，設計正確的思維方式，及把問題減輕到可控制的地步。

3. 行為改變技術

行為諮商的原則是「人的行為是學習來的，所以不適當或不適應的行為可以藉學習好的行為而受制」(Wilson，1989)。學習行為的方法很多，如社會學習的示範 (modeling) 包括現場示範 (live modeling)、象徵示範 (symbolic modeling) 及特質示範 (characteristics modeling) 等。藉著這些行為示範當事人可以學習到正確的行為，以抑制其它不良行為的學習。除此以外，行為演練 (behavior rehearsal) 及回饋 (Feedback) 也是常用的技術，多以角色扮演的方式實施。示範、行為演練及回饋三者可形成一有效的行為學習訓練過程，並為教學解決問題、做決定、溝通技巧及自我肯定的好方法 (Hackney & Cormier，1994)。

自我管理 (self-management) 也是一種常用的行為改變技術，以促進當事人自我導向的改變及自我控制。此一技術是由當事人自己執行及規劃改變的方向，諮商員給予最低程度的協助。Hackney & Cormier (1994) 稱此一技術是強化當事人投注於諮商過程的最佳策略，也是促進其更大改變的有力保障 (p.254)。自我管理技術有兩種很實用的做法，一是自我監視 (self-monitoring)，二是自我酬賞 (self-reward)。自我監視是讓當事人自己記錄並節制他的習慣、思想及感受，學習打破刺激與反應的連接，並鼓勵他表現可取的反應而予以酬賞。自我酬賞須伴隨自我監視實施，也就是在自我監視技術奏效而產生好的行爲時，自我酬賞，如自我鼓勵、做自己喜歡的事或買自己喜歡的東西，可增強其行爲，或維持並增加以後再發生的可能性。

4.情感導向的諮商技術

情感導向的技術是爲處理當事人的感受而設計的，使他藉與以往不同的感受，有所改變。當事人中心諮商及完形諮商的諮商員慣用這種諮商方法。首先要使當事人覺得諮商員接納他、瞭解他、支持他，這在前述的溝通技巧部份已提過，不再贅述。接著要鼓勵他識別他的感受，承認自己的感受，並表達感受。給他機會及自由發洩他的各種情緒，這樣他才知道對自己的行爲應負的責任。完形諮商員所重視的就是當事人的感受、此時此刻的覺悟、身體的語言，以及自覺的障礙。爲此，完形諮商的技術即在提升當事人的自覺，並經驗個人內在的衝突。完形諮商的十三種基本技術包括對話練習、輪圓、未完成之事、我負責、我有一個密秘、投射遊戲、倒轉、進退韻律、排演、誇大、塡句、婚姻諮商遊戲及留住感受等練習，多數與幫助當事人覺知自己的感受有關，使當事人經由感受的自覺及擴展，而自我改變。完形諮商的空椅法 (empty chair) 不僅可幫助當事人覺知及瞭解自己的感受，更可同時覺知並瞭解別人的感受。

增強身體自覺 (increasing body awareness) 在鼓勵當事人接觸他的感受，包括緊張、焦慮等所引起的身體經驗，如果覺知到身體各部位的經驗，便可有助於辨識及表達自己的感受，而予以減輕或消除。如何增強身體的知覺呢？ Hackney & Cormier (1994) 推薦 Smith (1985) 所使用的方法：閉目放鬆，做深呼吸。在完全鬆弛的狀態下，審視自己身體的各個部位，看自己有何發現。注意引起你注意的任何事。從頭到腳仔細監視身體各部份的情形。特別要注意任何冷熱點、緊縮的筋肉、痛處、興奮及身體的任何動靜。只要注意所發生的情形，不必試圖改變。慢慢地覺察，覺察完畢了，睜開眼睛（p.143）。上述 Perls 的誇大技術也可用於身體行動上，身體行動的誇大，能幫助當事人辨識及表達他的感受。

總之，當事人的心理困擾和問題雖然不同，但是任何心理的困擾都跟其思想、情緒及行爲有關。各人的行爲表現型態可能有的偏重思考型、情緒反應型或行動導向，而思想、情緒及行爲之間不但相互影響，也會有多樣而複雜的交互組型，如思考——情緒——行爲型；情緒——思考——行爲型；思考——行爲——情緒型；行爲——思考——情緒型……等很多組型。諮商員在選用諮商技術時，可斟酌當事人的問題性質及其行爲型態，把上述的認知、情感及行爲改變等技術作適當的調整及彈性的運用，以達到最佳的諮商效果。

團體諮商技術

人有天賦的社會性，生於社會，長於社會，死於社會，可以說人從生到死離不開社會。社會導向或團體導向的歸屬需求是人的基本特性之一，爲此，Gibson and Mitchell (1986) 分析個人在今日社會的功能後，作出以下的結論：

1. 人類是團體導向的，人們彼此互補、互相扶持、互相幫助及互相欣賞。爲此，團體是很自然的。

2.人類是藉團體滿足其個人和社會需求，包括知識和心理的成長，爲此，團體是學習的最自然及敏捷的方式。

3.結論是：團體最能影響人們的成長、學習、也是發展行爲型態、因應方式、價值觀、生計潛能和適應的技術 (p.161)。

基於此，諮商員應瞭解團體的影響和動力，才能有效地評估並瞭解個人。對某些人或在某些情況下，團體諮商比個別諮商會更有效。

▢團體諮商的界定與解釋

團體諮商以外還有其它類型的輔導與治療團體，但在目標、過程及技術方面與諮商團體有不少相似之處，不同的是在團體的特殊目的、領導者的角色、成員的類型及強調的重點方面。爲了釐清各團體之間的異同，在界定與解釋諮商團體之餘，也簡單介紹幾個主要的其它輔導與治療的團體。

1.什麼是團體諮商？

團體諮商由於理論導向及強調重點的不同，會有意義界定及解釋上的差異。Gibson & Mitchell (1986) 認爲團體諮商在團體環境中提供日常適應和發展的經驗。故團體諮商專注於幫助當事人因應日常生活中有關適應及發展的問題，諸如行爲改變、發展社交技巧、有關性、價值、態度及生涯決定等 (p.162)。George & Dustin (1988) 強調團體諮商是「運用團體互動促進自我瞭解及個人行爲的改變」(p.5)。Corey (1985) 也認爲團體諮商有預防及矯治的目的，團諮所特別強調的能是教育的、職業的、社會的或個人的問題 (p.6)。換言之，團體的特殊目的就是團體成員的需要，正如 Gazda (1984) 所指，只要團體諮商提供參與團體的誘因及動機，藉以改變當事人想要改變的，就有促進成長的功能。Gazda 也如 Corey 一樣確認團體諮商的矯治功能，特別是對那些受挫敗行為困擾的人，能藉團體諮商解困。

團體的特殊目標是由團體成員決定，不論是哪一種諮商團體，一般成員所想要得到的，不外乎以下的目標 (Corey，1985，p.7)：學習如何信任自己及別人；培養自知及獨特性的發展；認知團員的共同需要及問題；增進自我接納、自我信任及自尊，以獲得新的自我觀念；找出處理發展問題及解決問題之道；增進自我指導、自主及對己對人的責任感；覺知自己的選擇並做明智的決定；為改變某種行為作計劃並執行計劃；學習有效的社交技巧；學習如何面對並關心、體量、忠誠而直接地對待別人；學習為自己而不為別人的期望生活；澄清自己的價值並決定是否或如何改變它。

從以上團體諮商的目標和功能來看，團體諮商的操作定義應是為「發展人際關係的動力過程，經由具備專業訓練的諮商員與成員的互動，成員得以在學習的過程中互助，重新評鑑自己的思想、情感和行為，進而在這個安全的實驗性社會環境中嚐試新的行為，改變自己不滿意之處或解決個人的問題，以充分達到自我成長和發展」(吳秀碧，民 74，p.6)。George & Dustin (1988，p.5) 更簡明的指出，團體諮商就是利用團體的互動促進個人自我瞭解及行為改變。

2. 團體諮商與其他團體的差異

體團體諮商雖然與其他的輔導團體一樣，都仰仗人際互動過程，但團體諮商重視意識的思想、感受和行為，是一般正常生活問題導向的，而問題多屬個人的發展層面，不需要重組其人格，所以團體諮商強調的是成長、發展、啓發、預防及剷除發展的障礙，與其他團體所強調的重點不同。例如團體治療 (therapy group) 是治療導向，它所強調的是治療、處理及人格重組。會心團體 (encounter group) 重視個人成長 (personal growth) ，藉密集的經驗分享、知覺的開拓、內在心理動力功能的探索及人際問題的探討，促進人際關係，增進個人的成長。學習團體 (T-group) 著重在發展有助於學習的心理安全氣氛，促進成員的學習經驗，知所應學及不應學的內容。敏覺訓練團體 (sensitivity group) 是 T-goup 的一種方式，強調個人的覺知及對人際問題的敏覺，以強化成員個人的成長，而不重視團體的進展。人際關係系統訓練 (systematic human relations training) 也是 T-group 的另一種方式，訓練重點放在人際溝通技巧的操習。團體諮商及個人成長團體多屬非結構及非指導型，其它各種類型的學習訓練團體趨向結構式及偏重指導的領導方式。

最常見的一種誤解是把團體諮商與團體輔導 (group guidance) 混為一談，實際上，團體輔導是指一般性的團體活動，其目的在藉有計劃、有組織的團體活動，提供團員需要的資訊及經驗，諸如團體始業輔導、團體職業輔導、生計探索團體輔導，及定點團體參觀或團體演講和座談等。團體輔導的內容能是有關教育的、職業的、個人及社會資訊方面的，主要的目的在提供人們正確的資訊，以幫助他們做適當的決定和計劃 (Gazda ， 1984 ； Gibson & Mitchell ， 1986) 。如果在做決定、生計計劃、生活問題及個人發展等方面，產生某些共同的因應或適應困擾，就不只是資訊知識缺乏或技巧的問題，需要實施團體諮商，只靠團體輔導無法充分的解決。誠如吳秀碧（民74）所說，團體諮商雖然在內容方面與團體輔導相似，函蓋了教育、職業、個人及社會發展方面的課題，不過傳統的團體輔導以認知爲主，團體諮商則以改變個人情感、態度和行爲爲主要功能（p.11）。

3. 團體諮商的利弊

團體諮商的主要目的在達成團員的共同目標，滿足他們的個別需要，並提供他們價值經驗。這些經驗的機會在個別諮商中難以得到，因爲團體諮商可藉團體成員的互動、溝通與支持，提供成員深入瞭解自己的思想、感受和行爲的機會。在自由討論的氣氛中，成員可無拘無束地表現自己，與別人交換意見、感受和經驗，探討自己的需要、困擾和問題，考驗並學習處理人際交往的技巧，並學習對個人及別人負責。在現代社會及學校環境中，專業諮商員與求助者比率懸殊，諮商員工作繁重，學生課業又多，個諮時間配合不易，因此，小團體諮商不僅省時而又經濟實惠。

團體諮商也有它的限制，Corey (1987) 列出五項限制，包括⑴團體諮商不是唯一或全能的治療方法。⑵團體壓力會使成員放棄自己的原則而與團體的標準妥協。⑶有人會過份依賴團體，而把團體經驗本身作爲目的。⑷不是所有的人都適合參與團體諮商。⑸有人把團體作爲表現自己可憐的地方，以自慰。這些情形不是團體諮商員所樂見的，也會對團體產生不良的影響。

4. 團體諮商的動力因素

團體諮商能否順利進行及達成團體的目標，會受到許多因素的影響。這些影響團體活動的因素統稱爲團體動力。Glibson & Mitchell (1986) 把團體動力視爲「社會力量及其在團體中隨時的相互運作，包括領導者的影響、團體角色及團員的參與情形。團體動力是分析團體中成員彼此互動的方法，也是一些團體技術的運用，諸如角色扮演、做決定、 辯論過程及觀察等」(p.165)。Lewin (1951) 指團體動力爲團體情境中所發生的任何事，而 Forsyth (1983) 則把團體動力作爲團體過程的研究，亦即把團體的各個層面作科學化的分析。

團體諮商的動力研究難免會受諮商理論導向的影響，但從團體實際運作的情形來看，實際影響團體諮商進行的，是組成團體時的愼思熟慮，例如諮商員是否清楚地向有意參與者說明團體的性質、目的、期望和過程，以及團員應有的態度和應盡的責任。嚴格地甄選適當的成員，清楚地確定合理的人數，聚會時間及環境，都是非常重要的， Corey (1987) 有很詳細而實際的說明，並提出十四項組織團體的指導原則，可共參考。其次，就是實施團體諮商前的始業輔導 (pregroup meeting) ，可使成員互相認識，清楚團進行的方式，瞭解自己應扮演的角色和應負的責任，以及須尊守的遊戲規則，很容易地進入狀況。諮商員也可藉以瞭解成員們的期望，並予以澄清，及促進成員的合作意願。團體過程中可能發生任何預料不到的情況，如意見不合、衝突、成員的分化，以及其它的特殊狀況，都能影響團體活動的運作及效果，產生危機。這些都需要領導者的技巧和智慧來化解，並促進成員的團結、合作、共感及凝聚力，以發揮團體諮商的功能，達成團體諮商的目的。

二、團體諮商的領導技術

團體領導者在領導團時的所做所爲都可視爲技術，但嚴格的說，團體諮商技術係指領導者對成員明顯而直接的要求，爲的是使他們專注於團體的事情、增強或誇大情感、操習行爲或強化領悟能力(Corey，1992)。由此可知，團體諮商員身爲領導者，不論在組織諮商團體、促動團體的互動、引導成員學習、導正觀念及行爲，以及達成團體目標上，都需要熟練的領導技巧和技術。

1. 團體諮商員的專業人格

諮商員是推動團體前進的動力，他的性格、才華及人生哲學比任何技術更重要，因爲他是團體成員的典範，成員敬仰他，模仿他，跟他學習，而他對成員具有很強的影響力。Bates & Johnson (1972) 的一段話說明了團體諮商員人格的影響：「諮商團體的定義來自領導者，團體好壞一如領導者本人、其技巧和其爲人的好壞。他可能在領導技巧方面很出色，若他的爲人不好，他的團體會成爲有害的，……最重要的，他應該是一個有益於人的人(a nourishing human being)。一個有益於人的人能激發快樂的人際互動，也會自我鼓勵，自我充實，而不餵養成員。換言之，他最要關心的是成員們的福祉，他們是爲此而參與諮商團體，他的領導技術及精力也要導向此一目標」(p.43)。

有關成功的團體領導者的理想人格特質，學者們多有共識(Corey，1985，1992；Corey & Corey，1992；Corey，Corey & Callanan，1993；Decker，1988；Kottler，1994；Kottler，1991；patterson & Welfel，1994 等)，這些也是一般諮商員應有

的特質。從團體諮商員的典範角色來說，Kottler(1994) 認為團體諮商員應是一個充分發揮工能的典範。這樣的典範應使其生活保持流動的狀態，使其行為有高度的成效，使其生活的目標明顯，並能使成員佩服他的能力、內控力及同情心。細言之，他應具有自信心、冒險經神、幽默感、彈性、創發力、自制、自發性、無負向情緒、邏輯、正直、熱誠及同情心。不敢期望團體諮商具備上述的每一特質，至少他可以根據這些特質作自我評估，勉為成員的典範。

2.甄選團員的技術

組成團體是團體諮商員要做的第一件事。在組織諮商團體以前要對自己的能力、成員的需要、團體的架構及環境，做一番評估，然後寫出初步的計劃，徵求主管的同意。Corey，Corey，Callanan & Russell (1992) 提出幾項應考慮的重點，包括領導者的資格及經驗、團體的性質、領導者的主要功能、希望團體要達成的目標、團體設計的對象、團體進行的方式及所需時間、要探討的主題、效果的評鑑程序及追蹤程序等 (p.34)。甄選團員時，最好的方法是直接做私人接觸 (personal contact)，因為學生喜歡跟特定的人工作，同時，諮商員也可藉直接接觸更易說明團體對他的好處和價值 (同上，p.37)。跟同事及相關助人工作者面談，請其推薦適合者參與，也不失為良策。

進行甄選團員的過程中要注意本團體是否對他有益，因為團體不是對所有的人都適當。最好的辦法是以約談的方式進行雙向溝通，交換意見，決定去留。Corey 等 (1992) 建議用探問的方式，問他們參與團體的理由、對生活的看法、對團體的期望、對領導者的期望、對團體性質及目標的認知及個人希望探討的問題等。這樣的個別約談非常重要且有用，不僅可建立初步的信任，也可幫助排除怕懼，對以後團體的進行奠定基礎。

3. 團體始業輔導技術

團體諮商正式進行以前是否需要始業輔導？Corey，Corey，Callanan & Russell (1992) 非常肯定，認爲團體進行前的輔導可使團員彼此熟悉，並可提供團員更多的資訊，使他們瞭解團體對他們的期望。同時，Corey 等也舉出學者們研究的結果，證實團體始業輔導的好處，包括增進團員對團體的信心、角色與任務的知覺、自我開放及互動關係，並減低焦慮。

如何做好團體始業輔導呢？Corey 等 (1992) 建議先澄清領導者及團員們對團體的期望，鼓勵團員說出自己參與團體的目的及想得到的好處，諮商員可藉以擬訂領導本團體進行的架構。然後向團員說明組成此諮商團體的理由，及希望達成的目標和領導者與團員彼此的期望，乘機澄清各人的權責，遊戲規則、團體諮商的利弊、限制及人們對團體的誤解。這些始業活動可聯合認知、體驗及行爲技術，提供團員必要的有關諮商團體進行的資訊，用錄影帶示範團體諮商的正確運作方式，並使團員實際參與結構式的活動。

4. 團體運作的領導技術

諮商團體正式進行之初，諮商員要認清自己的四個主要功能：⑴提供適當的支持氣氛，也就是建立有利於達成正向效果的信任關係。⑵使團體依實際發生的情況進行。⑶促進互動。⑷指導團體的規範、角色及目標 (Kottler，1994)。這些功能的達成需要技術，也就是設計明顯而直接的進行程序提供指導、激發探討、刺激思考、促成實效及完成任務。Gibson & Mitchell (1986) 引述團體諮商運動發起人之一 Helen Driver (1958) 所認定的技術，以達成團體諮商員的責任和功能，包括⑴支持、提示、及尊重。⑵反映感受。⑶澄清意義及觀念的含意。⑷以問話引發感受及回應。⑸提供資訊。⑹解釋。⑺綜合結論。團體的個別差異不可忽視，要依諮商團體的實際情形，彈性地運用技術。

根據 Corey ， Corey ， Callanan & Russell (1992) ，諮商團體一開始，要幫助成員知道如何從團體中獲得最多的經驗。也就是鼓勵他們學習建立相互的信任，學習表達內心的感受，並警告他們爲自己設定自我開放的限制。要提示團員積極地參與，別只觀察別人，盡力發掘自己的優長，並勇於面對自己的缺點，使他們藉著彼此的坦誠經驗分享，獲得最大的助益。諮商團體的開始階段，最重要的是提升團員的信任感，諮商員應以身作則。如果諮商員對團體的過程有信心，信任團員有能力改變自己，他們也就會重視團體助長自我成長的價值。如果你毫不設防而誠敬地傾聽成員，並能表達你對他們主觀經驗的尊重，他們也會重視積極聆聽的效力。如果你眞誠地願意做適當的自我坦白，你就會培養團員誠實的自我坦白。如果你眞的能接納別人而不排斥反對的意見，成員們也就會學到接納異己的教訓，而尊重別人思想自由的權利，並自我接納。簡言之，你在團體中的行爲示範，是教育團員如何待人的最有力的方法。

團體過程中會產生難以預料的變化，如團員的焦慮、防衛和抗拒、怕懼或恐慌、衝突或對立、成員間的派系、對領導不滿等，都可能對團體的運作和進展產生極大的阻力，甚至使整個團體瓦解。諮商員如果處理不當，那後果不堪設想。諮商團體領導者的機智和處理問題的技巧是關鍵。以下就諮商團體中幾個領導的技術做簡單的說明。

⑴培養團體氣氛的技術：團體的和協氣氛有賴於成員的相互信任，由互相信任而產生共感，共同爲團體的目標而努力。培養互信關係的最好方法是注意每一成員的個別需要，給予適當的尊重與關懷，能適當的自我坦白，願意公開陳述自己的期望，鼓勵成員直接交談，敏覺成員的怕懼與焦慮，並提供自由表達思想和感受的機會(Corey，Corey，Callnan & Russell，1992)。互相信任不是一時即可達成的，但互信關係在團體開始的階段顯得特別重要，因爲沒有它，團體便無法運作。爲此，每位成員至少要有信任別人的意願，才敢冒自我坦白之險。爲培養成員學習互相信任，諮商員要以身作則，表現適當的自我開放。

⑵處理抗拒成員的技術：在諮商團體中抗拒是一自然的現象，也是開始發展互信關係的障礙，諮商員要知悉此一現象，並予以處理。成員表現抗拒的理由很複雜，Kottler (1994) 舉出十五項，包括被迫參加，自己心不甘情不願；對新環境適應困難；不甘屈從團體壓力；對團體的負面影響產生焦慮；諮商員過分彈性的領導方式造成混淆形像；對團體有社會恐懼感；怕失敗；不敢冒險；喜歡以抗拒操弄別人；不符自己所好；嫉妒別人有改變；雙重矛盾心情；努力失敗；拖延改變的時間；及表現人格型態的策略等。處理抗拒的方法也很多，對團體運作初期的抗拒行爲，Corey，Corey，Calla-nan & Russell (1992) 建議，若成員是因怕

自我開放而抗拒，可讓成員想像每位成員都反對他，並想像自己非常反感。然後，讓他繞到每位成員面前，高聲說出他想像中該成員對他的批評。藉這種誇大想像結果的方法可幫助他面對其恐懼 (p.68) 。如抗拒始自不信任， Corey 等建議讓他想像他以感覺安全的方式，說出自己的心事。不論所想的安全方式如何不同，諮商員可用小團體或分組討論，研究建立信任的助力和阻力、團體互信氣氛的特質，及建立信任的理想情境和方法 (p.68) 。

抗拒不全然是負向的，對未知的憂患意識能啓發安全的考慮，爲此不必刻意規避或不顧，而要認清抗拒的眞象，敏覺到它的發展狀況，妥善處理。面對抗拒的最好方法是示範，就是諮商員不對成員的抗拒行爲批評或斥責，而要說出自己的感受及抗拒對你的影響，並引導成員說出他們對抗拒的看法和感受。無意參與團體的成員不一定是被迫而來，可能是從衆行爲，也能是對團體的功能不夠瞭解，或有被動型沉默性格，或試探性的觀望態度。對這類的抗拒行爲，最好是鼓勵他們說出自己的想法和感受，諮商員不做任何解釋或評價。對厭惡、敵對、孤伶無依及挑戰型的抗拒者，在鼓勵其說明感受外，更要促使他說出他改進團體功能有效的辦法。

倘若成員群體抗拒領導者，可能是成員共同的陰謀，以降低諮商員領導的權威，更好說是爲逃避預見的冒險 (Kottler ， 1994) 。類此的衝突難以避免，故諮商員應預作應對的計劃。 Kottler 引用 Unger (1990) 的建議，提示團體諮商員要做好預防措施，即事先與成員清楚的界定各自分擔的角色及遊戲規則，並訂定契約，嚴格遵守。例如：不容許任何身心暴力；未獲准許不可替別人發言；每位成員應爲滿足自己的需要負責；團體的時間公平分配與分享；對無法控制的人事變化成員不可有怨言；成員應遵重並敏覺別人的權益；不得強迫別人做或說他不想做或說的事；成員同意誠實確切表達自己等 (pp.166-167) 。這些遊戲規則應由成員明白表示同意，才能生效。

(3)處理問題成員的技術：在團體進行時，難免會有團員表現某些不適當的行爲或反應。雖然在團體組成前後經過嚴格的甄選，但由於互動過程中對行爲目標的認定、挑戰性意見的分享、情緒的波動或各人性格的不同等，不尋常的行爲表現在所難免，諸如操弄行爲、令人討厭的行爲、挑纂行爲或逃避行爲等。因此，團體諮商員應對問題成員應與清楚的辨認，並予以適當的處理。根據 Smith & Steindler (1983) 定義，問題成員是那些企圖掌握及控制團體進行的成員。 Kottler (1992 ， 1994) 綜合學者們的意見，把問題成員列出以下幾種 (pp.174-175) ：

①那些有慢性而難以控制的疾病，對人際功能有傷害者。

②那些有密謀而不願透露者。

③那些忽略適當分界者。

④那些不肯爲自己的情況負責及怪罪他人者。

⑤那些愛狡辯者。

⑥那些怕跟別人親近者。

⑦那些對團體效益期望過急及不實際者。

⑧那些不善表達或欠缺談話技巧者。

⑨那些過分咬文嚼字不能容忍曖昧語意者。

⑩那些脫離現實者。

⑪那些內心空虛不能內省者。

⑫那些消沉並表現可憐失望者。

⑬那些急燥易怒不能控制衝動者。

⑭那些感覺自己無名分享受特殊權益者。

不同類型的抗拒者有不同的反應模式，領導者需要瞭解行爲背後的人格特質，以及其生活及人際交往的方式，然後予以適當的處理。例如有的是固著於以往的經驗，不肯改變，不願妥協，經常遲到或蹓課，愛逗嘴爭辯。有的是屬於不良的習慣或異常的現象，如遇錯常歸罪於人，不肯自我反省，不合群，好幻想、脾氣暴燥，或有自殺傾向等。針對這些現象，團體諮商員應考慮運用哪些技術，才能適當地予以處理。有的學者如 Corey ， Corey ， Callanan & Russell (1992) 提出以下的處理原則：領導者自己要注意反移情 (counter-transference) 的影響，也就是要檢視自己未滿足的慾望。問題成員的行爲經常是早期經驗的重演，把它投射到領導者身上。領導者也會以他對問題成員的看法，予以處理。若受反移情的動力影響，領導者很可能受它蒙蔽，混淆了自己對成員的觀察，而誤導。其次，領導者要對整個團體負責，不能以開除問題成員爲解決問題，或急於解決問題，而要藉問題成員處理增進他及其他成員的瞭解與成長，否則會瓦解成員對團體的信心。最好先瞭解情況和原因，再以直接及關懷的方式給予改變及學習正確行爲的機會。行爲示範最爲重要，切勿給予行爲標籤。

具體而言，有三種團體成員令人最傷腦筋，他們是沉默無語者 (silent) 、操弄者 (manipulative) 及壟斷者 (monopolist) 。沉默是學習的行爲，成員在團體活動中保持沉默寡言，逃避參與，或無言的抗議。其對團體的影響不亞於其他問題成員，故領導者不能不予以重視。

沉默成員的處理：處理沉默成員前，先要瞭解為什麼成員會沉默不言呢？Kottler (1994) 提出四個使成員沉默的理由，包括(1)對領導者、團體過程及其他成員缺乏信心；(2)引發他人注意的計策；(3)基於成員心態的非有意的行為型態；(4)成員受家庭或文化因素的影響，不願破壞個人的健康形像 (p.180) 。無論基於哪一理由，沉默的成員會激起其他成員的情緒反應和關切，甚至憤怒的表示不滿，抱怨因成員不積極參與而導致的團體失敗。因此，領導者除設法瞭解成員保持沉默的原因外，更要積極處理並鼓勵其參與。Corey 及其同事 (1992) 提出以下的建議：

——從沉默的效應解釋沉默行為。沉默行為能被用為懲罰、敵對或退卻的方式，均代表其內在動因及人際交往的結果。

——研究沉默行為的文化背景。在某些文化群族中，沉默表示對他人的尊重。

——面質沉默成員。請其他成員表達他們的反應。

——創建更有利參與的活動結構。把沉默的成員聚在一起，只準他們發言。

——與沉默成員合作。專注於這些成員，直至他們開口為止。

——安排個別聚會。一如對其他問題成員，諮詢有助於解決問題。

Friedman (1989) 也督促領導者瞭解成員沉默不言所表示的意

義：是不是他願意參與而不知做法？是不是他的行為受他控制？沉默在表示什麼？是不是有什麼個人內在或有機功能的障礙？是不是行為背後有什麼動機或期望？他何時表現過些輕微的反應？對何事、何人、何時有反應？是不是對他的要求超過了他的能力？這些問題探討在瞭解沉默的含義，一經識別出其含義，有助於直接的予以處理。沉默可能是受個人傳統文化的影響，表示客氣、禮貌或沉思，但有時也會代表嚴重的自我防衛、憂鬱或自殺的傾向，領導者若能提供適當支持、安全及瞭解，不失為較好的處理方法。所以領導者要時刻提高警覺，注意沉默所暗示的警訊，扮演積極的角色，直接予以處理。

Corey ，Corey ，Callanan & Russell (1992) 提出了幾個具體的處理技術，值得團體諮商員參考。⑴為幫助探討成員對沉默成員的反應，可鼓勵成員向別的成員或沉默成員，說出自己對無法相互溝通的感受。⑵把沉默的成員集合，圍成一圈，讓他們盡情的說出他們保持沉默的理由，並表明他們希望在團體中的情況。⑶把積極參與的成員集成內圈，使他們說出他們對不被理會的感受，及沉默成員對他們的想法。⑷對只聽不言的沉默成員，直接追問他是否喜歡與現在情況不同的表現？是否願意在團體中多發言？是否對自己只聽不講真的感到滿意？是否用沉默得到了他想在團體中得到的？作為一個只聽別人講話者有何感受？……⑸專注於沉默者的期望，讓他向每一位成員說出他對該成員的期望，或同時要成員說出對他的期望。⑹指導沉默成員閉目凝神地想像自己只聽不講的情形，並考慮是否要在團體中一直如此。

操弄型成員的處理：操弄型的成員多呈現防衛、自我中心、緊張及好動的特徵。領導者處理這類成員時，用面質技術比解釋更為適當，因為操弄型的成員助長團體的緊張、衝突、敵對及混亂的氣氛 (Firiedman，1989；Stone & Gustafson，1982)。有的學者，如 Dowd & Seibel (1990) 及 Kottler (1994)，提醒領導者注意成員操弄的情形，只是在團體中發生，還是日常生活中經常如此？如果是經常有操弄的行為，可能是其人格使然，必須予以矯治，邀其家人參與諮商，可能有所幫助。最重要的是要訂定團體的規則，包括建立嚴格的界線，使團體活動更結構化，不容許任何例外，並為自己開放的程度設限 (Kot-tler，1994，1992；Sklar，1998；Warner，1984)。

處理操弄型的問題成員時，領導者需要考慮操弄行為的特性、干預技術的適切性，及自己的對操弄的感受。根據 Erickson (1984) 的看法，問題成員的行為不是問題的關鍵，而是領導者的行為引發了這樣的問題行為。諸如領導者的被動、僵化、誤導或倒行逆施常會在成員中製造問題 (Kottler，1994)。為此，與其給成員任何問題標籤，不如檢視成員的行為，為什麼會成為問題。就如 Kottler (1992) 所說，當我們根據成員所扮演的角色予以命名時，或賦予診斷標籤時，我們便開始把他視為敵人，必須擊敗他，而不把他看成正在設法因應痛苦的人，即便他所用的方法和溝通方式錯誤或討人厭，也不該這樣對待他 (p.39)。

霸道型成員的處理：霸道型 (monopolizer or entitled) 成員意圖控制團體，設法使團員注意他，有強烈的自我中心傾向，為達到目的不擇手段 (Corey & Corey，1992；Edelwich & Brodsky，1992；Gazda，1991；Gladding，1991；Kottler，1994；

Yalom，1983)。霸道型成員的特徵是愛講話，霸佔別人發言的時間，不理會別人的反應，缺乏人際敏覺、有認知或知覺的缺陷，很難改變其行為。此外，這種人有強烈的控制慾，跟別人保持距離，避免與別人親近，並以控制別人為樂。誠如 Boulanger (1988) 所說，他們深信應控制所有的時間，才可強使別人滿足他們的需要。他們可能有需要或需求，哀怨及悲慘，卻用全能與獨霸的感受來彌補內心無力感的創痛。

如何處理這類型的成員呢？ Friedman (1989) 建議，處理問題以前，領導者要自問，為什麼對這種行為無法忍受？是他們有說不完的話要說？ 還是不知如何正確的表達呢？正確的認清問題後，就得採取某種形式的行動，予以處理。至於處理的技術，無論用什麼干預技術，領導者要保持沉著及敏覺，並強調獨霸行為對成員自己及團體的影響後果 (Kottler，1994)。處理的技術能根據其他成員的反應比較適當，並引導成員反應保護自己發言的權利。最好的技術是把霸道型成員的行為及其他成員的反應錄影或錄音，播放給成員觀賞，使霸道型的成員藉以評估他們的行為 (Corey，Corey，Callanan & Russell，1992)。

多重問題成員的處理：除了上述的較嚴重的問題行為外，團體諮商中一些常見的問題包括譏諷、揭別人瘡疤 (Corey，Corey，Callanan & Russell，1992)、情緒失控、行為不當、昏睡、追擊、意外事件等 (Yalom，1983)。類似這些團體成員戲劇化的偶發行為不少，團體諮商員處理這些問題時，不能像處理一般問題那樣，而要做不同的思考，因為任何偶發事件的發生，能提供團體活動有利的刺激，會使成員反省自己及別人的行為 (Yalom，1983；

Kottler，1984)。因此，處理這類問題，需要考慮成員的年齡族群、個別需要及能力，運用技術的適切性相當重要。換言之，就是符合團員群族的特性，設計可以彌補其弱點的結構及活動，使團體的經驗可以彌補其弱點，不致因年齡層的一般不利條件，而被隔離於團體以外，也可避免上述問題行爲的發生。

問題發生後，例如直接或間接的語言譏諷行爲，經常是一種僞裝的忿恨發洩，最易破壞團體的互相信任團結。領導者除引發成員的回饋外，也要直接的教育該成員直接表達內心感受的正確方式(Corey，Corey，Callanan & Russell，1992)。若成員有敵視其他成員的行爲，對團體的團結和凝聚力會造成威脅。對處理這類的成員，Kottler (1994) 以他領導諮商團體的經驗，提出瞭解其行爲背景的重要性，在瞭解問題的眞實情況後，要對他表示容忍與同情，並予以協助，這樣不但可以使他知所收斂，也可保護其他成員的權利。

總之，處理諮商團體的問題成員，領導者第一要考慮的是如何控制情況，然後要根據不同問題行爲的實情，運用適當的技術解決。Kline (1990) 建議以下的原則，可做爲處理問題成員的參考：

①濾除任何影響你工作的傳染性行爲(如憤怒、挫折、失控、傷害)。

②示範你樂見的適當、清晰、直接及敏覺的溝通行爲，並盡可能鼓勵別人做。

③對引起分裂的行爲影響給予直接的回饋。

④幫助當事人接受選擇行爲不當的責任。

⑤找出問題成員的內隱動機，並使其透明化。

⑥使其他成員介入回應行為的過程。

⑦與不合作的成員舉行個別諮詢，或考慮其它的處理方法。

⑧試把處理任何分裂行為作為學習和成長的可能的機會。

(4)處理團體衝突的技術：任何團體的轉變過程中難免會發生一些衝突，尤其是在開始階段確定團體目標、擬定討論主題、討論進行方式時，以及在分享意見和經驗、發展合作關係、及整個轉變過程中，衝突是在所難免的。Forsyth (1983) 指出衝突的原意為強力抗爭 (strike together with force)，暗示團體成員間的意見不合、爭執及摩擦 (p.79)。衝突有階段性的發展，Forsyth 綜合學者們的意見，把衝突的發展分為五個階段：意見不合 (disagreement)、對抗 (confrontation)、昇高 (escalation)、降低 (de-escalation)、解決 (resolution)，他並對這五個階段的現象做了詳細的分析和解釋 (pp.79-91)。團體領導者要認清團體衝突的發展情形及成因，更要設法避免衝突的昇高，尋求解決衝突的方法。

衝突的發生和問題成員的行為有密切的關係，領導者與成員之間、成員與成員之間的相互挑戰以求進步不無關連。為此，為使團體正常的發展，領導者必須承認衝突的存在，並予以公開的處理。Corey，Corey，Callnan & Russell (1992) 建議直接的面質技術，鼓勵成員用直接的用「我」、「你」、「他」、「她」來稱呼，而避免用「有些人」或「某人」等混淆的稱謂。對於成員非建設性及負向的溝通回饋，及因而引起衝突的行為，領導者要用積極的方法，直接向整個團體解釋團體過程的性質，及誠實面對衝突的重要性，並盡力使團體成員認清，諮商主要在幫助成員自我探討及自我表達，而不是專注於改變或挑剔別人。若成員對別人的回饋不滿或抗拒，領導者要給他機會盡量表達他的看法。

總之，在諮商團體的建立、轉變及發展的過程中，團體諮商員的主要任務是促進團員的互信及凝聚力，消除團員的恐懼、焦慮及疑慮，警覺團體內的消極反應和衝突，正確而無防衛的行爲示範，設法降低依賴並促進成員的責任感，鼓勵成員坦誠表達對團體的感受，幫助成員學習如何向自己挑戰及避免抗拒，以及提昇成員暫爲與衆不同的個人 (Corey，Corey，Callanan & Russell，1992)。面質技術及直接回饋是處理問題成員的主要技術，領導者在運用這類技術時，要特別細心、愼重、保持敏覺及關懷的態度，並以身作則，幫助成員學習如何正確地互相應對。

5. 結束聚會及團體的技術

常言道：「一寸光陰一寸金」，每次團體諮商活動是有時限的，領導者要有控制時間的能力，並能教導成員如何珍惜並善用聚會的每一時刻。爲此，領導者在每一聚會結束前，應引導成員回顧整個過程的成就，檢視各人對整體成就的貢獻，並提出新的課題，作爲下次聚會工作的目標。Corey，Corey，Callanan & Russell (1992) 建議用最後的幾分鐘，讓成員綜合說明此次團體活動對他個人的意義或特殊的經驗，以瞭解什麼對他最重要，以及什麼是他最希望從團體得到的。爲延續並維持本次諮商的個人成就，指定家庭作業也是很好的結束每次聚會的技術。團體諮商活動的結束 (termination) 不是諮商的完結 (end of therapy)，而是整個諮商過程不可分的一部份，如果有正確的瞭解並處理好，會是鼓勵改變很重要的動力(Yalom，1985)。

整個團體諮商結束的時刻是在團體目標達成後，團體目標是否達成，要看每一團員是否得到他想得到的。爲此，定期的效果檢討，爲準備最後的結束非常重要。領導者應鼓勵成員表明他們對團體結束的感受，並認清他們在最後的機會中要做什麼。強調團體結束前的時間利用很有好處，一方面可幫助他們統整團體諮商的整體經驗，另方面也可使他們對結束後的工作有所計劃。團體凝聚力之強弱，更可從成員離別的感受中，獲得印證。Corey及其同事建議，若團員對團體的解散有失落感或不滿意，領導者應予以處理。所以，在最後的一次聚會中，領導者要鼓勵成員探討並表達其對結束的感受，並提高警覺，注意是否有成員暗示不願結束或拒絕離去的現象。此外，回顧團體諮商過程中高潮經驗，展望未來，也是結束團體諮商時討論的好課題。

Chapter 11

特殊個案處理技術

一般危機處理技術

危機的性質與發展

人生過程中潛伏著各種危機 (crisis) ，當我們說某人處於危機狀態，可能他正面臨某種嚴重的挫折，對此感到恐懼、震驚及憂愁，不知如何因應 (Braammer ， 1985 ， p.94) 。 Gilliland & James (1993) 綜合了 Caplan (1961) ， Carkhuff & Berensón (1977) ， Belkin (1984) 及 Brammer (1985) 等人對危機的解釋，認爲危機是當人們遇到事情或困境時，覺得難以克服或無力因應的困擾。除非獲得解脫，此危機會對人造成嚴重的情意、認知及行爲的功能失調 (p.3) 。不論引發危機的事件是挫折或困難，危機的主因是個人對事件的看法及想法，並與其生活目標受阻有關，因爲找不出適當解決的辦法，而產生嚴重的怕懼、焦慮和緊張。在無計可施的情況下，他們就會感到失望和煩惱、羞愧和罪惡感，及解決問題的無力感。根據 Puryear (1979) ，危機狀態有以下的特徵：

1. 有壓力的現象，特別是心理及生理方面的壓力，並感覺非常不安。

2. 表現恐慌或挫敗的態度，深感壓力沉重、無力承受、絕望、甚至顯得急燥或退縮。

3. 專注於盡快解脫，對問題本身卻無興趣。

4. 效率降低。

5. 持續時間短暫。

Gilliland & James (1993) 也指出六種危機的特色，包括：

1. 是危機也是時機，因為它能導致嚴重的病狀，也能促使人求援，學習有效的因應策略，有助於自我成長及自我實現。

2. 病癥複雜，因為危機的複雜性，難以瞭解，不受因果關係原理的規範。

3. 促進成長與改變，因為危機產生焦慮與不安，刺激改變。

4. 沒有萬靈藥或速療方法，因為處於危機的人可接受各種型式的協助，而持久的問題不是一時就可解決的。

5. 需要選擇，生活中難免有危機與挑戰，我們必須選擇面對與否，決定活下去與否。

6. 危機是普遍的也是個別的，因為在複雜的生活環境中，沒有人可以完全避免挫折，而在同樣的環境中，各人克服危機的情形則不盡同。

實際上，危機可分為正常發展中的危機，如 Erikson (1958 ，

1963，1964，1968) 所指的八階段發展中各種危機；情境危機，這種危機多與身份、財產及親人的失落有關；存在危機，係指面對人生目的、責任、自由及抱負等問題時，所產生的經驗衝突和焦慮感受 (Brammer，1985，p.94)。因此，處理危機問題時，應認清危機的性質，並選擇適當的危機處理方法和技術，以及相關的支援需要，以達成危機處理的實效。

危機的發生不是偶然的，而是一複雜的心理過程。Caplan (1964) 把危機的發展分爲四個階段：⑴開始感到緊張，遂引發慣用的因應反應。⑵由於刺激持續而因應方法無效，則更加緊張。⑶緊張持續增強直到動用內外資源爲止。⑷如果緊張情況未減輕或不肯努力，則緊張昇高，致行爲功能失調及情緒控制力喪失。Bloom (1963) 曾研究專家們對危機的看法，他發現危機有五個基本的要素，包括⑴對急迫事件的知覺，⑵應對的急迫，⑶不舒服的感受，⑷覺知行爲挫敗的外顯事實，⑸尋求解決的急迫感。這種以急迫事件及速求解決的界定危機的觀點，未清楚地區分引發及不引發危機的事件。Aguilera (1990) 發展出一個在壓力情況下平衡因素效果的鑑別模式，有助於瞭解危機發展過程的參考。

Aguilera 是根據持平原則 (princile of homeostasis) 解釋危機的發生，當失衡出現，就需要恢復，以保持平衡的狀態。能否恢復平衡和避免危機的發生，端看認知是否正確，有無充分的支援，及因應技術是否適當。這個原則性的辨識危機模式不但簡明易懂，而且點出眞正造成危機的主因。最明顯的，同樣的事情不見得會對所有人造成壓力，或產生危機，主要的是因爲各人對事情的看法有很大的個別差異。事情的發生所以會造成壓力，多係對事情的錯覺或扭曲，而導至情緒的動蕩及行爲的偏差。這時，若無適當的支援予以疏導，點出其認知、情緒反應及應對技巧的差失，並教以適切的因應之道，不免會導致心理危機，產生嚴重的身心失調。

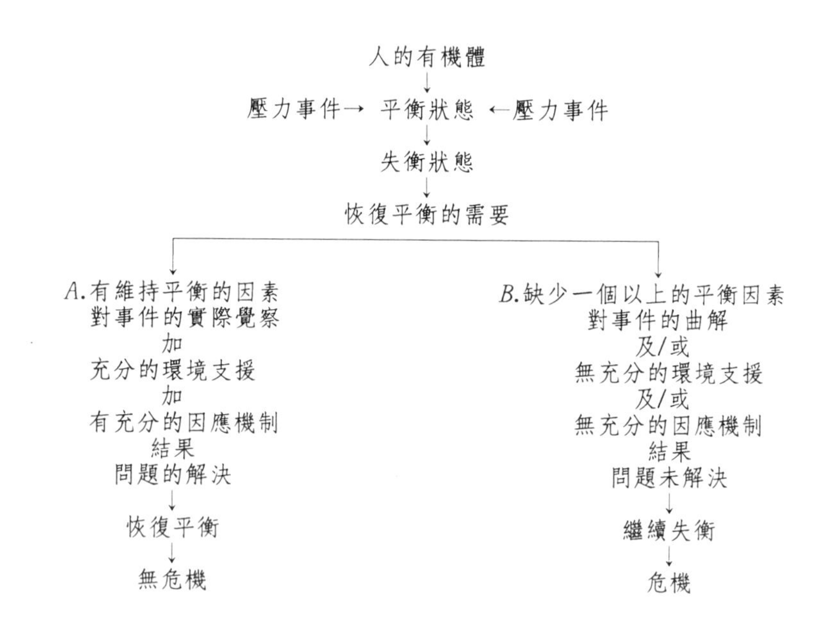

□危機處理的目的

Patterson & Welfel (1994) 引用 Aguilera (1990) 的意見，指出危機處理的目的，是在幫助當事人解決眼前的心理危機，並恢復危機出現前的心理功能。唯一的條件，是當事人應解決問題，或在問題未獲解決時，他應設法因應(p.212)。由此可知，危機處理的是目前的問題，而不是當事人的人格或整體生活中的問題，而且是當事人自己解決問題。哪些有壓力的事件會造成危機呢？如何辨識這些造成危機的事件呢？Patterson & Welfel (1994) 認爲，識別造成危機事件的最好方法，是注意當事人認爲其主要的生活目標受阻時，危機才發生。一般而言，生活目標、愛與工作的經驗有關，因此，任何使兩者處於危險時，很可能會引發危機反應。金錢與死亡雖然與愛及工作動機不全然無關，有時也會成爲危機的成因(p. 213)。他二人綜合過去研究的結果，辨認出至少三十種情形，會使人難以因應，而導致危機的發生。例如死亡事件，包括自殺、殺人、意外死亡及自然死亡等，會爲家人、親友、同事產生危機，及個人的預期危機。其它如與健康、生育、親蜜關係的破裂、暴力、工作或學業的失敗、天然災禍及經濟或家產損失等情形，均會引發家人及自己本身的心理危機。所以危機處理的目的，即在幫助當事人解決目前所面臨的這些問題，改變不適當的處理問題的習慣，學習新而適當的因應危機的技術。

□危機處理的模式

危機處理(crisis intervention)是幫助正陷入危機者的一種方法，也是一種特殊的諮商模式(Baldwin，1980；Janosik，1984)。因此，危機處理也可用Egan的三階段諮商輔助過程，快速地解決危機情況中的危險層面(Egan，1994)。所謂快速，意指危機處理強調短時間的密集工作，針對現實的具體事實，幫助當事人努力改善。George & Cristiani (1995) 不同意 Baldwin 及 Janosik 的意見，認爲危機處理不是諮商，而應是一種輔助的策略。危機處理的策略主要在於使當事人如何有效的運用因應技術（Brammer & Abrego，1981）。根據 Brammer (1985)，這些因應技術包括教學知覺的技巧 (perceptual skills)，認知改變的技巧 (cognitive skills)，支援網絡運用技巧 (support network skills)，壓力管理技巧 (stress management and wellness skills)，解決問題的技巧 (problem solving skills)，及感受描述表達技巧 (description and expression of feelings)(p.19)。教學因應危機的技術，旨在幫助當事人避免陷入身心失調的後果，恢復自我功能。

處理危機個案的過程類似諮商過程，但重點放在危機的性質及當事人個別的需要上。至於如何處理，與諮商員所秉持的理論有關，故處理危機的模式因理論不同而有差異。根據 Leitner(1974) 及 Belkin (1984)，危機處理模式可歸納爲三種：

1. 持平模式 (equilibrium model)

主張此模式的學者，如 Caplan (1961) 認爲，危機是發生在心理功能失衡的狀態，主要的原因在於其因應技巧及解決問題的方法失敗，不能滿足其需要。因此，危機處理的目的是幫助當事人恢復身心的平衡。

2. 認知模式 (cognitive model)

認知模式強調危機發生的根源是對事與情境的認知錯誤，而非由於事件與情境本身（Ellis，1962），所以危機諮商在幫助當事人覺知並改變其錯誤的觀念和信念。

3. 心理——社會轉變模式 (psychosocial transition model)

他們認爲人是遺傳與環境互動的產物，在社會環境變遷的影響下，人不斷的改變、成長與發展。危機就是個人與環境互動時遇到困難而產生。所以危機處理即在幫助當事人評估導致困擾的內外影響因素，選擇適當解決問題的方法，並妥善運用環境資源(Dorn，1986)。

上述三種危機處理模式提供了基本的理論根據及處理方向，但是由於危機所涉及的身心及環境的層面甚廣，單一的概念和方法難以處理複雜的危機問題。爲此，Gilliland & James (1993)，Gilliland，James & Bowman (1989)，綜合上述的三種模式，並統整各諮商理論的基本理念，提出一個任務導向的折衷模式(eclectic model)，稱之爲六階段危機處理模式。六階段包括⑴界定問題，⑵保障當事人的安全，⑶提供支持，⑷考驗方法，⑸擬定計劃，及⑹執行計劃的意願。根據此一模式，危機處理乃一連續的過程，前三階段在評估當事人過去與現在因應危機的方法與能力，諮商員採用非指導的方式，傾聽當事人的陳述。後三階段集中於行動，決定採取必要的行動，以解除危機，諮商員扮演相當積極的角色，從旁指導，故偏重指導方式。

□危機處理技術

根據 Gilliland & James 的六階段危機處理模式，主要的技術是傾聽及行動導向的。茲分述如下：

1.界定問題階段的技術

這一階段的主要目的是爲瞭解當事人怎麼看他的問題，所以諮商員主在傾聽當事人的意見，站在當事人的立場，來瞭解引發危機的事件對當事人的意義。傾聽及回顧因應技巧是爲敞開諮商之門必需的先決條件。爲有效的處理危機，必須先清楚的瞭解引發危機的情境，及當事人對此一情境的看法，並以眞誠的態度，領會他因此而產生的怕懼、危險、感受及失落感。此外，諮商員爲促進當事人的信任，不但要表現有專業能力幫忙，也要使當事人覺得你眞的能也願意幫助他。最重要的是要讓當事人能自由的陳述並討論他的危機。爲此，諮商員要保持穩定的信心及希望的期待，這樣才能促進危機的討論(Hersh，1985)。

2.保障當事人的安全

保障當事人的安全即在降低當事人自己或對別人的身心危險(Aguilera，1990；George & Cristiani，1995；Gilliland & James，1993；Hersh，1985；Patterson & Welfel，1994)。危險可能來自當事人自己的想法，也可能來自外在的威脅。促進當事人安全感的措施非常重要，不僅在這一階段，整個處理過程中都要考慮當事人的安全。諮商員要詳細地詢問他有關危機情況的細節，以查知因應危機的計劃或處理方式，諸如企圖自殺、殺人意念、暴力威脅等，好預作安全措施。如果當事人有某些心理症狀，例如相當嚴重的憂鬱、失眠、飲食不正常及無法正常工作等症狀時，需要尋求精神診斷，予以適當的醫療和照護(Patterson & Welfel，1994)。

3.給予支援

正處於心理危機的當事人，最需要的是慰藉、支持和鼓勵。誰最能提供他這些呢？一般而言，是當事人平時所信賴和尊重的人。爲此，Patterson & Welfel (1994) 指出，「當當事人自尊心低落時，請這些人出來關心並安慰他，是很重要的」(p.219)。每人在其生活環境中，總會有個人的身心支援系統，遇有困擾和困難時，提供協助或慰藉，諮商員要清楚這一支援系統的存在，並妥爲應用。Brammer (1985) 特別強調多元化的支援系統，諮商員與其他的助人機構及專家組成支援團隊，予以密集而廣泛的支援與協助。在危機諮商中，諮商員本身就是最有力的支援，即便當事人沒有其它的支援系統，諮商員可以直接表示他對當事人的關心，並與其它的助人團體建立緊急支援網絡，以提供緊急支援 (Geore & Cristiani，1995；guillilland & James，1993；Patterson & welfel，1994)。

4.評估可行的方法

走入死巷，無路可尋，是處於危機者的普遍現象。諮商員在這一階段要提示他一些可行的出路，以回頭轉向，擺脫危機的困擾。讓他知道有很多解決問題的方法供他選擇，諸如其生活環境中可能提供他協助的資源，各種因應困擾問題的策略，及積極、正確、有建設性的思維方式等。諮商員平時要熟悉各種因應困擾的技術及解決問題的方法，好在幫助處於危機的當事人時，提供他選擇跳出危機的出路。上述的持平、認知及心理——社會轉變等三種模式，可提供諮商員參考，Brammer (1985) 所列舉的因應技術也是很實用的。對那些失意、絕望及憂鬱的當事人，最好的方法就是鼓勵他們保持一線希望，因爲希望是失望的特效藥，也是消除緊張及挫折的有力資源 (Brammer，1985)。

5.擬定行動計劃

需要危機處理的前題是當事人因應對策失敗，諮商員必須直接介入，扮演積極的指導角色，幫他重組認知系統，重建自我功能，教學適當的因應技術。所以諮商員經過上述各階段的努力，及與當事人達成危機處理的問題和方向後，就要研擬採取處理的行動計劃。俗語說，「解鈴還要繫鈴人」。所以計劃的重點是以當事人的行爲爲中心，具體指出一些當事人應做的事。根據諮商學者們 (Aguillera，1990；Brammer，1985；Cavanagh，1982；George & Cristiani，1995；Guilliland & James，1993；Hersh，1985；Patterson & Welfel，1994) 的意見，首要的是幫助當事人學習對危機事件的正確認知。其次，要提升他的知覺，使他覺知自己因應困擾方式的缺失，並予以改變。提供他一 些解決問題的正確方法，幫助他選擇適當的因應策略。腦力激盪過後，當事人會浮現一些行動的觀念，此時，諮商員可再予補充，以建立較完整的行爲目錄。接著，諮商員要鼓勵他作選擇他能用以達成目標的行動，努力以赴。

6. 執行計劃的意願或承諾

危機處理的效果實際操在當事人的手中，也就是要看當事人要不要改變。他的主動及自我控制力是關鍵。爲辨識當事人是否願意執行計劃，最簡單的方法，如 Patterson & Welfel (1994) 建議，諮商員要評估當事人的焦慮是否降低，他能否清楚地描述行動計劃，問他是否有成功的希望。Gilliland & James (1993) 提醒諮商員要以身作則，負起自己所承諾的責任，也要求當事人負起他的責任。此外，諮商員也要檢視當事人的進步情形，並以眞誠、瞭解及支持的態度，聆聽當事人的陳述。Patterson & Welfel (1994) 建議，在最後的這一階段，最好與當事人研擬追蹤輔導計劃，與他約定好以後定期、定時會面晤談的地點，或如何與他電話聯絡，以確保危機諮商的效果。

Brammer (1985) 的三段式解決問題模式，強調深入探討當事人的因應能力，以及其對目前危機事件的看法；繼而以當事人的情況爲基礎，評估及決定輔助的方式；最後，以直接而有效的方式採取行動解除危機。Brammer 重視處理危機的團隊合作，及多元的支源體系運作。危機當事人最需要的，就是黑暗中的一線曙光——希望。所以，諮商員要聆聽他的看法、感受和處理的經過，再以認知技術與他討論，澄清並重組他的思想，激發新的感受和希望。希望的重現，在於他知道自己有能力跳出危機，故幫他認知自己的能力，並計劃如何發揮其能力以利成長，非常重要。爲達到這個目的，需要能力診斷技術及引發知覺的技術。爲幫助當事人順利的自我探討，並覺知自己克服危機的能力，有利於探討及自我覺知的環境很重要。提供有利的環境，諮商員責無旁貸，支持與鼓勵的技術最能發揮功能。而最有力的支持及鼓勵，在於當事人能體會到諮商員對他的瞭解，並感到舒適。爲此，諮商員所表示的親切態度和行爲，具有關鍵性的影響。除此以外，一再保證當事人努力的成果，也是表現支持的良策；但是無憑無據的保證，或過分且不適當的運用，會產生負效果，不可不愼。眞正要解除危機，需要幫助當事人選擇適當的方法。處理危機的方法是多元而綜合性的，如爲消除緊張，身心鬆弛技術是必要的；心神集中 (centering) 技術有助於自我經驗的覺醒；因應技術的教學，可幫助化解僵化的思路作風，重建心理功能的平衡。

總之，在整個危機處理的過程中，要針對具體的引發危機的特定事件探討，戒避涉及當事人生活中其它廣泛的問題。要深入瞭解當事人的認知系統、感受和態度，因爲這是導致危機主因。要審愼評估當事人的能力、危機前的自我功能及慣用的因應困擾的策略，並確實掌握多元化的支持系統。Cavanagh (1982) 指出五個相關因素，提醒諮商員處理危機情境時要特別注意：(1)把握現實 (dealing with reality)，幫助當事人開拓視野，看事要超越消極的想法。(2)強調效益 (emphasizing beneficial effects)，讓當事人把危機反應視爲保健過程，直到找出有效的辦法，改變此情境。(3)努力幫助 (attempting to help)，若諮商員或當事人生活中的重要人員感到挫折，會使當事人更感受孤獨、疏離及失望。(4)避免增加焦慮 (avoiding further anxiety)，危機反應會衍生新的焦慮或新的其它危機。(5)預期延後反應 (anticipating delayed reactions)，危機反應可能延後一週或數月才發生。危機諮商確實會令諮商員頭痛，但是因諮商員的努力介入而使當事人獲得新生，實是最大的安慰。至於如何有效的處理各種危機的當事人，除上述六階段的技術外，Brammer (1985，pp.99-113) 所列舉的處理危機的技術，很值得參考。

自殺特殊危機個案處理技術

自殺是一嚴重的個人、家庭及社會問題，據媒體揭露的研究報告指出，台中縣市平均每兩天至少有一人自殺。自殺者包括兒童、青少年、成人及老人，其中臺灣老人自殺的頻率高居世界第一位。如何體察當事人的自殺危機，並提供適當的支援及協助，是從事諮商及其他助人工作者應重視的課題。國外有關自殺個案處理的研究不少，根據 Gilliland & James (1993) 的介紹，有些專論提供支援及協助，可防制自我毀滅的可能性 (Dunne，McIntosh，& Dunne-Maxim，1987；Fugimura，Weis & Cochran，1985；Moldeven，1988)。有關自殺諮商的文獻很多 (Allen，1997；Crow & Crow，1987；Fugimura et al.，1985；Getz，Allen，Myers & Linder，1983；Hatton，Valente & Rink，1977；Hersh，1985；Hipple & Cimbolic，1979；Morgan，1981；Motto，1978；Patros & Shamoo，1989；Phi Delta Kappa，1988；Ray & Johson，1983；Shneidman，Farberow & Lipman，1976；Wekstein，1979)。研讀這些文獻，可幫助諮商員及助人者充實新知和技術 (Gilliland & James，1993，p.129)。

□自殺的動因分析

人爲什麼會自殺？八十三年至八十四年間，媒體報導了幾件轟動社會的自殺案件：一個九歲的女童上吊自殺，北一女中兩位資優班的高材生一同自殺，兩個國三女生墜樓自殺，……。她們正處於兒童及青春期，爲什麼會輕生呢？北一女兩位自殺女生的遺書中強調，「社會生活的本質不適合我們」。聯合報(民 83，7，28) 對此事件特別撰寫了一篇社論指出，「我們無法確知她們所強調的『社會生活的本質』，究何所指；但一般而言，年青學生所面對的社會生活中，處處充斥著成人所設定的教條、規範、限制，則是不爭的事實。如果……優秀年青學生竟然發現：在成人世界中，『社會生活的本質』是言行不一，人格分裂的，……那麼，優秀的年青人鄙棄這種『社會生活的本質』，其實是可以理解的反應」。學者們也針對此自殺事件作了不少解釋，包括：資優學生的課業沉重，競爭力大，容易造成心理壓力；對人生意義，思想出路特別敏感的青少年，內心世界往往不願向外人敞開，以致容易鑽入牛角尖而不克自拔；因閱讀伯拉圖、尼采……等的悲觀著作，容易感染悲觀的意識。

自殺行爲一定有其動機，Freud 的心理動力理論解釋自殺爲內心衝突的壓力之結果，因壓抑的仇恨內射，而導致自我懲罰或自我毀滅。社會動力理論認爲，自殺行爲的主要原因是社會壓力或影響。他們把自殺行爲分爲自我主義的（egoistic），起因於缺乏團體認同；反社會道德的（anomic），自殺是因受不了社會規範的壓力；利他的（altruistic），因強烈的社會團結，以自殺表示忠誠；另一種自殺行爲在表示死的有尊嚴（Gilliland & James，1993）。依據此一分類，上述九歲女童自殺，應屬最後一類，因爲她患有雷氏症候群，不僅讀書成績低落，和同學相處也困難。許多老人及病人因病魔纏身，或因病入膏肓，而自殺，也屬此類。四位女青年學生自殺，明顯的是因經不起社會規範的約束，以自殺表示反抗。其實，任何自殺行爲的動機並非單純，可能受許多因素交互的影響。

刺激自殺的因素和動機能是多元的，跟據 Shneidman（1985，1987），導致自殺的刺激或動機可分爲環境的（situational），受不了持久的身心病痛而自殺；意動的（conative），爲解決問題而自殺；情意的（affective），因一時的衝動而自殺；認知的（cognitive），因無法承受壓力而自殺；人際關係的（relational），爲對他人表示意向而自殺；及連續的（serial），自殺爲日常生活中一致的因應策略（gilliland & James，1993）。這些自殺行爲的不同特色及動因，有助於對自殺者意向的評估及輔導。

影響自殺危機因素的評量

處理自殺個案的諮商員，要特別注意某些警訊，諸如危險因素、自殺的線索及求助訊息等。有些警訊相當複雜而繁多，當事人表示警訊的方式不一，故諮商員要特別警覺，並需深入研究。

影響自殺的因素

Battle（1991），Bernard and Bernard（1985），Gilliland（1985），及 Hersh（1985）分析出以下高度潛動因素，直接導致可能的自殺危機，對編製自殺因素量表，對評估自殺動因極有幫助，值得參考。

⑴當事人有自殺的家庭背景。

⑵當事人有過自殺的企圖。

⑶當事人擬定了特殊的計劃。

⑷當事人最近有失親、離婚及分居的經驗。

⑸當事人因失落、自瀆、暴力及其它問題等不穩定現象。

⑹當事人很牽掛特殊傷害的紀念日。

⑺當事人是精神病患。

⑻當事人有酗酒或濫用藥物的習慣。

⑼當事人陷入嚴重的憂鬱。

⑽當事人曾經有過治療失敗或最近的身體病痛。

⑾當事人獨居或與其他人隔離。

⑿當事人曾跳出憂鬱而最近又陷入憂鬱。

⒀當事人放棄珍物或有條理地整理個人的事情。

⒁當事人在特定行爲或心情上有基本的轉變，如冷漠、隱避、孤立、恐懼、焦慮、社交、飲食、工作等習慣的改變、

⒂當事人有偏激的失落感。

⒃當事人爲以前被身心或性虐待而煩惱。

⒄當事人現示某些強烈的情緒反應，如憤怒、攻擊、孤獨、罪感、敵對、憂愁、敗興等，異於常人。

以上的這些線索，對覺察自殺危機，非常有用。但應注意的是：自殺危機因素異常複雜，其對引發自殺危機的威力也不一樣，審愼的評估，並注意當事人個別心境和情境的差異，非長重要。許多自殺當事人是因內心衝突、徬徨、絕望或嚴重的苦惱，來求助。爲此，諮商員應從各種不同的角度察覺危機線索，諸如語言、動作、態度、行爲及情境等方面，並覺察其中的含意。誠如 Shneidman (1976) 所說，沒有人爲自殺而自殺。一個人若有強烈的死亡慾望，必然有非常嚴重的心理矛盾、心情煩亂及謀生的苦惱。雖然如此，每一自殺個案是獨特的，必需從各種線索中，洞察其自殺的特殊意向。

爲快速而有效的評量急性自殺因素，Myer，Williams，Ottens & Schmidt (1991) 創發了一個三向度危機評量模式 (Triage Assessment Form) 及量表，可用爲評量各種危機個案的嚴重程度，其實用性頗獲好評。此三向度危機評量模式的架構包括⑴情意的 (affective)：含有憤怒和敵意 (anger/hostility)，恐懼和焦慮 (fear/anxiety)、悲傷和憂鬱 (sadness/melancholy)。⑵認知的 (cognitive)：含有違犯、威脅及損失 (transgretion，threat，loss)。⑶行爲的

(behavioral)：含有行近、逃避及僵化(approach，avoidance，immobile)。此三向度危機量表的主要功能，在幫助諮商員立即察知危機的嚴重程度，以採取急需的防範措施。有關量表之詳情，請參閱Gilliland & James (1993，pp.79-85)。

□自殺個案諮商

根據評量的結果，諮商員需要設計諮商的策略，幫助他解除自殺的危機。自殺危機諮商與一般諮商不盡相同，主要的理由，在於只針對引發危機的動因予以瞭解，不涉及當事人生活中的其它問題，快速地解決自殺的危機，以恢復他的自我功能。固然一般諮商技巧的運用依舊，而其主旨在促進自殺當事人坦誠陳述他的心境，以辨識困擾的癥結，導正其因應困擾的錯誤方式，提供正確而可行的因應技巧和技術，幫他開拓視野，走出認知的死角，立即解除自殺的危機。自殺危機諮商的成效有賴完善的支援系統之運作，及有關親友和其他助人專業同仁的合作，故諮商員在處理自殺個案時，應有人命關天的意識，擺脫其它不必要的禁戒，有效運用支援系統，積極的指導，採取適當而必要的措施，防止自殺。

1.慎防偏見的誤導

一般人對自殺者的看法會影響諮商員處理自殺危機的態度，不可不慎。爲避免被某些錯誤觀念的誤導，諮商員應先認清這些對自殺觀念的謬誤，及其可能因延誤處理或疏忽而造成的嚴重後果。根據Gilliland & James (1993)，一般對處理自殺的謬見，包括(1)與當事人討論自殺，會導致自殺傾向。(2)威脅要自殺的當事人不會自殺。(3)自殺是不理性的。(4)自殺者是不正常的。(5)自殺是遺傳的。(6)自殺過一次，會常想自殺。(7)有過自殺企圖，而獲救者，不會再有自殺的危險。(8)自殺者開始表現大方施捨，是改過自新及康復的象徵。(9)自殺是強迫性行為。

以上這些想法是錯誤的，因為它們與事實相反。自殺諮商，不論是面對面或電話諮商，應盡力跟他討論自殺的問題，一方面，查知引發自殺的危機，了解他的苦惱所在，疏解他的內心的壓力，提供他解決問題的方法；另方面，也可藉拖延時間，聯絡支援系統，設想安全措施，挽救其生命。當事人若表示有意自殺，或以自殺作為威脅，極可能付諸實行。任何自殺者有意自殺，必然是經過了嚴肅的考慮，心理的掙扎，才作此決定，有他的思維邏輯，諮商員要找出他思考的邏輯誤差，而不能視為不理性。自殺是學習來的，或為時勢所逼，隨然有的自殺者有家族遺傳的可能，但不是所有自殺個案都因家族遺傳。任何自殺的企圖都會潛伏著自殺行為的可能危機，諮商員不能忽視，尤其是若當事人的行為或態度異常，有散施珍物的行為，正是有自殺意向的象徵，對他要特別注意。

2.注意不同年齡族群自殺動因的差異

自殺行為的歸因非常複雜，很難設計出一個固定模式，處理每一自殺個案。由於自殺當事人的個別差異，必須覺察處於自殺危機者最迫切的需要，幫助他消除自殺的危機。不同年齡族群的人有不同的需要，導致自殺危機的動因也會有差異，故諮商員處理兒童、青少年、青年、中年及老年人自殺危機的方式自應有所變化。根據 Gilliland & James (1993)，給有自殺傾向的兒童諮商，適合用鬆弛訓練、情緒意像及建立自尊等技術。例如報載北市九歲國小女童上吊自殺案，平時已有許多蹟象顯示出某種潛在危機：母親明知她因幼時發燒得雷氏症候群；日記中說，她知道自己應讀書，也喜歡讀書，但讀不好；覺得自己呆呆的；老師也知道她常請假，少說話、情緒不穩定，容易發怒，突然大哭等。若察知並重視這些現象，早給予危機諮商，或可避免此一不幸。一般而言，青少年自殺的動機，主要是人際關係困難、課業壓力、升學壓力、情感或憤世嫉俗等。去年北一女兩位資優生一同自殺，就是一例。因此，對青少年自殺個案諮商，需要注意他們多方面的心理需要，特別是心理的安全需要，並聯合有關的支援系統，給予其需要的協助。諮商員能否使他有高度的安全感，有關鍵性的影響，依實際情況判斷，用指導或非指導的方式進行諮商。

成人自殺的主要動因，多來自情感、婚姻、家庭、經濟、事業及精神等方面的挫折、壓力和苦惱；而老人自殺的主要原因，則多繫於病苦纏身，或孤獨無依，或窮困潦倒，而失去了生活的意志。不論是成人或老人，自殺涉及人生觀的哲學理念問題，也就是「人有沒有自殺的權利？」。例如，在病入膏肓時，為了避免難以忍受的病痛，可否自殺以保尊嚴？為此，諮商員要注意並敏覺與此有關的法律及倫理問題。所以，成人自殺危機諮商應考慮的問題很多，例如，如何跟他建立良好的投契及信任關係？如何給他一線希望以減輕他的失望？如何找出他自殺的內隱動機及行為？如何幫助他建立活下去的生活目標？如何幫助他發現並澄清自我毀滅而輕生的意念？是否應為他的自殺企圖保密？如何選擇適當的諮商技術？如何評估及運用家庭、社區、機構及專業資源等？

3. 諮商過程與技術

Gilliland & James (1993) 建議，如果懷疑兒童或青少年有自殺的可能時，諮商員要：

(1)相信你的疑慮。

(2)告訴他你對他的關心，並傾聽他細訴。

(3)直接尋問他是否有自殺的想法，若有，問他有什麼計劃。

(4)他不論說什麼，別表示震驚，別辯論自殺的對與錯。若你對自殺諮商不在行，別給他諮商。別答應為他保密。

(5)若發現有自殺的立即危險，別讓他一人獨處。

(6)必要的話，趕快商請專業諮商員、治療師或其他專責的成人予以協助。

(7)確定他的安全，並知會其合法監護人，積極介入。

(8)給他保證會採取行動，其自殺慾望是真實的，緊急情況會過去。但是，也勸戒他別期望這種自殺企圖會立即消失，而要一步一步逐漸地解除，需要幫助；若自殺的意願增強，要馬上呼救。

(9)需要的話，應扮演積極而權威的角色，以保障他的安全。青少年為運用支援及負起行為的責任，有時會需要積極的行動。

(10)危機解除後，仍需要仔細的觀察，以防突然自殺的發生，直到確定不再有危險為止 (pp.147-148)。

兒童與青少年經常是生活在與同儕及玩伴的世界裡，內心充滿了幻想和理想，同儕小朋友是他們生活的中心，彼此的相互影響，遠超過成人對他們的影響。因此，當他們遇到逆境、苦惱、或責難時，反抗是立即的反應，反抗無效時，他們開始遁入消沉的心境，對任何事興趣盡失，遁入幻想的世界，死的意念可能就成為他幻想解脫的唯一方法。成人會把他們的這種想法視為幼稚，諮商員在自殺兒童和青少年諮商時，卻不能掉以輕心，不能忽視其幻想成眞的可能性，不要批評他的想法幼稚，而要鼓勵他積極而正確的意像，提供他其它解決問題的方式。根據已察知的線索，盡量利用有利的支援，如家人、益友、醫護及師長，特別是同儕好友的關懷與勸解，以保障他的安全。

成人自殺諮商時，諮商員除了考慮諮商關係安全條件外，更需要檢視自己與當事人價值觀的差異情形，以免因對生命價值觀的不同，而冒犯當事人。影響成人自殺意念的因素能是生理的、心理的、社會的，諮商員要清楚地察知眞實狀況，幫助他區分思想與行為，鼓勵他直接表達其感受，探討預期的行為後果，並分析引發自殺的事件，及磋商積極的因應策略。遇有急迫性自殺危機時，快速聯絡支援機構或人事系統，非常重要。危機熱線的設置，是危機諮商中心必備的措施，可藉以及時預防或急救。諮商員在諮商自殺當事人時，應注意以下事項（Hipple，1985）：

⑴別訓戒、指責、教唆當事人。

⑵別批評當事人選擇及行為。

⑶別與當事人辯論自殺的對錯問題。

⑷別因當事人說危機已過，而被誤導。

⑸別否認當事人的自殺意念。

⑹別試圖以震憾的後果而詰難當事人。

⑺別讓當事人獨處、失察或失去聯絡、

⑻別對急性自殺當事人做行為診斷、分析或解釋。

⑼別被動。

⑽別反應過度，而要保持鎮定。

⑾別固執於為自殺危機保密。

⑿別側重無關的或外在的人事問題。

⒀別把別人的、以前或現在的自殺行為炫耀、讚揚，使殉道化、或神化。

⒁別疏忽追蹤輔導。(cf. Gilliland & James，1993，pp.152-153)

我國老人自殺率已躍居亞洲之冠，也超過歐美老人自殺率。據胡幼慧的統計，臺灣六十五歲以上的老人，每十萬人中就有四十七點三位老人自殺，是年青人自殺的三倍。主要的原因是久病厭世，孤老無依。因此，給有自殺企圖的老人諮商，要特別注意他的語言及非語言之各種線索，仔細觀察。例如，他若表示「閒來無事」、「生活乏味」、「沒什留戀」、「活著幹什」等口氣，或自言自語，愁眉苦臉，沉默寡言，都可能是有意自殺的預兆，諮商員要特別敏覺，以防萬一。

為防制老人自殺，最好的方法是利用團體諮商，使老人們真誠地、實際地、嚴肅地、討論切身的生活及社會問題，並分享因應困擾的經驗，提供有效的因應技巧。個別諮商中，諮商員要幫助有意自殺的老人開拓解決問題的路徑，解開紮緊思想的結，亦即突破固著思維的瓶頸(Goleman，1985)。不過，由於老人的問題牽涉家庭及社會支援範圍甚廣，諮商員不可能只藉諮商，就能完全有效地預防自殺。諮商員所能做的，只有盡力而為。

總之，自殺是一個人問題，也是嚴重的社會問題。近年來，我國各年齡層的自殺率有顯著增加的趨勢，而老人的自殺率更躍居世界之冠，值得警惕、助人工作者更應予以適當的關懷與協助，以防止自殺風氣的漫延。自殺的動因非常複雜，且各年齡層的自殺個案，顯有內外在因素的差異。諮商員不僅要具備一般的諮商知能，更要熟悉自殺危機的諸多特徵、自殺動因的診斷、處理自殺危機的技巧和技術，並能敏覺不同年齡自殺者的心理狀況，及其自殺危機的動力因素，以預防自殺危機的發生，及快速處理自殺危機。自殺危機處理的原則是敏覺心細、觀察入微、直接干預、快速處理、利用支援及繼續追蹤。自殺危機的諮商員必須要有自信心、敏銳的判斷、積極的指導、果斷的勇氣及因應的技巧。預防勝於治療，預防自殺教育計劃及團體輔導與諮商，當可有助於遏阻自殺行為的發生。諮商員不應對自殺行為有偏見，也不必為自殺諮商失敗而灰心，失敗後的自我反省，才是諮商員應有的態度。

Chapter 12

學校輔導與諮商

隨著社會的演進及社會與生活問題的日益增加，輔導及諮商工作的範圍也隨之擴展，諮商員的專業教育與訓練已走向專精化，以因應當事人及其所處環境的特殊需要。從諮商員工作的環境及服務對象來看，輔導與諮商目前專精分化爲學校諮商、生計諮商、心理建康諮商、兒童與青少年諮商、成人諮商、老人諮商、家庭諮商及特殊對象諮商等。在不同諮商情境與給不同對象服務的諮商員，其專業角色、專業知能、專業活動及服務方式多有差異，需要分別說明。首先介紹學校輔導與諮商，以瞭解學校諮商員的專業角色及任務。

學校諮商員的角色與功能

專業諮商服務是整體教育的一環，其主要的目的在協助達成全人教育的目標，使學生在正規的教育課程以外，能藉專業諮商服務，滿足其個人發展的需要，以達到自我成長與發展的目標。爲此，學校諮商員的角色界定，應以各級學校學生的需要爲準，而不應受制於他人對他的期望，或扮演與其專業工作無關的角色，以免造成角色混淆，無法發揮專業心理輔導與諮商的功能。

如何界定學校諮商員的角色呢？Baker (1981) 建議，討論學校諮商員的角色，需從多方面考量。首先要考慮的是學校諮商員的功能，他在學校的主要功能是諮商、諮詢、生計輔導專家及心理教育者，而非其他份外的行政業務。國內一般學校商諮員難能以其應有的專業功能界定其角色，而在權威分派及期望下，分擔許多份外的非專業工作，不僅導致專業角色的混淆，也造成工作壓力沉重，難以負荷的負擔。

清楚界定學校諮商員的角色與功能，確有實際的困難。通俗的意見往往不分諮商員服務的特殊情境及服務對象，只從諮商工作本身的對象、目的及方法，來界定諮商員的角色與功能 (Morril，Oetting & Hurst，1974)，而適用於各種情境中的諮商員 (Gibson & Mitchell，1986)。其次，儘管特殊情境要求諮商員扮演符合其特殊需要的角色，而大衆的影響對諮商員角色的界定，會成爲決定性的因素。例如，人們對專業的成見總認爲，應由該專業機構規定哪些角色和功能才適合諮商員。另外，諮商員個人的特質與興趣也會影響其要扮演的角色與功能。不可否認的，諮商員本人的態度、價值觀及經驗，對其專業工作的看法，會有很大的影響。

諮商員的角色隨需要而改變，近來，諮商工作趨向個人整體身心健康及預防功能，涵蓋人的整個生活歷程。爲此，諮商員的主要工作，經常是在處理有礙身心健康的情緒及心理困擾，並提供鼓勵發展健康生活方式所需的動機。與此功能相關的，則強調幫助當事人學習放鬆心情和積極的心態，以助長身體的功能(Wittmer & Sweeney ，1992)。此外，諮商員的工作也強調幫助當事人滿足其社會需要，包括家人關係、工作關係、朋友關係及其他有關個人與其生活環境之關係(George & Cristiani ，1995)。心智的發展也是諮商員所強調的重點，鼓勵當事人重組其認知系統，並建立自己的生活價值觀。人的精神需要也不能忽視，故諮商員逐漸體認到人的思想、感受和行為與其精神信念的關係。Myers (1992) 指出，建立身心的強勢連接，顯示預防性的心理諮商，對身心健康有極大的影響。爲此，他支持預防性、發展性及健康諮商可促進身心健康。他稱之爲諮商專業的基石 (corner-stone of the profession)，可作爲現在與將來研究諮商員角色的典範。

上述以當事人全人健康爲中心的諮商工作，是諮商員獨特的角色，也是學校諮商員更應努力的方向。全人成長與發展是教育的整體目標，國內目前聯考導向的教育方式，過分偏重知識的灌輸，忽略了學生身心及精神的需要，爲此，學校輔導老師爲幫助達成全人教育的目標，可在學生個人身心的調適、人際關係的發展、生活價值系統的建立、生活方式的規劃及精神需要的滿足上，發揮最大的功能，並憑以界定諮商員的專業角色。

角色、功能與任務密切相關。由上述角色及功能的認定，學校諮商員應從事的工作，即在扮演好他的專業角色，發揮其應有的功能。從幫助學生全人發展的角色及功能來說，學校諮商員應瞭解學生的眞正需要，幫助他們滿足其需要。各級學校學生的發展需要不盡相同，學生各人的個別差異也大，妥善的需要評估非常重要，藉以確定學生眞正關心的事和問題。其次，要根據需要評估的結果，擬定輔導與諮商計劃，建立實際可行的輔導與諮商目標，以滿足其需要及解決其問題。最重要的一步就是執行計劃，依設計的步驟進行，以達成既定的目標，發揮預防、矯正及發展的輔導與諮商功能。最後，要做事後的檢討，評估輔導與諮商的效果及進步的情形，需要的話，重新修訂計劃。評估、計劃、執行，及檢討，組成學校諮商員專業工作的四步曲。

評量學生的需要

在教育機構服務的諮商員，最主要的工作是諮商。給學生諮商經常涉及個人問題的解決，及發展層面的問題。一般小學諮商多著重在危機處理，幫助兒童克服上學恐懼心理；在發展方面，多涉及促進感受的表達。 中學生的危機諮商包括懷孕、吸毒、人際交往及青春期的性困擾等問題的解決；發展性質的諮商則多屬升學或就業的抉擇，及青春期的變化的問題。大專學生的發展性諮商， 主要在學習如何面對離開父母而獨立生活；需要危機諮商的大專學生，多係濫用藥物、約會及被強暴等問題（Cole，1991）。

我國學校教育制度及教育環境與美國有異，各級學校學生的問題也不盡相同。例如，我國小學兒童，除怕上學外，課業繁重、打罵的管教方式、惡性補習等，都能造成兒童的心理危機。升學壓力、父母望子成龍，望女成鳳的心態、學校升學率的競爭、性教育的欠缺、異性交往的禁忌及校園暴力等，都可能成爲中等學校學生心理危機的肇因。因此，我國學校諮商員的諮商工作，會比美國學校諮商員更爲沉重，評量學生的眞正需要，是非常重要的。

評量學生需要的方法很多，平時觀察學生的生活動態，注意學生校內外交往的情形，分析學生的學業及操行記錄，分析並解釋標準測驗的結果，審閱學生的週記及作業內容，以及評估學生發展階段的危機和理想等。最主要的，是對這些蒐集的資料作客觀的解釋，藉以瞭解學生全人發展的狀況，體察其個別的需要，做有系統的行動計劃，預防各種可能危機的發生，消除其發展的障礙，鼓勵他運用天賦的資源和潛力，在各發展階段完成其發展的任務，達到全人發展的目標。

□擬訂輔導與諮商計劃

從具體評量獲得的資料中，不難發現學生的需要非常多元化，同時也會有不同年齡層學生的某些共同需要。小學階段，國內小學生的心理及行爲問題，多受父母、師長及有關成人管教他們的態度，以及他們自己幻想出來的困擾。爲此，小學輔導及諮商計劃，不僅包括學生個人和團體的行爲預防、矯治及發展事項，也要包括對教師、行政人員及家長的諮詢計劃，以及教學環境的改善計劃。中學階段學生的需要多屬青春期的發展危機處理，及因應轉變技巧的學習和生計計劃等需要。故輔導與諮商計劃的擬訂，應著重學校生活適應、心理危機預防、危機處理、成長團體活動、親職教育、生計規劃、人際關係訓練及諮詢等方面的問題上。 大專學校學生的輔導與諮商計劃，依國內的情形來看，需要重視婚前輔導與諮商、人際關係訓練、生計規劃及特殊發展性工作坊和諮詢等的計劃。

任何輔導與工作計劃的擬訂，須以各級學校的性質、科系別、不同年級學生的實際需要，設計短、中、長期的計劃。一般而言，六年制國小的現行制度，宜分別為一、二年級，三、四年級，及五、六年級作輔導與諮商計劃，以因應這三個不同階段兒童的需要。國中、高中（職）為三年制，宜依年級分別擬訂輔導與諮商計劃，以滿足各年級學生的特別需要。大專院校以四年長期計劃為原則，就各年級學生的學校生活狀況及需要，分別規劃。不論是短期、中期或長期計劃，均應依學生共同的及個別的需要，確立輔導與諮商的總目標及行為目標，以確定實施服務的方向，及選擇適當的實施進程、主要服務項目及適當的技術。輔導及諮商效果的評鑑標準，也應於工作計劃中詳予規定。

□執行輔導與工作計劃

執行輔導工作計劃要靠團隊的合作，學校全體教職員工應發揮團隊精神，分工合作。校長的全力支持與督導、各行政處室的配合、導師及任課教師的投入支援、專業諮商員的主導與專業服務，以及學生的主動參與及合作，都是計劃執行成敗的主要條件，缺一不可。行政主管（校長）對任何教育計劃的發展有關鍵性的影響，因爲他身爲一校之長，能掌控一切可爲與不可爲(Gibson & Mitchell，1986)。在建立及發展學校輔導計劃方面，行政支援也被列爲最高優先(Gibson，Mitchell & Higgins，1983)。與學生最接近的是導師和主要的任課教師，他們比任何其他人員更瞭解學生。基於他們與學生的接觸與溝通，比較受學生的愛戴與尊重，是很自然的。因此，他們在執行輔導與諮商計劃時，成爲第一線的輔導人員，能提供學生學習、升學與就業、生活等方面的輔導，並作爲需要專業心理服務的學生與諮商中心的橋梁。

諮商員的主要及優先任務是實施個別與團體諮商、諮詢、建立支援網絡、校內外資源的聯繫及運用，及計劃執行效果之評鑑。行有餘力，諮商員應就學生之需要、學習環境之改善、學生行爲之探討、輔導效果之評估及個案研究等，做學術性的研究。諮商、諮詢及研究，及其它相關業務，宜依需要及輕重，做優先順序的安排，以免流於捨本逐末或不勝負荷之弊。

□績效評估與計劃修訂

績效評估是改進輔導與諮商工作的最佳方法。績效評估包括工作計劃進行中的定期檢討(periodical evaluation)，及計劃執行完畢後，全面檢討。定期檢討是在執行計劃到某一階段，或某一工作單元完成後，對輔導與諮商目標的具體性、諮商技術選擇的適當與否、執行計劃的助力與阻力、行政配合、資源的運用、當事人的參與及合作情形，以及輔導與諮商效果等，做詳細的檢討與評估，並及時予以修正。最後的檢討著重在整體計劃的執行情形，依實際運作的過程，及進行中定期檢討的結果，審查各項服務的得失利弊，作為以後擬定輔導與諮商工作計劃及執行計劃的參考。

以上專業諮商員的四段工作歷程，適用於各級學校輔導與諮商服務的運作；但由於各級學校的環境及學生需要不同，諮商員的服務細目及類別應有差異。一般而言，依目前國內國小輔導制度，輔導室僅有主任及二位組長的人員編制，沒有專任的輔導教師名額，主要的輔導任務落在班導師的肩上。因此，國小輔導室的任務在特殊個案諮商外，大部份的時間花在大小團體活動的設計及指導，以及對班導師及家長的諮詢工作上。國中輔導與諮商在國內比較受重視，輔導制度也較國小完善，有專任輔導老師的編制。專業輔導老師的主要工作包括個別諮商、團體諮商、輔導活動課程、諮詢及諮商資料保管等。實際上，份外的許多行政、文書及教學工作，經常使國中的專業輔導老師的工作不勝負荷。高中（職）有更明確的專任輔導老師名額的規定，每十五班應編列一名專任輔導老師，不必授課，專心從事學生的輔導與諮商。而事實上，絕大多數的高中（職）專任輔導老師仍每週上六小時以上的課。因此，其應從事的個別與團體諮商、升學與生計諮商、諮詢等工作，難免會受影響。我國大專院校的輔導與諮商工作多由兼任輔導老師輪值擔任，由學生輔導中心作整體的規劃。主要的服務項目包括接案晤談、個別諮商約定及分配、大小團體輔導與諮商活動之設計與領導、生計輔導與諮商、同儕輔導員之組織與訓練、督導與推廣及校內外諮詢等。

學校諮商員的資格檢定

我國學校諮商員的專業資格問題相當嚴重，半數以上的現任學校輔導老師為半專業或非專業。能否給學生提供專業的服務，也是一個值得深思的專業倫理問題。問題的徵結在學校諮商是否為專業，是否需要專業資格檢定。早在一九六二年，McCully 的 "The school counselor ： strategy for professionalization" 論著中指出專業的十一種特質，並作了以下的聲明：「專業是一種職業，該職業團體的成員應具備該職業最低限度的能力，以符合其團體甄選、訓練及授證的標準」(p.682)。諮商員資格檢定的方法有兩種：授證及執照 (certification 及 licensure)。根據 Foster (1977)，授證 (certification) 是專業機構依其正式規定，承認從事其專業工作的能力，並授予專業名稱的過程。證書可由專業機構或政府頒發。學校諮商員的證書經常是由政府主管機關，經過正式的成績考評及能力測試，授予申請者。執照的核發是控制專業實務及名稱的法定程序，比證書更具法律的約束力，也更有法律的保障。

美國諮商員教育課程多經政府授權的學會授證組織認可，例如 APA，NCATE，CACREP 等認可後，發給合格證照。經 APA 授證的諮商員就業機會多，可任職於心理衛生機構，而由 CACREP 授證者，限制於任職學校諮商中心或諮商員教育。八〇年代起，美國人事與輔導學會 (APGA) 改為美國諮商與發展協會 (AACD)，諮商員經過 National Board of Certified Counselors (NBCC) 的考試，就可成為合格的諮商員。考試的內容反映出諮商員為做好其角色、功能及任務必要的知識和技術。應考學科大致包括人的評估、團體動力過程與諮商、人的成長與發展、生活方式與生計發展、專業導向、研究與評量、社會與文化基礎及諮商關係等。NBCC 的考試內容與 CACREP 的認可內容標準一樣，在這些科目以外，CACREP 更求具備一百小時的督導實習，及包括六百小時督導實習的住地實習經驗。

近來，諮商益趨專精，如生計諮商、婚姻與家庭諮商、濫用藥物者諮商、愛滋病患諮商、兒童受虐諮商、被性騷擾者諮商、同性戀者諮商、危機諮商及老人諮商等。諮商領域的專業化，導致諮商員專精教育與訓練的需要。此一動向難免使專精領域的諮商員受到工作上的限制。這種限制是否合理，頗有爭議。而爭議的重心，是在諮商員教育與其專精角色及功能如何配合，以及是否有保障大眾權益和諮商專業的法律基礎。各專精領域諮商員的特別證照制度，是為保障諮商專業及人民的權益，故支持者認為有建立證照制度的必要，以確立提供專業諮商服務的標準，並提昇諮商員專精服務的品質和地位。反對者所持的理由是證照制度可能帶來的傷害：可能把專業證照制度政治化，以政治化的考評標準，反映「慣例」(used to be) 而非「需要」(needs to be) 如此。反對者究竟為少數，大多數的學者表示贊同，故美國已走向精緻分化證照制度的建立與推動 (George & Cristiani，1995)。

近年來，我國正大力推廣並發展各級學校的輔導工作，但尚未建立學校諮商員的資格檢定制度。教育部訓育委員會雖然有擔任或轉任學校輔導老師的規定，例如需本科系、所畢業，相關科係畢業，四十學分班進修結業，及參與輔導研習滿規定時數獲發結業證書者，可以受聘或轉任輔導老師。事實上，上述各類型的學員在專業知能教育及訓練上，有很大的差異，其專業服務品質自然也會有所不同，這不僅影響學生接受專業諮商服務的基本權益，也會影響學校輔導與諮商工作的品質，及社會大眾對諮商專業的信任。欣見訓委會輔導工作六年計劃中，有建立諮商員證照制度的計劃，並冀望能早日實現。

學校輔導與諮商工作的展望

綜觀我國學校輔導與諮商工作發展的歷程，不難發現一些明顯的問題及潛在的危機。最明顯的是缺乏健全的輔導制度，因而造成多頭馬車主管機構、輔導與諮商人員資格的參差不齊、專業諮商員員額的不足及諮商員或輔導老師角色的混淆等，深深影響專業諮商服務的品質與發展。誠如蕭文教授所說：「儘管各級學校普遍有學校輔導人員的設立，然而許多學校行政人員及若干教師對輔導工作應具專業能力的看法採取否定的態度，造成『人人皆可做輔導工作』的偏差印象，不但影響輔導人員對自己角色與期望的混亂，更影響輔導人員的工作品質」（蕭文，民 83）。基於此一現象，我國學校輔導與諮商工作亟需建立更完善的輔導制度及學校專業諮商員資格檢定制度，以提昇輔導與諮商服務的專業品質，並導正社會人士及學校教職員對學校專業輔導與諮商的正確認知，釐清專任輔導老師的角色。

近年來，由於社會的快速變化，民主政治過度期的動蕩與混亂，以及成人反社會行為的示範作用，影響學生及社會青少年至深。其影響所及，助長了青年學子的暴戾之氣，毒害毀滅了學生的求學意志，校園倫理也隨之式微。學生的問題已不只是學業及升學就業的範圍，而廣及多元危機的處理，並涉及倫理、法律、社會、經濟、政治、家庭、學校及特殊環境的影響因素。學生的許多行為問題或問題行為，已非單純的個人問題或學校問題，而涉及整個社會問題。因此，學校專業輔導老師的教育與訓練，實有重新考慮的必要，不能再侷限於傳統的學程，而應針對實際的需要，增強其危機處理、暴力行為諮商、濫用藥物諮商、墮胎諮商、家庭諮商、親職教育，以及諮商的倫理及法律問題和諮詢等專業知能及訓練，以因應時下學校輔導工作之需要。

鑑於學校輔導工作內涵的變化性、時機性、獨特性及市場區格的概念、傳統的「包裹」式的輔導計劃與策略，需要重新評估，宜多考慮不同年齡、性別、甚至某些特殊族群的需求（蕭文，民84）。學校輔導工作推展的最大障礙，在制度的僵化與不健全，以及「人人可做輔導」或「人人皆教我獨輔」的兩極刻板印象。至於學校輔導障礙的來源，據蕭文（民84）指出，可能來自⑴呆板的工作方式。⑵不變的工作計劃。⑶服務內容不適合學生的需要。⑷工作內涵未能有效的獲得認知。⑸不能運用其它的資源協助宣導並推行輔導工作。⑹過份強調助人的輔導觀念，未能整體維護及個人成長角度設計輔導方案。為此，學校輔導工作未來的導向，應從市場學角度重視消費者的需求和滿足，訂定輔導方向，並建立學校輔導工作網絡，妥善運用校內外資源，加強與學校行政人員、教師、家長及相關機構和體系的聯繫與合作，以發揮學生輔導的團隊精神（蕭文，民 84；郭麗安，民 84；彭懷真，民 84）。

Chapter 13

同儕輔導

同儕輔導 (peer counseling) 是因應專業諮商員短缺的彈性措施，並根據同年齡層次級文化的近似性，及其生理、心理及行爲的共同性，建立同儕互助及建構專業諮商員與學生之間的橋樑，使需要幫助的學生獲得專業服務。早在六〇年代，美國諮商學者及實務工作者利用同儕輔導，以彌補專業諮商員的不足，並證實同儕輔導的功能 (Vriend，1969；Vassos，1969；Lippit & Lippit, 1970；Murrey，1972；Liebowitz & Rhoads，1974；Sparks，1977；Buck，1977；Rockweell & Dustin，1979；Goad & Greedler，1984；McAuley，1984；Downe，Altmann，& Nysetvold，1986；Morey，Miller，Rose & Fulton，1993)。我國目前學校的專業輔導老師明顯不足，同儕輔導員的組織與訓練實有必要。張鳳燕 (民 77) 舉出八項理由，說明建立同儕輔導的重要性：

1. 能與學生作更廣層面及更早的接觸，是校內專業輔導者無

法做到的。

2.為需要協助的同學提供被認可的高品質服務。

3.有系統的採取預防措施，以協助學生調適其面對的問題。

4.學生輔導者能從同儕輔導的經驗中，增進個人的自覺、自信力及領導能力。

5.學生輔導者可為專業人員與學生、行政人員與學生之間的溝通管道。

6.學生輔導者的運用，可以節省學校的人事費用。

7.學生輔導者可分擔例行事項，專業輔導者更能發揮其專業角色。

8.因輔導者與被輔導者屬相同次級文化，所以同儕輔導易為學生接受。

綜合以上學者們的研究結果，同儕輔導具有現實性的、功能性的及心理性的實際利益，對推行學校的輔導工作也有其貢獻。

同儕輔導員的角色定位

目前我國學校輔導老師（諮商員）有專業、半專業、非專業三種類別，從事學生諮商服務。專業輔導老師係指受過正規的專業諮商員教育與訓練者，具有本科系學士、碩士或博士學位。半專業輔導老師指相關科系畢業，並修過基本輔導與諮商學科者，或參與輔導知能研習或進修滿指定學分時數者。非專業輔導老師則是未接受過任何諮商專業訓練，而從事學生輔導者。同儕輔導員應歸屬哪類輔導人員呢？明顯的他們不是專業輔導人員，究竟是半專業或非專業，則是一個爭議的問題。有的諮商學者稱同儕輔導員爲半專業，因爲他們必須接受短期及適當的訓練及督導 (Delworth ，1974；張鳳燕，民 77)；而 (Verenhorst ，1984)，Gray & Trindall (1978) 及 Ziegler (1984) 則認爲同儕輔導員爲非專業，主要的理由是他們的工作爲義務性質，服務對象只限於同年齡層的同學，其角色也只限於處理人際關係的問題；並在團體諮商中扮演催化、支援及激發同學自決及自我評估的角色 (Corey & Corey ，1982)。

根據過去國內外實施同儕輔導的經驗，同儕輔導員被稱爲義工，經過適當的訓練，幫助專業輔導老師辦理團體輔導及諮商活動，利用同儕互助的原則，幫助發現並引介需要專業幫助的學生，間或協助輔導中心處理一些非專業的事務。因此，同儕輔導員與半專業的輔導老師或諮商員不同。另據學者們的研究，同儕輔導員的主要任務，在幫助輔導老師無力接觸而需要幫助的同學 (Liebowitz & Rhoads ，1974)，協助同學解決人際及發展性的問題 (Hamburg & Verenhorst ，1972)，幫助同學人格發展及學業輔導 (Vriend ，1969；Buck ，1977；Doowne ，Altman & Nysetvold ，1988)，轉介同學及協助實施輔導工作計劃 (Goad & Greendler ，1984；Rockwell & Dustin ，1979)，支援不促進新生適應學校環境 (Pyle & Snyder ，1971)。由此可見，同儕輔導員爲達成這些任務，需要一些基本的溝通技巧及輔導原理的訓練，又與非專業輔導人員有異。Peppas (1986) 的研究發現，同儕輔導員所扮演的是傾聽、支持及研商解決問題方法的角色，以協助同學適應環境，而不提供建議。McIntyre Thomas & Borgan (1982) 認爲，同儕輔導員多扮演大哥、大姐的角色。此外，Morey，Miller，Rosen & Fullton (1993) 參照 Tyller，Pargament & Gatz 的意見，認爲同儕輔導員也可扮演諮詢及伙伴的角色；卻不適於幫助學生解決問題或做決定，即使大學生有解決問題的一般知能，也難以有效地幫助同學做解決問題的計劃或執行計劃 (Elkind，1984)。

同儕輔導員的訓練

從以上的角色及任務來看，同儕輔導員爲順利做好同儕輔導的工作，即使與半專業的輔導老師相比，輔導基本技巧的訓練也是必要的，以增進他們對同學的吸引力、人際溝通技巧及領導能力等 (Ohlsen，Horne & Lawe，1988)。如何實施同儕輔導訓練呢？能否運用訓練專業諮商員的模式予以訓練呢？根據 Morey，Miller，Rosen & Fulton (1993)，溝通技巧訓練雖爲專業諮商員設計，也可用以訓練學生或當事人，尤其是 Ivey 的微技諮商 (micro-counseling) 訓練更爲適當。Larson 稱這種技術傳授爲 "giving away" 訓練。學者們如 Baker & Daniels (1989)，Baker，Daniels & Greeley (1990)，以及 Daniels (1991，1992) 等人的研究，實驗證實了這種技術傳授的效果。

自從 Carkhuff (1969) 發展出他的人際關係訓練 (human relations training) 模式後，使學校諮商員有了訓練同儕輔導員的依據。此後，由於多種的諮商員溝通技巧訓練模式的相繼出現，各種不同或類似的同儕輔導訓練模式也隨之產生 (Verenhorst，1984)。Tindall & Gray (1987) 曾介紹一有系統的同儕輔導訓練過程及訓練活動，包括講習、溝通技巧示範、角色扮演、技巧演練、接受評論等。其他美國學校的同儕輔導員訓練計劃各有其特色。以美國賓州州立大學爲例，其訓練同儕輔導者的方式爲開設三學分的課程，包括一般心理發展理論及將來服務項目的特定訓練（李泰山，民 82）。

我國學校稱同儕輔導員爲輔導義工，訓練模式各校也不相同。在大學輔導義工訓練方面，台灣師大是請導師推荐具熱忱的同學，施以一天半密集訓練，包括自我發展及輔導知能訓練，以使他（她）們能負責學生輔導中心與各班之聯繫事宜，並宣導中心各項服務活動（張鳳燕，民 77）。彰化師大學生輔導中心的輔導義工訓練模式，依每學年或學期的需要，有不同的訓練目標和課程。例如八十三學年度上學期訓練目的爲⑴增進輔導義工自我成長；⑵培養輔導義工同儕輔導之能力；⑶協助中心推展輔導工作。故其訓練課程包括⑴人際溝通技巧訓練；⑵自我肯定訓練及自我表達能力訓練；⑶編輯、美工、攝影研習；⑷儀態、台風訓練；及⑸訪問技巧、校園資料蒐集訓練。八十三學年度下學期的訓練重點在輔導義工的自我成長，其訓練課程即以自我成長團體活動爲主，藉以促進義工的團體認同及人際瞭解，並視其特質及能力，篩選出基本輔導義工群，作爲正式的輔導義工。其篩選方式是以評量表測試其傾聽及表達能力，能尊重別人的意見、能主動參與團體、參與動機、主動關心別人、能自我開放等的程度，及是否具備特殊才能、積極樂觀的態度和責任感。

勤益工專輔導義工訓練模式，分職前及在職二階段訓練，前者是爲志願報名的新生，舉辦三場心理衛生專題演講之後，再實施八週的自我成長團體研習，專注於人格成長及溝通技巧訓練。後者則是依其志願選出心輔義工，編組後，展開部份的服務工作，並施以助人專業訓練，包括實用心理學、同理心及團體領導訓練，著重在助人專業技巧的學習（李泰山，民82）。其他社區輔導機構，如張老師、家輔中心等，也都有其適合各自工作需要的輔導義工訓練模式，可供參考。

同儕輔導效果評鑑

效果評鑑，旨在改進輔導義工的訓練方式及義工服務工作計劃。過去，美國的學者對同儕輔導工作成效，做了不少研究（Vriend，1969；Hamburg & Varenhorst，1972；Liebowitz & Rhoads，1972；Buck，1977；Doowne，Altmann & Nysetvold，1988；Goad & Greendler，1984；Albert，1984；Peppas，1986；Mclutyre，Thomas & Borgen，1982；Morey，Miller，Fulto，Rosen，Daly，1989）。他們均以實驗研究法或調查法等實徵性的研究法，證實了同儕輔導的效果，包括人格發展及學業成就、協助同學解決人際關係及發展性的問題、轉介需要輔導的同學、促進同學成長及發展、支援推展輔導中心的輔導工作計劃、促進新生適應及深得同學們的肯定等（牛格正，民83）。

我國對同儕輔導效果的研究尚付闕如，但由於不少學校，尤其是大專校院，實施同儕輔導，究竟同儕輔導義工的成效如何，實有研究的必要。至於如何評鑑，張鳳燕（民77）根據Brown（1977）；Gray & Trindall（1978）；及Kending（1985）建議以下的評鑑方法：⑴雙向溝通：定期定時與同儕輔導者討論工作的得失，作爲計劃改進的參考。⑵徵求受輔者的意見：讓參與同儕小團體輔導的同學塡寫回饋表，以瞭解其感受。⑶問卷調查：以問卷徵詢行政人員的建議及同儕輔導者的心得和經驗。⑷實驗研究：驗證同儕輔導的效果。

總之，爲彌補學校及社會機構專業輔導人員的不足，同儕輔導義工的設立及推廣，有實際而具體的需要。同儕輔導義工究竟與輔導老師不同，更不是專業的諮商員，因此正確的角色定位非常重要。視其爲半專業或非專業不是重要的問題，重要的是在專業諮商以外，輔導中心需要他們做些什麼，並如何施以適當的訓練，以達成同儕輔導的目的。

Chapter 14

生計輔導與諮商

工作是人類生活中最主要的活動，並佔據成人生活的絕大部份，成爲人們滿足需要、自尊及健康適應的資源。若工作不順心、不滿意，工作也會造成焦慮、壓力、挫折、甚至身體疾病及心理和人際的失調。一般而言，工作決定我們的社會地位、收入的層級及生活水準。工作也會影響我們的自我觀念、自我價值及自我認定(George & Cristiani，1995)。誠如 Cook (1991) 所說，工作是成人與周遭環境連接的工具。如何準備進入工作社會，如何選擇適當的工作，及如何安於所從事的工作，並獲得滿足，實有認眞考慮的必要。選擇及維持一個適當的工作，並能勝任愉快，不是一個單純的過程，對許多人來說，需要輔導或諮商人員的協助，對自己及工作社會的瞭解後，才能找到眞正適任及有意義的工作。

工作 (work) 不只是暫時找件事做 (finding a job)，以維持生活，而要把所做的事視爲一種職業 (a vocation)，進而要把它當成

自己一生的事業 (a career) ，成爲自己的生活方式。雖然工作 (job) 、職業 (vocation) 及生計 (career) 三名詞經常被交互運用，但其內涵，就如 Tolbert (1974) 所說，「這些名詞係指信念和價值、技巧和性向、興趣、人格特質及工作世界認知的一生發展過程」。這幾個名詞特別反映出個人的發展需要及目標，配合人生各階段的發展任務，直接影響人的生計選擇和生活目標的達成。Zunker (1994) 也認爲 vocation ， occupation ， job 三名詞互用，係指所任職務的活動及職位；而生計 (career) 則不緊含蓋了上述的活動及職位，且包括與個人終生工作相關的其他活動。因此，生計規劃乃一非常複雜而細心的思維、發展及實踐過程，包括自我瞭解、自我認定及自我價值的建立，以及有關工作社會各種資訊的認知，和進入工作社會的準備等相關問題。生計輔導與諮商即在幫助人做最適合自己的生活規劃，以達到最滿意的生活方式和生活目標。

生計輔導與諮商的重要性早已成爲諮商學者們的共識，但生計輔導與生計諮商有其功能及服務內容上的差異。根據 Zunker (1994) 的界定，生計輔導 (career guidance) 包括教育機構、福利機構及其他機構所提供的諮商及與生計相關計劃中所有的服務項目及活動。換言之，生計輔導是提供職業教育導向的服務。 生計諮商 (career counseling) 則包括與終生生計選擇有關的諮商服務。在生計諮商的過程中，會把個人需要的各層面，諸如家庭、工作及休閒，視爲生計決定與規劃的主要成分。由於生計不僅包括了個人的職務及與其相關的活動，更包括個人對工作社會的態度、角色、關係及努力的總和，故 Super (1984) 認爲，生計諮商在關心人發展中生活角色的變化，幫助他們準備好接受因變化所導致的不同的角色，並協助他們在生活中更健全的自我實現。

生計諮商的理論

生計輔導運動始自一八五〇年，包括工業革命、人的個別差異、第一次世界大戰及戰後職業輔導問題討論、評量運動和職業輔導法令的建立等，至一九四〇年爲止，是職業輔導的初期。在這一期間，frank Parsons 的貢獻最爲卓著。他極力發動社會重建和職業輔導，他的 Choosing a Vocation 一書，指出職業選擇的三個基本原則：(1)清楚的自我瞭解，(2)了解不同工作領域的要求、成功的條件、利弊得失、工作報酬及展望，(3)認眞的考慮前兩項的相互關係。此一選擇職業的原則，對日後職業輔導理論的發展極具影響。

個別差異的研究及測驗工具的發展，助長了人格特質理論的建立與成長。人格特質理論的基本假設是：每個人都有其獨特的能力或特質組織型態，這些人格特質可以客觀的評量，並在青年後期固定不變，爲此，可作爲職業選擇的依據(Williamson，1965)。根據特質理論，生計諮商的過程可以用以下的步驟實施：(1)評估自己的性向、成就、興趣、價值及人格特質，以獲得自我瞭解；(2)瞭解工作世界及就業機會；(3)把所獲得的個人及工作世界的資料予以統整。總之，特質理論所強調的，是個人與所選擇職業的吻合。在後續的發展中，特質理論的學者們，如 Myers，Briggs 等人，強調個人對自己及工作世界的主觀認知，個人憑藉其知覺和直覺做職業抉擇，故生計決定過程乃一認知、思維及判斷過程。

Ginzberg，Ginzgerg，Axelrad，and Herma (1951) 從發展觀點來看職業選擇，而建立了職業選擇的發展理論。他們認爲職業選擇是一非逆轉的發展過程 (irreversible developmental process)，包括多年 (6-10 年) 的一系列決定，約自十一歲開始，至十七歲或青年期爲止。每一與職業相關的決定，會排除其他的選擇。最後的選擇受四種因素互動的影響：個人的價値觀、情緒因素、教育程度及現實環境的影響。他們把職業選擇的過程分爲三個明顯的階段，定名爲(1)幻想階段 (fantasy)，先是遊戲導向，後改變爲工作導向；(2)試探階段 (tentative)，十一歲以後到十七歲，逐漸注意到工作要求，並對自己的興趣、能力、工作報酬、價値觀及時間觀念有所認知；(3)實際階段 (realistic)，至青年期 (17 歲以後)，個人會統整自己的興趣與能力，繼續發展價値觀，特定職業選擇，並把職業型態具體化。此後，Ginzberg (1972) 改變了非反轉發展的主張，承認早期的選擇對生計決定過程的重要性。到一九八四年，Ginzberg 更強調職業選擇乃一生的過程，與個人的工作生命共存亡。

Super (1953) 的生計發展理論，對職業行爲的研究，貢獻很多，尤其是他的五階段生計發展過程，包括成長 (growth)、探索 (exploration)、建立 (establishment)、維持 (maintenance) 及衰退 (decline)，最受重視。Super 認爲自我觀念是生計選擇的主要動力因素，並對其終身事業滿意與否有關鍵性的影響。爲此，他把職業選擇視爲個人發展過程的結果，而發展過程即在實現自我觀念。後來，他又指出個人角色的重要性，包括學習、社會服務、休閒、工作及家庭角色等。在建立其發展理論之初，Super 的看法在響應 Ginzberg 及其同事的理論，後來又整合了其他生計發展理論，包括個別差異心理、社會心理、發展心理、及現象心理等理念，而建立了他的生計發展理論。

經過多次的修正，Super 始終保持了他理論的十個中心命題，及人的五階段發展過程。但在一九九〇年，他把其原來各發展階段的發展任務加以修正，他用循環 (cycling) 及再循環 (recycling) 來說明發展的任務，亦即年齡及轉變頗有彈性，也無固定的發生順序。人可以在一個或幾個發展階段中，一再發生任務循環，Super 稱之爲小循環 (minicycle) 。例如個人在一特定的工作上覺得不穩 (diestablishment) ，可以經過新的成長 (undergo new growth) ，準備好另換工作。Super 也把其原來的六種生計型態，改爲四種：即穩定的 (stable) 、傳統的 (conventional) 、不穩定的 (unstable) 及多重試驗的 (multiplle -trial) 。這四種生計型態不分性別，男女通用，改變了他原先七種女性生計型態分類的主張 (Super ， 1990) 。Super 的職業成熟 (vocational maturity) 觀念，對以後生計教育與生計諮商，影響深遠。他認爲職業成熟的特徵，諸如規劃、責任感及對中意職業的覺知，在中學階段不規律也不穩定；但職業成熟的中學生像其他青年有較顯著的成就。因此，他認爲，職業成熟與青年的成就之間有相關。總之，Super 的生計發展理論比較完整，顧及的層面也較廣，把終生的工作視爲個人自我觀念的表現，肯定工作就是個人的生活方式。

其他的生計輔導與諮商理論，以 Tideman 的做決定論 (decision-making) 及 Holland 的類型論 (typological theory) 影響較大。Tideman 認爲生計發展乃是廣義的自我發展，即持續自我辨識、處理發展任務及解決心理危機的過程。根據 Tideman，自我認定 (ego identity) 是生計發展的重心。就如 Erikson 的八階段人格發展，當每一階段與自我有關的危機獲得解決，自我認定得以發展，與生計有關的決定也隨之發展。區分 (differentiation) 與統整 (integration) 生計決定的兩個主要功能，如果個人的獨特性與工作世界的特性相吻合，則會達到統整、綜合、成就、及滿意感。爲此，Tideman 的生計決定論是遵循解決問題的模式，也類似認知發展過程，經過探索 (exploration)、具體化 (crystalization)、選擇 (choice) 及澄清 (clarification) 四方面的思考，再經過歸納 (induction)、改進 (reformation) 及統整 (integration) 三個應用或適應步驟，完成生計決定。

Holland (1985) 的類型論把生計抉擇 (career choice) 視爲個人人格在工作世界的表現，換言之，選擇職業在滿足自己所喜歡的個人型態取向。個人型態取向與職業型態匹對，是生計選擇的關鍵，若某種工作角色能滿足個人的需要並使他滿意，則對他有吸引力，並影響他的生計選擇。根據此一假設，Holland 把人格及工作環境各分成六種型態：實際型 (realistic)、研究型 (investigative)、藝術型 (artistic)、社會型 (social)、企劃型 (enterprising) 及傳統型 (conventional)。六種不同的人格類型配合六種不同的職業類型組群，當可做出適合個人的最佳生計選擇，因爲這樣，個人才能在所選擇的工作環境中發揮他的潛能，表現他的態度和價值觀，扮演好他的生活角色，並達成他的理想。根據 Holland，人格類型與環境類型的吻合與互動決定一個人的行爲。他也以六角型圖示出六種人格與職業類型之間的相關，指出他的六角型相關圖所導出的四個基本觀念：人格與職業配合的一致性 (consistensy) 、各人格類型的區別 (differentiation) 、個人對自己的目的、興趣、才華及在工作環境中穩定發展有清晰的認定 (identity) ，以及人格類型與職業類型的吻合 (congruence) 。

其他的職業理論，如 Roe (1956) 以個人需要爲基礎的組織理論 (structural theory) ，主張人早期的家庭經驗，會影響其選擇職業的滿足。根據 Roe ，生計選擇反映個人希望滿足其父母未使他滿足的需要，以工作來補償。所以 Roe 把職業分爲兩種：個人導向的及非個人導向的，均以人格組織及需要爲職業選擇的基礎。Krumboltz 及其同事們 (1975) 的社會學習理論，強調生活經驗爲生計選擇的決定因素，特別是個人的天賦及特長、環境條件、學習經驗及做事的技巧，對生計發展極具影響力。 Hoppock (1976) 試圖綜合各種人格理論爲基礎的生計發展理論，來說明生計選擇。結果發現，生計選擇均在滿足個人需要。總之，所有生計發展的理論的主要目的，都是爲提供生計發展輔導與諮商的理論基礎及原則，並協助創造發展生計輔導與諮商的技巧與技術，故上術的每一理論，在用於生計輔導與諮商實務時，均有其貢獻及參考價值。

生計發展理論在生計諮商中的應用

生計發展理論是一種理念系統，其主要目的在指出人與工作環境之間的關係，提供個人做生計選擇與決定的參考。理論之間的主要差異，在所強調的生計抉擇的影響因素。把這些不同的理論用於生計輔導與諮商時，可歸納出一些共同原則。Zunker (1994) 指出十二項各種生計發展理論的共同應用原則：

1. 生計發展是有階段性的，並以年齡層劃分，各階段的發展受社會環境因素的影響。由於生計發展乃一生的發展過程，故擬定生計輔導計劃時，應以滿足個人終身的需要爲準。

2. 生計發展各階段的發展任務有所轉變，個人需要因應各階段的生活。故促進生計發展時，應幫助個人學習生活轉變的因應技巧。

3. 在生活過程中，要藉發展任務的成就達成職業成熟，故應根據生活發展的情況，提供發展生計計劃所需的相關資訊。

4. 重視各人的獨特性。獨特性受多元因素的影響，包括社會背景、遺傳、個人經驗及所受教育、家庭關係及社區資源等。因此，個人的價值觀、興趣、能力及行爲取向，對生計發展規劃非常重要。

5. 自我觀念影響生計抉擇。自我觀念非靜止現象，而是動的過程，隨個人及環境的改變而改變。正確的自我觀念有助於生計成熟。

6. 生計選擇的穩定繫於個人人格取向的操控力、偏好、能力及特質。工作環境配合個人取向，可提供個人及工作滿意的遠景。生計發展的主要目標即在找到適合自己人格特質的工作環境。

7. 個人的人格特質可用標準測驗評量，可藉以預測將來的成

就及可能的適應狀況。把工作條件與人格特質相比對，雖然不一定主導生計諮商技術的運用，卻是生計計劃不可或缺的一部份。

8. 社會學習強調學習經驗及其對職業選擇的效果，而學習是藉觀察及直接經驗產生，所以，識別個人的信念及概念的內涵，是發展生計諮商策略的主要成分。

9. 教育機構的相關目標，即在提供職業資訊、資源及發展適用的技術，進而把職業視爲終身的需要。

10. 生計發展涉及終生一系列的選擇，可藉教學做決定及解決問題的技巧，幫助個人做好適當的選擇。瞭解選擇的過程，可以使諮商員在做決定的過程中，提供更好的協助。

11. 所有的生計發展理論都強調人的自由，此一觀念說明諮商員提供個人自由探索的機會，在社會、政治、及經濟的環境中自由探索。個人的自由是有限制的，會受內外因素的影響，爲此，生計諮商員不僅要關心人的生計發展，更要顧及其發展的整個層面，要針對人多層面的需要設計諮商技術。(Zunker，1994，pp.59-61)。

生計諮商的過程與技術

㈠生計諮商的過程

根據上述的生計發展理論，生計發展是一發展過程，藉由對個人及工作世界的瞭解及互動，而達成生計的適當選擇與生計認同。誠如 Herr and Cramer (1979) 所提示，生計發展的含義提供了生計規劃的認知基礎，包括承認工作是滿足個人人際互動、尊嚴、自尊、自我認定及其他心理需要的方法。不論是個人的、教育的、職業的、或生計成熟的達成，須經過複雜的學習過程。職業的選擇也跟過去的經驗、理想、及價值觀密切相關，並形成一連續、探索、邏輯及心理過程。爲此，生計諮商的實施，也須循著一定的順序，幫助當事人發展對問題、對自己、對職業決定、及方法的瞭解。生計諮商與其他特殊情境諮商不盡相同，因爲生計諮商強調幫助個人選擇職業及工作適應，生計諮商員應對工作世界熟悉，故生計諮商比其他諮商更具體，當事人認爲諮商是解決生計問題最安全及可接受的方式 (Leigh，1977)。Peterson and Nisenholtz (1987) 曾指出，所有生計諮商是個別的，而所有個別諮商不就是生計諮商。生計諮商既然是個人性質，那麼，生計諮商員在強調生計決定的理性及資訊方面以外，也應重視當事人與生計有關的情意及心理的問題 (Manuele-Atkings，1992)。她認爲這些心理因素包括發展階段及任務、認同的形成及態度、自我觀念、心理需要及內心的障礙等。因此，如何有效地進行生計諮商，以協助當事人做最佳的生計抉擇，是諮商員應慎重考慮的。

生計諮商的實施過程，因當事人的需要而異。一般而言，生計諮商有其循序漸進的歷程。Salomone (1988) 把生計諮商分爲五個階段：包括自我探討，認識工作世界，自我與工作的的滿意配合，教育與職業決定的運用，及適應工作環境。但在進入正式的生計諮商以前，當事人問題和需要的評估，以及根據需要擬訂幫助當事人的適當方法，是任何個別諮商不可或缺的步驟。因此，生計諮商的過程應循以下的順序進行：

1. 需要評估 (assessment)

瞭解當事人的需要，是生計諮商的第一步。諮商員以語言問答的方式或評量工具，認清當事人尋求生計諮商的理由，因爲生計所涉及的問題很多，諮商員需要清楚當事人所關心的是什麼，他希望從生計諮商得到什麼，以及他所期望的是否實際，需要予以澄清等。問題評估階段中，諮商員可藉前述的溝通技巧，特別是發問、回饋、解義等技巧，以達到辨識及澄清當事人問題和需要的目的。

2. 諮商方法的擬訂 (intervention)

認清問題和需要後，諮商員進一步要考慮如何幫助當事人解決問題或滿足需要。選擇諮商方法，與諮商員所遵循的諮商理論及其個人的諮商風格有關。一般的生計諮商理論，都針對生計探索及生計抉擇，大致遵循類似或大同小異的諮商模式或步驟。諮商員可依實際的情況，做適當的調整。進入正式生計諮商後，可依以下的步驟進行生計諮商。

第一步，幫助當事人自我探討：生計發展及生計抉擇的過程與個人的人格特質密切相關，爲此，幫助當事人清楚地自我瞭解，經常是諮商員的第一步應做的。諮商員根據當事人的需要，協助他探討自己的智能、職業興趣、性向、特殊能力、需要、期望、價值及個性和其他特長等，據以選擇適合自己的事業。幫助自我探討的方法很多，如有組織的晤談、以往工作回顧、自我量表及測驗等，這類的工具可幫助諮商員獲得需要的資料。諮商員需要注意當事人自我認知的盲點何在，應針對當事人的需要，選用適當的方法，獲得必要的資料。另外，諮商員也要對所用的測量工具有適當的瞭解，以及智慧財產權的限制，以免誤用、誤導或觸犯法律。Anastasi (1988) 的 Psychological Testing (6th ed.)，Buros' Mental Measurements Yearbook (1986)，Isaacson's Basic Caareer Counseling (1985)，以及 Kapes' and Mastie's A Counslelor's Guide to Career Assessment Instruments (1988)，都對與生計相關的測驗工具有很詳細的介紹和敘述，可藉以瞭解各種職業相關測量工具的性質、目的、施測方式、計分法、及解釋標準等。

第二步，認識工作世界：當事人有了充分的自我瞭解以後，諮商員應提供有關工作方面的資訊，以幫助他選擇適合自己的生計。工作世界的範圍很廣且多變化，職業資訊的提供需要符合時代背景，錯誤或過時的資訊毫無利用價值。職業資訊的來源可分爲正式的、非正式的及電腦資訊。正式的生計資訊來自政府相關機構的職業快報、學校輔導中心及就業輔導中心所提供的最新生計資料等。非正式的生計資訊直接來自現職人員，父母、親友、校友及同學的經驗，或實地訪問，藉訪談可獲得最具體及最可靠的資訊。電腦系統是近年來最現代化的生計資訊的資源，如 The Guidance Information System (GIS)，只要把個人的興趣輸入，便可獲知相關學校、訓練課程及職業等資訊。再如 The System of Interactive Guidance and Information (SIGI)，可幫助當事人澄清自己的價值，並按照其最重要的價值，提示符合其價值的生計資料。

第三步，生計抉擇：當事人經過自我了解及瞭解工作環境後，會發現許多適合個人性向、興趣及價值的工作可供選擇。此時，諮商員要幫助他做最佳的決定，選擇最適合他的工作。生計決策過程是生活的一部份，關係個人一生的幸福，不可不愼重。根據 Olson，McWhirter and Horan (1989)，生計決策過程包括四個主要的成分：(1)釐清問題的概念；(2)擴大反應的項目；(3)辨別特殊刺激；(4)精選反應。經過逐步的考慮，當可做成比較妥善的決定。此一決策模式不僅適用於初次職業的選擇，也可應用於其他生計困擾情況及後續生計滿意問題的處理。

第四步，決策的實踐：生計決策完成後，當事人就要實踐自己的決定，做他選擇的工作。在進入工作社會之初，他可能遇到的困難包括申請函及履歷表的撰寫、約談應對技巧、自我肯定技巧、溝通技巧、生活習慣的改變、工作環境適應及人際關係等行爲問題，諮商員仍要繼續給予支援，幫助他發展這些方面的技巧，以順利執行其生計決定。

第五步，適應新環境：工作還環境的適應問題，經常是生計諮商的主要課題之一。適應困擾的因素很多，如開始進入一新的工作環境、新的居住環境、生活習慣的改變、社交關係、薪酬或待遇問題、升遷機會問題以及個人的工作態度等，都能造成工作適應的困擾。有時適應問題看似個別諮商的性質，實際上，經常是生計諮商的主要課題，或涉及其生計發展的問題。因此，諮商員在幫助當事人進入工作環境後，仍須注意其工作中的適應問題，予以適當的協助，教學因應技巧，以減輕或消除他因適應問題而產生的心理焦慮。

□生計諮商的計術

前述的溝通技巧如傾聽、回應、澄清、引導、會心瞭解、具體、面質等，在生計諮商時也極爲重要。不過，生計諮商的重心放在生計與教育的規劃及抉擇上，並涉及工作意識、價值、態度、職業資訊及就業條件的探討，自我瞭解，以及工作環境的適應等問題。故生計諮商的技術有其獨特的一面。根據生計諮商的特性，生計諮商偏重在提昇自我知覺、教育知覺、生計知覺及生計規和做決定等技術的運用 (Gibson & Mitchell，1986)。

1. 提昇自我知覺的技術

一般準備初入工作社會者多會對以下的問題感到困擾：我想做什麼？我喜歡做什麼？我能做什麼？我可以做什麼？我該做什麼？這些困擾問題直接跟他自己的理想、興趣、性向、能力及價值有關，所以商員應協助當事人提昇他的自我知覺，自我了解及自我認定。爲達到這個目的，諮商員除利用一般諮商的溝通技巧，幫助他自我探討外，也可選用適當的標準化測驗、自陳量表、價值澄清、團體輔導活動，以及角色扮演、影片、寫自傳、及幻想導遊等技術，把所獲得的結果作爲他釐清自我觀念的參考。

2. 提昇生計意識的技術

有了明確的自我知覺、自我瞭解及自我認定以後，接下來的問題是：有哪些職業適合我去做呢？哪些職業可作爲我的終身事業呢？這時諮商員要幫他認識工作世界的現況，提供所需要的職業資訊，並提昇他的生計意識。生計意識是瞭解個人終生發展中所應扮演的角色，包括成長過程中及各種生活情況中，個人爲達成成長與發展任務，所扮演的角色及獨特的生活方式 (Gynsbers & Moore，1975)。也可以說，生計意識是覺知生活的全面與全人相關的部份 (Gynsbers & Moore，1987)。爲此，諮商員除運用職業分類典、職業通報或快報、職業相關的團體輔導活動，如職業週活動、校友返校座談、工作環境實地參觀、課外及休閒活動、生計系列專題演講、及生計影帶放映等活動，提供當事人現實工作社會的實際資料外，更要坦誠地與他討論有關工作目的，工作價值以及工作對其生活角色和生活方式的關係，建立正確的生計觀念。

3.提昇教育意識的技術

提昇教育意識，就是幫助當事人覺知自我、教育機會及工作世界之間的關係，以妥做生計規劃 (Gibson &Mitchell，1986)。當事人瞭解了自己及工作社會的狀況後，需要根據他個人的情形，選擇適合自己的工作方向，並爲投入這類職業所需要的準備。諮商員的諮商任務，在幫助他做適當的教育計劃，以達到學以致用。在生計探索方面，諮商員須運用職業組群分析 (career cluster analysis) 或職業喜好問卷、自我指導職業探索及職業成熟量表等工具，協助當事人確定他的生計方向。然後，利用職業分類典或電腦輔助生計輔導系統，幫助當事人知悉所選職業或行業的要求和條件，以便做專業的教育及訓練計劃，充實應具備的知能與技術。

4.生計規劃與決策的技術

上術的步驟雖然也是生計計劃的一部份，而生計計劃的最重要的部份，在從許多適合個人職業組群中縮小範圍，做最後的決定。生計決定的困擾可能發生在進入工作社會之前、中間或大部分的生計發展過成中，或經過試探、驗證、績效評估、一再抉擇，才達成最後而穩固的決定。爲此，決策過程的解釋對某些當事人是很重要的，其它如價值澄清、權衡利弊得失、職業資料分析等技術，都可派上用場。在教育機構中，對各級學校學生的生計規劃及決策諮商技術，Zunker (1994) 有很詳細的介紹，可供參考。

總之，生計輔導與諮商是學校及社區輔導工作主要一環，諮商員要扮演好生計諮商的角色，需要熟悉生計發展的歷程，並瞭解生計發展及生計決策的相關理論。生計諮商與其他特殊情境的個別諮商不盡相同，固然個別諮商的溝通技巧，也適用於生計諮商，但因生計諮商所涉及的問題多係生計意識、生計選擇、生計決定、生計規劃、就業及生計適應等問題，諮商員必須對生計諮商的過程、特殊工具及技術的運用、以及發展中的電腦輔助輔導系統，有所瞭解。

Chapter 15

婚姻與家庭諮商

家庭是社會的基本單位，婚姻則是組成家庭的基本要素，子女的成長與發展又是維繫婚姻與家庭的重要因素。因此，夫妻關係、親子關係及同胞關係的好壞，成爲家庭幸福與否的關鍵。甜蜜而幸福的家庭是人追求的目標，也是社會安定的指標，故有「家和萬事興」的成語。不幸的是，台灣的離婚率，及因而造成的破碎家庭和單親家庭，居高不下，而且與日俱增，已成爲台灣社會的一大隱憂。根據官方統計與媒體報導，民國八十一年台灣的離婚對數已經高達二萬九千一百對，離婚率爲千分之一點四一，比日、韓及新加坡高（牛格正，民 83）。這項偏高的離婚數據，顯示國內一般及單親家庭子女的教養問題，刻正面臨衝擊，因而造成的社會、學校、家庭及兒童和青少年問題，值得警惕與重視。最明顯的是隨離婚而產生的心理適應、情緒激動、心理壓力、子女教養、監護權紛爭及再婚等問題，而受害最深的是兒女。在單親家庭成長的孩子們，由於家庭的缺陷，缺乏雙親正常的關愛，及不正常的生活環境，自尊及自我觀念難免受損，身心發展受限、偏差行爲自然也容易發生。

鑑於以上現象，我們不難想像，我國傳統的家庭倫理已受到嚴重的打擊。如何協助重建婚姻與家庭的正常功能，如何幫助破碎家庭成員重新調適，如何挽救瀕臨破裂的婚姻及家庭，及如何彌補受害子女的心理創傷，是諮商員需要嚴肅考慮的。個別諮商以外，婚姻與家庭諮商是國內應致力發展的另一方向，也是國內外諮商學術研究的新領域。

婚姻與家庭諮商的理論基礎

婚姻與家庭諮商是諮商精緻分化的特殊領域，與其他型態的諮商不同。其差異在諮商員重視問題的人際關連（interpersonal context）、組織中成員的互動及現象，個人行爲是對社會情境的反應，受週遭人對他反應的影響，而形成一刺激——反應互動的連續過程。婚姻與家庭諮商就是一種策略，用來改變因此而產生的過程（Duncan Stanton，1988）。婚姻與家庭諮商學者根據系統理論，認爲家庭是一系統組織，夫妻、親子及同胞關係是家庭組織的次級組織（usubsystems）。家庭成員的行爲與家庭系統功能相互影響。這一家庭組織系統包括以下的基本概念：⑴瞭解個人行爲，須從其內在及外在人際次級系統分析，即個人怪異行爲的發生，肇因於家庭功能的失調或個人內在生化系統的失調。⑵系統部份的變化影響整個系統的運作，如果能有效的改變個人，家庭系統也隨之改變。⑶每一行爲會引發回饋，並改變次一行爲的性質，即所謂「飲酒消愁，愁更愁」。(4)個人的負向行爲旨在維持系統的平衡，正向的行爲反應會改變家庭系統。(5)秩序與結構是維護系統的基礎，而家庭系統是開放的，故應做因應改變的準備。

基於上述的觀念，Wynne (1988) 界定家庭諮商爲心理治療的一種方法，專注於改變夫妻之間、核心家庭或大家庭內、家庭與家庭之間或其他系統之間的人際互動關係，以減輕家庭成員個人、次系統、整個家庭或轉介資源所提出的問題 (pp.250-251)。

婚姻與家庭諮商雖然是以系統理論爲基礎，以心理動力分析法解釋行爲功能失調，但家庭諮商學者們對行爲功能失調的導因有不同的看法，致形成不同的家庭諮商取向。Noble (1991) 把重要的家庭諮商理論做了比較，分別有 Haley 的策略論 (strategic)，Minuchin 的結構論 (structural)，Bowen 的世代貫通論 (transgenerational)，Whitaker 的經驗論 (experiential)，及 Satir 的連合論 (conjoint)；並從參與諮商人員、對家庭功能失調的立論、諮商的目標、評量方法、諮商過程及諮商員的立場等六個角度，予以重點比較。

從表一可以看出，發起家庭諮商或治療的學者們，雖然都主張家庭系統理論，但對家庭系統功能失調的解釋有差異，因而在個人所秉持的立場及諮商或治療過程和方法上也不盡相同。

婚姻與家庭諮商重視個人的內在心態，同時，也關心家人之間、次系統之間、家庭與家庭之間的關係症狀，及行爲因果關係的循環作用，以及家人的實際表現。家庭諮商學者們均承認，家庭生活週期的變化乃家庭失衡及壓力源，換言之，家庭是一開放系統，變化難免，若家庭不能適應變化的需要，必然會導致功能失調及壓力。基於此一共識，家庭諮商會致力於因應轉變技術的運用，並指導如何使個人與家庭系統的發展取得協調。

表一　家庭諮商方法比較

	策略論 (Haley)	結構論 (Minuchin)	代間交互論 (Bowen)	經驗論 (Whitaker)	連合論 (Satir)
誰該參與諮商?	與問題有關的每人	與問題有關及可能來的人	與問題最有關的成員	由諮商員決定	彈性選擇
什麼是功能失調?	組織混淆溝通；僵化的行為後果	越界或隔離；固定結合；把權	融入(情緒控制；與原家庭共融)；焦慮；三角關係	思想與行為僵化	低自尊；溝通差；三角關係
諮商的目標為何?	解決問題；重建組織；提供變通方式	解決問題；改變結構、增強彈性	加大自我區分；減低焦慮	增進家庭的創發性；增進歸屬感及個別化	增進溝通;個人成長
用什麼評量方法?	開始用結構式的約談；觀察並處理反應；專注於現在	使家庭共同經驗其過程；家庭結構圖繪製；專注於現在	用家世表細察家庭數代史；專注於現在	非正式；不與治療分別做；專注於過去和現在	藉家庭生活史瞭解其家庭過去及目前的功能
如何進行諮商?	用指導改變行為技術；如直接指導,矛盾意向法，或裁判法	重組問題認知;使失衡或增強壓力改變組織	利用理性的及非三角關係的第三者減輕焦慮；協助釐清與原家庭之界線	增強壓力強迫改變；重估癥狀以促進成長;動之以情	示範及教學;溝通技術;家庭雕塑;引導互動
諮商員的立場	積極指導，而不自我開放；有計劃，而非自發性	積極指導，並介入；自發而有幽默	感興趣而不介入；鼓勵沉著及理性	積極而親自介入；鼓勵並示範「瘋狂」;聯合治療	積極指導看事實,不做判斷；示範開放式溝通

cf.Capuzzi & Gross，1991，pp.325-326.

家庭問題的另一肇因是家庭界線的模糊或過份僵化，前者會產生私人生活的侵犯，後者會造成各自獨善其身或親疏關係的隔核，兩者都會導致家庭成員意識、情緒及行爲的問題，影響整個家庭系統的運作。最明顯而常見的例子如夫妻生活被干擾，而導致原家庭的介入，反之亦然；親子關係的親疏差異，引發父母之間或同胞之間的失和；父母失和、外遇、離異或管教子女態度不一致，子女會表現極端的異常行爲，以挽救危機，解決困擾等。家庭諮商就要用干預技術，教導家人有關家庭結構及分際、個人角色功能及責任感、相互尊重的原則及溝通技巧等。

婚姻與家庭諮商的過程和技術

近年來，家庭諮商的發展有三種趨勢：⑴溝通方法教學導向，強調教家庭成員有效的溝通技巧，提昇其對彼此需要的敏覺和知覺，多以 Satir 及 Gordon 的理論爲基礎。⑵家庭結構分析導向，以系統理論原則解釋家庭生活，強調家庭的基本組織結構，包括成員的角色型態、相互關係、家法及完成家庭任務所分擔的責任之分析。家庭功能的失調或問題的產生，是由於角色混淆，家法不彰，互動關係不良及各人未盡好自己應盡的責任。故協助重整家庭結構，爲家庭諮商的主要目標。⑶家庭社區互動導向，重視家庭運用社區現有資源的狀況。他們認爲，許多家庭問題可藉社區人員的互助而獲解決。爲此，鼓勵建立家庭網絡，促進家庭與家庭、家長與師長及鄰居之間的積極合作關係，爲幫助需要幫助的家庭非常重要。

□諮商過程

不論是哪一種理論導向的家庭諮商，大致遵循以下的過程，來實施諮商：

1.家庭諮商前的準備計劃

根據當事人所提出的問題，考慮家中那些關係人應參與家庭諮商，及聯絡召集家庭聚會的方式。

2.發表觀感

家庭相關成員齊聚後，在最符合其家庭組織型態及最自然的氣氛下，讓他們各自談談他們彼此的相互關係，並表達自己對諮商員介入家庭關係的觀感，並討論家庭諮商對他們的好處。

3.問題說明

接下來，諮商員祖誠地說明他所瞭解的他們家庭的問題，並讓各成員發表他們的意見、對彼此的感受和反應。諮商員綜合說明問題的關鍵及問題對家庭功能的影響。

4.交換意見

澄清問題及其影響的細節後，諮商員要引導家人彼此的互動與溝通、討論及情緒舒發，以瞭解家人彼此的溝通型態，及探悉問題持續的原因。

5.探討改變的需要

當意見分享獲得共識後，讓家人稍作沉思，並找出需要改變的行為、互動模式的偏差型態及溝通的障礙。

6.研擬改變計劃及行動

針對改變的需要，共商解決的辦法。讓各人具體說明改變的方法，並在實際的家庭生活環境中試行。

7.結　束

每次晤談結束時，視需要和情況，要徵求他們繼續聚會的意願，並確定需要下次聚會的時間。

□諮商的技術

家庭的組織型態不同，家庭問題也不同，諸如生活型態的差異、再婚家庭、單親家庭、多代同堂家庭、外遇家庭、同性戀問題家庭等，需要不同的方法和技術（Goldenberg & Goldenberg，1994）。不過，家庭諮商慣用的技術包括以下幾種：

1.循環發問技術

針對問題，引導家庭成員各自發表意見，以瞭解家人彼此、次系統之間、家庭與家庭之間的互動模式，以及家庭功能失調的原因。

2.重組問題技術

針對家人的陳述，注意各人的主觀偏見、成見、矛盾、混淆之處，諮商員予以澄清、綜合及重組，具體指出與家庭問題相關的各種因素，及導致家庭問題的主因。

3.問題重演

針對問題，讓家人以行動表演問題的情境，以增強他們自己及對其他家人的感受和體驗。角色扮演、社會劇、心理劇及其他肢體活動，都可用以達成問題重演的目的。

4.指導技術

積極的指導包括指示、建議、勸說、訓戒等方式。運用指導技術，旨在幫助家人設計及選擇改變行為的策略、重建家庭系統的方法、 家庭作業的指定及改變計劃的完成。

5. 家庭雕塑

家庭雕塑係把家庭中的親疏關係、權力分配情形，以行為語言及移位的方式呈現出來，為幫助家人瞭解彼此的感受和互動型態。

6. 指定家庭作業

要參與諮商的家庭成員在日常的家庭生活中，做一些指定的工作，把要改變的行為付諸實行。

總之，家庭諮商或治療是根據系統理論的基本理念，把家庭視為一系統組織。個人的行為問題及次系統之間的失調，相互影響，也影響整個家庭系統的功能，家庭功能與個人行為亦有互為因果的關係。家庭諮商學者們雖然對家庭功能失調有認知上的差異，但共認恢復或重建家庭系統功能的平衡，是解決個人問題及家庭問題的主要方法。由於理論導向的不同，家庭諮商員的立場及所用的策略容有差異，然而，他們實施家庭諮商的過程及技術，大致相同或類似。

Chapter 16

老人諮商

臺灣社會已邁入高齡化，即老人人口已達到總人口的百分之七點一以上，已符合聯合國規定的國際標準。於是，從事心理諮商工作的人員又增加了一項新的挑戰：如何幫助需要幫助的老人面對生活變化和需要，並學習因應變化的技巧，以使老人們生活的愉快幸福？先進國家如美國，早在六〇年代以前，已有不少有關老人發展及心理問題的研究（Birren，1959），及至七〇年代，更警覺到人口問題的危機（Ehrlich & Ehrlich，1971），遂於一九七六成立了 National Institute on Aging (NIA)，在首任院長 Buttler 的領導下，不到六年，NIA 已成爲投資八十五億美元的老人研究機構（VandrenBos & Buchanan，1983）。此後，老人學研究如雨後春筍，迅速成長，對老人心理及諮商理論與實務的研究也隨之蓬勃發展（Birren & Scchaie，1985；Birren & Cunningham，1985），專業老人諮商員教育及訓練也逐漸受到相當的重視，諮商員養成機構競相把老人學（gerontology）納入諮商員教育課程（Hollis &

Wants，1983)。

我國對老人的研究不多，尤其在老人心理及諮商方面的研究，更是罕見。近年來，行政院一再宣示民國八十三年臺灣將邁入高齡化社會，激發起對老人問題的注意，而討論的重點，多專注於老人安養及社會福利的課題、老人年金的發放及全民保健等問題上，對老人的心理困擾及協助關懷，仍少有提及。心理及諮商學界是否也應該對老人研究多做思考呢？

老人諮商的需要

老人安養、醫療、經濟支援等福利措施固然重要，老人的心理困擾和問題也是不容忽視的。實際上，許多困擾老人的問題不純是社會福利匱乏，也不儘是經濟或醫療保健的不足，而是諸多因素所引發的內心焦慮、鬱悶、孤獨、沮喪、挫折、悲傷、失意及生活乏味等感受。大多數的老人眞正需要的不是老人年金的施捨、社會的救濟，而是愛心關懷、心理的支援、訴苦的對象、情緒及苦悶的舒發和因應生活技巧的學習。理由很簡單：

一老人比年青人更意識到死的將臨

生的短暫在於有生必有死，存在與不存在。意識到死的必然性，會引發死亡焦慮，因爲有何時、何地、如何死的未知數。這種焦慮是正常而有價值的，因爲它能幫助人思考如何善用有生之年。老年人比年青人更意識到死的將臨，也更會有死亡焦慮。當死亡焦慮無法釋懷時，老人家就會受死亡恐懼的糾纏，內心難安。誰能幫助他們化解死亡焦慮的陰影，瞭解人生的目的，積極規劃如何善度有生之年，活出意義與價值呢？心理諮商員自然責無旁貸，幫助他們化焦慮爲動力，積極而有意義地度過晚年。

□老年人也在發展

Storandt (1982) 曾指出，對青年期的研究發現導入一個新的研究領域，那就是對老人晚年生活階段的研究，研究這一階段的發展過程及問題。一旦發現了老年期的問題，就要設法解決問題。這個重任就落在心理學家及心理諮商學者的身上。諮商的主要目的之一，就是幫助當事人充分地發展。老年期不是人生的結束，而是繼續的發展階段，直到生命的最後一刻。所謂「活到老，學到老」，雖意指學無止境，也正說明了老人仍有很強的學習能力。實際上，老人退休後有更多的自由時間，更強的耐心，更能隨心所欲，發展自己的興趣和潛能。教老人如何利用個人的自由時間、耐心、和嗜好，如何發展個人的興趣和潛能，特別是如何學習因應日常生活中的困擾問題，諮商員的專長大可派上用場。

□老人有更多的心理困擾需要幫助

老年期發展過程中，難免會遭遇一些個人與環境的變數，諸如慢性疾病纏身、家中人事的變故、經濟主權的喪失、居處的遷移、親子代溝的加深，以及鰥寡孤獨的體驗等，都可能造成老人嚴重的心理適應問題。老人諮商正可發揮幫助老人釐清他們的問題，評估他們面對及處理問題的習慣，學習更有效的因應生活環境的技巧，以達到良好心理調適的效果。我國這方面的研究不多，但已有的研究結果發現(鍾思嘉、黃國彥，民76；黃國彥等人，民74、75；郭麗安，民71；王碧霞，民79)，許多個人心理因素與其生活滿意、生活適應及對生命的意義、死亡焦慮等有顯著相關。因此，如何幫助老人因應身心及生活的變化，促進他們的心理健康，鼓勵老人建立自信心，肯定自己過去的成就和現在的價值，並且盡量減少一些生活事件的負向影響，使老人更能在生活中得到滿足愉快的感受，幫助老人得到美好的生活適應，實是諮商員需要努力的方向。

老人諮商員的準備訓練

諮商工作已越來越走向專精的方向，如學校諮商、社區諮商、企業諮商、婚姻與家庭諮商、老人諮商等。因此，從事不同對象及不同情境諮商的諮商學員，須接受不同的專業教育及訓練，因為特殊群族的當事人有其獨特特徵及問題，從事該特殊群族諮商的工作者，自然也需要有特別的心理準備和訓練(Myers & Blake，1986)。對老人諮商員來說，他們應有以下的專業準備：

一、破除悲觀的老人主義(*ageism*)

一般人對老人有一種刻板印象，總認為老人因為年邁，必然衰退、依賴、固執、頑而不化、病弱、無能、遲鈍、脆弱等，把老化視為老人的標誌，而形成老人主義(Knight，1986；Twining，1988)。許多諮商員就因為受這種刻板印象的影響，而不敢從事老人諮商，有的老人也因此而不肯接受諮商。所以要從事老人諮商，就要先破除這種悲觀的想法，化解對老人的刻板印象，培養樂觀的態度，喜歡接近老人，因爲老年人⑴有豐富的心理歷史寶庫，⑵比年輕人更具深厚的生活經驗，⑶比年輕人更有彈性、韌性及各種生活方式的體驗，⑷退休後會有更多的自由及休閒時間發揮其潛能。實際上，年齡不是影響老人的唯一因素，老化會受多重因素的影響（Birren & Schaie，1985）。六十五歲以上的老人身強力壯、精神抖擻、積極進取、年老而心不老的多得是，年老而又心老，才是眞的老。

□專業知能訓練

根據 Daniel & Weikkel (1983)，諮商員教育人員看諮商員教育趨勢，在四十八個趨勢中，把老人諮商專業化列爲四大趨勢之首。Hollis & Wantz (1983)，Myers (1983) 調查發現，新的老人諮商課程發展的最快，自一九七五的百分之六諮商員養成機構開設老人諮商課程，至一九八三已增加到百分之三十七，其中百分之九並受予專業學位。不過近年來老人諮商課程有下降的趨勢，僅有三分之一的諮商員養成教育機構，開設老人諮商專業課程（Myers，Loesch & Sweeney，1991），主要的原因是資源的限制、其他科目的優先牽制及學員缺乏興趣（Myers et. al.，1991）。在專業課程方面，美國的現行標準或可提供我們參考。美國 ACA（其前身為 AACD）相繼擬訂了五個老人諮商教育計劃，重點均放在諮商員對老人問題應有的準備上，旨在發展老人諮商模式及訓練老人諮商員的資源。第一個計劃是發展訓練專精老人諮商員的課程，第二個計劃在發展訓練的資源，第三個計劃著重老人諮商員的繼續進修，而第四及第五個計劃集中於課程的資源，特別在發展專精老人諮商的檢定標準 (Myers ， 1992) 。根據 ACA 的第四計劃， Myers & Blake (1986) 發展出四種老人諮商員訓練模式：(1)統整或滲透訓練模式 (integrate or infused) ，即在現有的課程領域內，加入老人問題的探討。(2)分別開設課程模式 (separate) ，設計老人學專業課程，提供對此專業有興趣的學員選修，以獲得老人諮商的專業訓練。(3)集中模式 (concentration model) ，在諮商員教育課程中，開設數門專屬老人諮商領域的學科，教授學員。(4)跨學域模式 (interdisciplinary model) ，雖仍有專精性質，但讓學員在其他的學術領域中，可以有選修有關老人問題的機會。

上述四種模式中，統整或滲透模式頗受重視， CACREP 檢定老人諮商員資格，就是根據此模式的諮商員訓練課程為標準，ACA 也以第一模式作為發展其他模式的圭臬，以建立評鑑老人諮商員專業知能的標準。根據美國國家諮商員證照局 (NBCC ， 1990) 規定，申請從事老人諮商者應(1)具有兩年專業老人諮商的經驗。(2)修滿研究所老人學的三種學科，包括老人與心理健康，老人生理學及老人諮商，或一二〇小時有關老人諮商的進修課程，及在老人機構接受六〇〇小時的見習或督導實習。(3)完成一個自我能力評量。及(4)兩個專業能力評量。美國國家有照老人諮商員協會 (NCGC) 規定，自一九九三起，所有申請者必須符合 NBCC (1990) 的檢定標準 (Myers ， 1992) 。由此可見，老人諮商員能力本位的檢定標準，非常受到重視。

老人諮商的原則

輔導與諮商老人，由於老人的人生歷練、年齡、生活經驗、工作經驗、社會經驗及價值體系等方面的優勢，比輔導或諮商其他年齡層的當事人難，故諮商員要特別注意以下的原則：

1. 要特別對老人當事人表示尊重 (Gatz et al.，1985)。
2. 尊重老人 的內在價值及自我決定 (Sherman，1981)。
3. 承認老人的獨特性及個別差異 (Sherman，1981)。
4. 瞭解老人正常的及所期望的發展層面 (Twining，1988)。
5. 對老人當事人的言行要特別敏覺 (Gatz et al.，1985)。
6. 評估老人自己的自我觀念及對老人諮商工作的評價 (Sherman，1981)。
7. 專注於事件、環境及別人在他生活中的意義 (Sherman，1981)。
8. 澄清當事人對年老 (aging) 的價值觀 (Sherman，1981)。
9. 運用因應技巧來改進自我尊重、人際關係及家庭問題 (Twining，1988)。
10. 注意諮商的物質環境 (Twining，1988)。
11. 消除開始諮商時的懼怕與緊張 (Twining，1988)。
12. 要忍耐、接納、細心、關心和守密 (Gatz et al.，1985)。
13. 從支持的角度來看自己的角色 (Twining，1988)。
14. 要經常自我反省及自我質問 (Gatz et al.，1985)。
15. 視老人當事人爲師，運用他們的經驗促進個人的學習

(Sherman，1981)。

以上的這十五項原則對老人諮商非常重要，任何一項的疏忽，就可能使諮商功虧一簣，徒勞無功。

注意老人諮商的障礙

給老人諮商時，諮商員可能碰到的一些障礙，必須努力克服，因爲

1. 年長當事人

缺乏心理自覺，不易覺察自己的心理問題。

——過於自恃，不願接受別人的幫助。

——年齡比諮商員大，不易信任諮商員。

2. 諮商員本人

認爲給老人諮商有失自己的尊嚴和地位。

——診斷能力差，難以辨識老人的心理需要。

——受刻板印象的影響，對老人有誤解。

——反移情作用

3. 諮商轉介系統

缺乏跨學域的合作網絡，轉介困難。

老人諮商的實施過程

給老人諮商，諮商員應採取主動，予以適當而必要的協助，必要時，諮商員須兼社會工作員的任務，或利用多元化的資源，

以發揮諮商服務的功能，達到諮商的效果。

□實施諮商過程中應注意的事項

諮商員給老人諮商時，應注意的是：

1.經常而定期的接觸。

2.諮商時間要簡短。

3.利用工作導向及有組織和結構性的活動。

4.提高老人當事人的參與層次。

5.運用多元化的團隊服務及同儕輔導。

6.多利用團體諮商。

□個別諮商過程

老人個別諮商過程與一般諮商基本上是一樣的，但在各階段運作的方式上，不能不考慮老人的特殊情況，予以適當的調整和用心。一般而言，給老人個別諮商，宜循著以下的步驟：

1.建立互信關係

如前所述，爲徵得老人的信任，障礙很多，尤其是你的年齡比他小，你必須表現出令他折服的優長，確實使他覺知你能幫助他。其次，老人的心理困擾可能涉及的範圍很廣，若不先幫他解決其他的問題，不易討論他的心事。爲此，老人諮商員需要更大的愛心與耐心、圓熟的溝通技巧、人力資源網路及高度的敏覺和毅力，幽默感會拉進你與老人的心理距離。

2.評估老人的需要及資源

當老人對你有了堅實的信心，他就會對你推心置腹，無所不談。你要把握機會，與他探討他的內心苦悶和眞正的需要。爲達到發掘問題的目的，溝通技巧是關鍵。太明顯的技巧操弄，可能會引起老人的反感，反而會弄巧成拙。最好以閒話家常的方式，引導老人談及他以往的經驗、生活狀況、居家環境、人際交往及生活變故和遭遇等，從中領會他的強勢潛能、興趣、處事態度、因應生活問題的慣用策略及現有問題的整個背景。雖然老人個人的陳述是一手資料，但其他資料來源亦可盡量運用，以獲得更完整的問題瞭解。

蒐集老人資料有實際上的困難，有的學者 (Blake，1982) 認爲，老人自陳 (self-referral) 雖是常用的方法，但不足作爲評估老人需要的基礎。不過，爲有能力塡答問卷的老人，自陳量表 (self-report questionnaires) 仍不失爲好的評量工具。例如 Ganikos (1977) 的 Inventory of Counsleling Needs and Perceived Services (ICNPS)，可用以瞭解老人的職業、教育、個人適應、家庭關係、社交適應及生活適應等需要，並可據以擬定諮商服務的目標。Myers (1978) 所發展的 Older Persons Counseling Needs Survey (OPCNS) 分兩部份，前二十七題旨在查知老人求助的意願，另二十七題在瞭解老人所覺察的需要或態度。這兩種量表仍不足以評估老人的諮商需要 (Blake，1982)。他認爲最好的評量方法是 Delphi technique，即彙集專家的意見，以確定老人諮商的需要。總之，不論用何種方式測出的需要，必須符合老人的實際需要，才有助於辨識老人的心理問題，並擬定諮商目標和諮商技術的選擇。

根據 Gross & Capuzzi (1991) 引述學者們的研究發現，老人的問題有：

⑴心理——情緒的：有焦慮感受、挫折感、罪惡感、孤獨感、失望、自卑感及恐懼感等，應學習因應技術(Cavallaro & Ramsey，1988；Gross，1988)。

⑵心理——社會的：包括因退休造成的缺乏工作角色認同、休閒時間的增加及經濟依賴等。

⑶心理——家庭的：如失親之痛、孤獨感、分離之痛等。

⑷心理——生理的：因生理失調及疾病而引起的依賴、心理壓力、焦慮挫折、憂鬱、憤怒及自卑等。

⑸心理——認知的：因認知的偏差而導致求助的障礙，包括

——不知自己需要幫助。

——對求助的懼怕和評價。

——助人者的刻板印象。

——社會對老人的負向態度。

——交通及經濟困難。

——不知支援服務的存在。

——家庭問題不外洩的壓力。

——分家與分離。

以上學者們研究的結果，可用來作爲編製問卷、量表或約談計劃的參考，以發掘本國或地區老人需要或問題眞象的參考。

3.建立諮商目標

查知整個問題發生的情形後，要給他說明你對其問題的看法，並徵求同意。然後與他共同研商解決問題的方向和方法，以確定諮商的目標。要注意的是，如果你直接了當地告訴他他的問題是什麼，老人家不見的會接受，不如以試探的口吻問他的看

法，例如，假如你發現問題出在他因應環境方法上，你可以問他，「如果改換別的方式來面對那些情況，你想別人會不會有不同的反應？」 也許他會回答「不見得」，或「可能」，你再問，「要不要試試看」？在這種情況下，一般而言，他會答應「好吧」。 這樣，你便可以把教學因應技術作爲諮商的目標。

諮商員的角色和任務是幫助老人成功的渡過晚年，提供他最佳的諮商服務。老人諮商本身的目標，即在幫助老人渡過正常而成功的老年生活。所謂正常，在強調學習一般老人應做及不應做的事，並保持身心的正常狀態 (Rowe & Kahn ， 1987) 。所謂成功的老人，不是指像年輕人一樣，因爲他已年老；而是盡可能的保持活力，能有效地因應老年生活的各種變化 (Ponzo ， 1992) 。所以諮商員的責任就是要根據老人的實際情況和需要，運用自己的智慧和專業知能，幫助老人克服身心的困擾，建立自信心，發揮生命的活力，活出積極而有意義的老年人生。

4.選擇適當的技術

確定了諮商目標及老人的個別目標後，要選擇適當的諮商技術。所謂適當，係指所選擇的技術和輔導策略，眞正能幫助老人滿足他的需要，消除他的困擾，解決他的問題。雖然老人的問題也多屬認知、情緒和行爲三方面的，但是退休後老人所面臨的生活變化，較任何發展階段的轉變爲大，而且複雜，因爲生活轉變的最鮮明結果是失落的經驗 (Brammer ， 1992) ，老人所經驗的失落感範圍廣而深。如何面對及因應這些生活的變化，往往是決定悲傷程度和處理生活轉變效果的主要因素 (Brammer ， 1991). 因此，因應技巧和技術的教學應是老人諮商員考慮的重點。

老人如何看待生活的轉變，跟他的批判態度有關；而態度繫於他對生活能控制的程度，因此，控制就是基本的因應態度：我能控制我的生活，不論發生何事，我自己負責 (Kobassa，1979；Brammer，1992)。為培養自我控制及反應態度，其方法包括適應 (adjustment)、因應 (coping)、改觀 (trans-formmation) 及超越 (transcendence) 四種技術，用以幫助老人發揮他的創造力，重新做選擇，以有效的因應生活的變化。

適應是翻新改變的技術，是主動而直接改變個人的方向，積極的面對問題。改觀則是改變自己對問題或情境的看法，重新建構轉變的意義，學習對己、對人及對改變過程的新詮釋，勇於面對問題。超越也是一種改變技術，在提昇個人的意識經驗，體驗人生的終極意義。因應技術是解決適應困擾的策略，面對困擾或問題，先提出疑問，評估其危險所在，擬定應對的目標，然後選擇解決問題的可行步驟，採取行動。根據 Brammer & Abrego (1991) 因應技術可以用數種方式實施，如建立支持網絡，認知重組，壓力源之管理，解決問題及評估危險等。

5. 實施諮商

實施諮商時要特別注意老人的反應，多用鼓勵、讚賞、支持、肯定等語言與非語言表達，並引用其過去的經驗和成就、優長和能力，以及思維型態等，激發他的積極參與及克服困擾和問題的成功期望。不論使用任何技術，須考慮到老人的自尊心，即便他的思想、感受及行為錯誤或偏激，積極指導性的辯駁或糾正，不如鼓勵多方面的思考，討論不同感受和行為的結果。Gross & Capuzzi (1991) 建議，使用諮商技術時應有以下的考慮：

⑴考慮老年當事人的年華（longevity of life），強調他過去的積極成就，並鼓勵他運用過去使用成功的因應技巧。⑵強調諮商對他的好處，以導正他對諮商的刻板印象。但在描述諮商效果的用語上，需要有所改變，使用能吸引老人及更容易接受的語言。⑶注意老年當事人的生理需要，特別是與行動、聽力、視力及身體健康情形有關的需要，故諮商時間宜簡短，物質環境盡量舒適。⑷與其他助人服務者，如醫師、社工人員、人事機構等建立合作關係，這比對青少年諮商更重要。⑸別忽視老人和青少年共有的問題，如濫用藥物、酗酒及人際關係等問題。要注意，老人家更會經常體驗到失落感及其影響。⑹選用的技術是否有效，要看老年當事人的特殊需要及態度，有些技術，由於其本身的性質及過份強調情感，可能不適合用於老人諮商。

6. 諮商效果評估

諮商進行期間，要隨時檢討老人進步的情形及諮商技術過程運作的狀況，找出你和老年當事人互動、溝通、回饋、反應及其他方面的得失，隨時加以修正。諮商結束後，要做全面的效果評估，包括問題辨識的正確與否、諮商目標、諮商計劃、諮商技術的選擇與運用適當與否、諮商環境、當事人的合作態度，以及你自己的行爲等。對上述的一切作深入的自我反省，以作爲改進的參考。

□團體諮商過程

利用團體方式實施老人諮商，有很實際的好處。Gross & Capuzzi (1991) 綜合學者們的經驗，指出六種老人團體輔導的好處：⑴可以發現共同的問題；⑵教學社交技巧；⑶有助於減輕孤獨感；⑷提供互助機會；⑸分享感受；及⑹提供共同目標等。但要切記，不論是個別或團體諮商，都有復健的目的和功能。Sherman (1981) 提供他對領導老人團體的經驗：所有參與團體諮商的老人，都有不同程度的改變動機，且沒有腦筋錯亂的現象或嚴重的情緒困擾。由此可見，對有嚴重腦疾病及嚴重心病的老人，團體諮商不具吸引力。絕大多數參與團體的成員，是那些關心自己年老問題的老人，是有失親痛苦經驗的，及有老化過程中共同問題的老人，他們想利用參加團體的機會，可以找到更多談話的對象，分享各人的經驗，獲得情緒的支持，及擴展人際關係等。這也正符合團體輔導與諮商的目的。

1.注意事項

對老人實施團體輔導與諮商時，應注意以下事項：

⑴是否用團體諮商比較好？考慮可能產生的正負效果。

⑵爲生活回顧及分享生活經驗，用團體諮商爲佳。

⑶評估領導老人團體的困難。

⑷考慮用哪一種領導團體的方式。

⑸用哪些技術比較好？

2.領導老人團體的原則

領導老人團體，要注意以下的幾個原則：

⑴要把團體成員看作助理諮商員，互相幫助。根據個人的能力和需要，分別擔任師生的角色，相互學習。

⑵要以發展日常生活的基本技巧，充實生活內涵，及自我發展爲目標。

⑶強調官能訓練及啓發動機，以促進其對現實生活環境的知覺和適應。

⑷利用現有及長期的照顧措施和設備，導正認知的偏差。

⑸多用支持性的團體諮商或治療，減輕老人的挫折感、沮喪、焦慮、孤獨及社會疏離等困擾。

⑹組成不同性質的團體，分別專注於社交功能的提昇、休閒時間的運用、士氣的培養與提昇、情緒支持及抒發等。

⑺利用老人活動中心的設備與環境，實施團體活動，以減輕老人心理壓力，促進主動積極的參與。

⑻多利用任務導向的團體組織，以便利團體成員在團體以外的互助，及與其他團體成員的合作關係。

⑼領導老人團體，語言互動的速度要調整，宜放慢，以顧及老人聽力與視力的障礙。

⑽組織老人團體應考慮同質和異質的問題，前者以年齡、性別及婚姻相同爲考慮重點，後者則以不同性格及經驗作考慮。

⑾團體的人數以七人左右爲最理想，以不少於五人，不超過十人爲標準。

⑿團體活動時間以八十～九十分鐘爲佳，絕不能超過兩小時時間的問題，最好讓團員自己決定。

3. 團體的組織過程

組織老人團體應視老人的共同需要及共有的問題經驗。鑑於老人的個別差異大，所處的環境不同，以及各人的生活遭遇有別，故在組織團體以前，要先調查諮商員服務機構或地區的老人有哪些共同的需要。然後，要⑴說明組織團體的性質與目的，⑵

甄選符合參與團體條件的成員，並確定合理的人數，(3)辨識成員的個人動機，(4)研商團體工作目標，(5)確定本團體應進行的基本方向。

4.實施團體諮商的過程

實施團體諮商時，首先遭遇的問題就是領導方式：指導或非指導？其次就是團體活動的組織：結構的或非結構的？所以團體諮商一開始，諮商員就要先讓每一成員述說各人的問題與希望，諮商員也要表明自己的角色，並告訴成員彼此所能扮演的角色，及可能相互提供的協助。根據 Sherman (1981) 及其他從事老人團體領導者的經驗，老人團體成員多希望諮商員扮演較積極的角色，及有組織的活動，而不喜歡非指導的領導模式。其實，也不能一概而論，對老人某些觀念的糾正，有時需要用認知技術如 RET 指導模式，但是像 Beck 及 Mechenbaum 比較溫和及合作式的認知重組或自我指導團體技術，或許更適合用於老人團體。

當團體進入狀況，開始討論、分享經驗、表達意見或辯論問題時，老人團體可能比其他年齡層的團體更容易產生衝突或不愉快的事件，因爲老人的生活經歷與個人的特殊經驗，已形成了他們各自的思想模式和價值系統，不太容易改變。因此，諮商員應隨時注意情況的發展，鼓勵理性的思考，引導討論的方向，解釋問題的癥結及關鍵，幫助分析歧見的肇因，運用仲裁和協調等技巧，防止衝突的升高或失控，並解決衝突。有時保留一些分歧的意見，留待下一次的討論，給老人時間去思考，也不失爲良策，因爲老人的思考能力強，也較爲理性，更能把不同的意見作比較，悟出解決之道。

經過多次的聚會，藉長時間的互動與溝通，會在老人與老人之間，培養出彼此的感情，產生凝聚力，也更能談及個人的問題和心事，以及許多更富哲學性質的課題，深入存在價值的領域。Sherman (1981) 及 Yalom (1985) 都同意以下可能引發哲學及存在問題的的因素：(1)承認生活中有不公平、不公正的事實；(2)承認人生的痛苦和死亡是無法避免的；(3)承認自己無論如何跟別人接近，總得單獨面對人生；(4)面對生與死的問題，得忠實的生活下去，盡力不被瑣事困住；(5)不論接受多少輔導與支援，最後還是要負起自己如何生活的責任 (Yallom，1985：92；Sherman，1981：178)。實際上，一般老人成員都會想到也承認這些問題，並樂於討論。諮商員可在團體進行到某種程度時，領導進入這些主題，作較深入的討論，以促進老人積極的生活態度。

最後，在結束團體的階段要做效果評估。讓每一位成員描述他參與團體諮商的得失。你不必期望所有的成員都滿載而歸，但他們坦誠的陳述，可使你瞭解哪些團體經驗使他們受益，哪些問題是他們最關切的，哪些方法對哪些問題有效，哪些期望你沒能使他們滿足，可提供你參考省思，瞭解你領導的成敗關鍵，對以後領導老人團體不無好處。

老人諮商模式

不論以個別或團體方式實施老人諮商，各諮商學派都有其特殊的理念、方法、步調和技術，據以建立起他們各自的老人諮商模式，也都對老人諮商有所貢獻，值得參考。因此不同理論導向的諮商員，也會循著不同的諮商模式， 評估老人的問題，建立諮商的目標與諮商過程，並運用其認爲最有效的方法和技術，以達到他認爲理想的效果。因此，諮商員事先要清楚地覺知自己的諮商理念和風格、運用諮商方法和技術的偏好以及對老人問題的立場，做有效的利用。沒有哪種諮商理論好與壞的問題，只要符合老人的需要，均能造福老人。

鑑於老人問題的多元化、老人群族的特殊性、老人的個別差異大，單一的理論和技術不可能適用於每一位老人，或解決老人所面對的各種問題。因此，統整性的諮商模式，或許更能對老人做彈性的運用，更能幫助老人解決多方面的問題。Sherman (1981) 的統整模式 (integrated model) 值得老人諮商員參考。

□統整模式的基本理念

Sherman 認爲研究老人，諮商員要像社會工作者一樣考慮三個基本的要素：其人、其問題及其環境，並加以評估。就老人其人而言，我們應考慮到他的能力、潛能及動機，特別是他的自我觀念、自我理想以及其理想我和眞實我之間的差異。環境因素應包括社會環境、家庭環境、重要他人及生活情況等。最重要的不是環境本身，而是其內外環境對他的意義，尤其是他對年老有什麼看法，及對他所處的環境有何想法，因爲這些想法和看法才眞正會影響他的士氣和適應情形。老人的主觀意識和知覺才是預測老人行爲最有力的標準。

老人的自我觀念及意義是統整模式的中心思想，而兩者也密不可分，因爲藉自我反省人才會賦予環境某種意義，而自我意識和自我意義及對人地事物的看法，會深受別人及環境的影響。早期由別人灌輸的意義及對自己的看法，也會混淆成熟後的自我知覺，對自我造成極大的威脅。只有強化認知的自我功能，重組認知的結構，予以徹底的改變，老人家才會改變其情緒反應和行爲。年齡的增長是不受人控制的，老年的變化是正常及發展性的，在許多方面也屬功能性的，所以，要適應並控制因年老而造成的損失和傷害，並完成老年的發展任務，必須靠可以控制的思維模式。認知、理解及判斷的官能能使老人反省以往的行爲結構和事情發生的意義，並在生命與死亡的光照下予以認知重組。

□統整諮商模式

基於上述的基本理念，Serman 認爲老人諮商應包括四項服務，並在各服務範圍中，擬定諮商的目標，形成一連續諮商過程(treatment continuum)(Sherman，1981，p.98)：

1.提供支持性的環境和服務

目標：⑴減輕環境危機所造成的壓力。

⑵消除人與環境中的障礙。

⑶減少對緊急支援的依賴。

2.提供支持及因應技術

目標：⑷建立自我尊重。

⑸保持士氣。

⑹支持因應的努力。

3.鼓勵內在控制力

目標：⑺啓發因應技巧。

⑻增強解決問題的能力。

⑼增進認知自主能力。

4.發展自我評鑑的方法

目標：⑽降低功能性的自我評估。

⑾澄清自我評估的方法。

⑿增進生活滿意或自我統整。

Sherman 的統整諮商模式，在強調理念和技術的統整，以較完整而連續的諮商過程，幫助老人獲致並保持自我的統整，統整其過去、現在及未來，維持其個人的獨特性。老人的問題很多是極迫切的，或中度迫切的，需要別人的幫助。而影響問題的主要因素是老人的主觀意識和價值觀。爲此，老人諮商必須提供老人以上 A.B.C.D. 四種服務，以達到上述的十二項諮商目標。

□統整模式的諮商方法與技術

Sherman 認爲，方法是一般的諮商程序或過程，藉以達成諮商的目標。上述的連續處理過程就是統整模式的諮商方法。技術或技巧則是比方法更爲特殊的策略，以使諮商方法奏效。方法和技術的運用，旨在幫助老人滿足其需要。老人的問題和需要多且複雜，有的最急迫的是需要立即改變環境，就要馬上爲他處理；有些需要改變的環境與貧窮、居所及健康等有關，就得先予解決，提供支援及資訊輔導，再做心理諮商。即使環境是造成心理困擾問題的主要因素，而主要原因還是在於他的內在心態，諮商的目的和功能還是要改變老人的思想、感受和行爲，使他因而增強因應環境的能力。爲此，諮商員應設法減輕其壓力和依賴，強化他的自我功能、提升其自控能力，改變其自我觀念，以促進自我成長及自我統整。

統整模式所採用的老人諮商技術是多元化的，除盡量利用社會、家庭及其他助人專業的資源外，特別重用認知——行為導向的技術、因應技術及問題解決的技術。

1. 認知——行為導向的諮商技術

旨在幫助老人發展社交及生活技巧及自我控制。技術包括 Ellis 的 RET，Beck 的 CT，及 Mechembaum 的 CBM。

(1)辨識引發負向情緒的自動思想 (Beck，1976，1979) 予以記錄 (cf.Sherman，1981，p.119)。

(2)駁斥這些功能不良的錯誤思想 (Ellis 的 ABC 模式)。

(3)認知演練 (cognitive rehearsal，Beck，1976)。

(4)歸因改變技術的運用 (Mahoney，1974)。

(5)圖書治療技術 (biblio therapy)。

(6)合理意像的啓發 (Lazarus，1971)。

2. 解決問題的技術

訓練老人如何解決問題，找出處理問題環境的方法，及對特殊問題做有效的反應。

(1)認知重組 (cognitive reconstructuring)。

(2)自我肯定訓練 (assertive training)。

(3)行為示範 (modeling)。

(4)正增強 (positive reinforcement)。

(5)保持心理距離 (distancing，or keep psycholo-gical distance，Beck，1976；Assagioli，1966)。

3.因應技巧(coping skills)

因應是在遇有壓力時，企圖重建生活秩序的策略，以降低壓力，並向壓力挑戰。

⑴直接行動因應技術：分析環境的情況，找出減輕壓力的方法。

⑵心理因應技術：重新評估(reapraisal)自己的想法、感受、態度等，以減輕壓力。

⑶以靜制動(inhibition of action)：不採取行動，以避免製造危險，及不使情境惡化。

4.團體諮商技術

團體諮商技術是使團體成員互相幫助，作爲諮商員助理、導師、典範，彼此學習。

⑴感覺訓練團體(sensory traaining group)：回歸自然環境，以五官體驗接觸大自然的經驗。

⑵現時導向團體(reality oriented group)：以脫離現實的老人爲對象，幫助他們覺知人、地、事、物，回歸現實。

⑶再生動機團體(remotivation group)：是爲輕度沮喪的老人們，運用結構式的團體討論，討論眞實世界的各種主題，重振對生活環境的興趣，增強人際關係及溝通能力。

⑷支持團體(support group)：爲減輕焦慮、沮喪、孤獨、社會疏離等。運用年輕老人的專長，組成團體，提供居家或住院老人需要的幫助和支援。

⑸技能訓練團體(skills training group)：旨在促進老人們的社交及互動功能，學習有效地與別人溝通自己的理想、感受和經驗。

(6)充實團體（enrichment group）：運用指導式的討論，研究心理及社會問題，以充實知能，打發空閒時間。

結　論

社會高齡化的趨勢日益增強，隨之老人問題也愈趨嚴重，制訂完善的老人福利制度，刻不容緩。老人福利制度若缺少對老人心理的關懷，疏忽了老人心理輔導與諮商網絡的建立，難稱完善。而眞正能提昇老人心理關懷，並肩負起老人心理輔導與諮商責任的，除有關主管機關有建立老人諮商制度的責任外，心理學者及心理輔導諮商人員當然義不容辭。老人諮商已成爲專精的助人工作領域，不能不用心考慮老人諮商員培訓的問題，設計並開設老人諮商有關的專業課程，並開發老人諮商的資源。有志獻身助人服務的諮商員，也不必受老人主義的影響，而視老人諮商爲難事。只要具備老人學有關的基本專業知能，遵循老人諮商的原則，妥善並彈性運用諮商的理論、技巧和技術，肯付出愛心和耐心，就能對需要心理諮商的老人有所貢獻。

Chapter 17

專業諮商的倫理及法律問題

心理諮商是不是專業？這個問題是談專業諮商倫理的關鍵，不能不首先予以澄清。Ritchie (1990) 就此問題作了一番探討。他認爲專業地位不能由諮商員自以爲是，而應由別人怎麼把他視爲專業。他引用 McCully (1962) 及其他學者界定專業的標準，來探討諮商的專業定位。這十項標準是⑴專業應是服務導向，並具有高度的社會價值。⑵要有實施此一社會服務的合理的技術。⑶專業服務人員應有強烈的意願，並視此爲其終生的事業。⑷專業應有其專業知識領域、理論和技術。⑸其所提供的社會服務應有其獨特性，專業服務人員須具備專業服務權威。⑹服務前，服務人員應接受嚴格的標準專業訓練。⑺服務人員應經過職前考試及督導實習或駐地見習。⑻此一專業應經過發證及法定的資格檢定認可。⑼服務人員應有其倫理守則，以界定並規範其專業操守，並嚴格執行。⑽專業人員應對其工作具有相當的權威，專業整體機構對其內部作業亦應有相當的自主。經過仔細的分析，Ritchie

的結論指出，依目前的情形來看，諮商服務尚未完全符合以上的專業標準。但不可否認地，近年來，諮商已努力邁向專業，尤其是在諮商員訓練課程標準、諮商員倫理規範及法律認可方面，勿容置疑。他最後建議應在研究、訓練及法源方面多做努力。依我國諮商服務工作的現狀來看，Rtchie 的分析正可提供我們參考與深思，也是我國諮商學界應努力的方向。

我國自民國六十年已於彰化教育學院成立輔導系，並相繼於師大、政大等相關科系設立輔導組，以訓練初級的專業諮商員，並於六十八年迄今，相繼成立了三個輔導研究所，開設碩士及博士班專業諮商教育課程，以提昇專業諮商員的資格與品質。民國七十八年，中國輔導學會製定了會員倫理守則，以規範諮商人員的專業操守。繼之，教育部訓育委員會開始輔導工作六年計劃，研究建立諮商員專業訓練標準及諮商員資格檢定標準專案，積極走上諮商專業化。本章即針對諮商員倫理規範，探討諮商實務中可能遇到的倫理及法律問題，作簡約的說明，以提供有志從事諮商服務者對專業操守的基本認識，並促進諮商員對諮商專業倫理的警覺。

諮商倫理的理論基礎

諮商的主要目的在維護當事人的權益，若諮商員的行為侵犯了當事人的基本權益，則屬違法及不道德的行為。不過應注意的，有的行為明顯的違反道德，有的行為不一定是違法或不道德，而某些諮商員的行為會對諮商專業或當事人造成傷害，損及當事人的福祉、諮商專業本身和諮商員的聲譽，以及社會大衆對諮商專業的信任，故諮商員應知所警惕。爲澄清諮商員所應爲及所不應爲，以落實諮商實務的專業精神與功能，特將諮商實務中的一些與專業倫理及法律的問題摘要說明於後。

□當事人的權益

Kitchener (1984) 提示了一個諮商員辨別倫理行爲的模式，指出判斷倫理行爲的五個標準：自主 (autonomy) 、受益 (beneficence) 、免受傷害 (nonmaleficence) 、公正 (justice) 及信實 (fidelity) ，這五個標準也可用以說明當事人的利和諮商員的倫理責任 (牛格正，民80) 。

1. 自主權

諮商員要尊重當事人的自主權，也就是不可強迫當事人接受諮商，或強制他做他不願做的事。爲尊重當事人的自主權，最佳方法就是重視他的知後同意權 (the right of informed consent) ，即提供他他需要知道有關諮商的適當資訊，有利他做自由選擇和決定，並能積極參與。所謂適當，就是應依照當事人的需要，提供他想知道的主要訊息，足以幫助他做自主的決擇，過多或過少的資訊都不算適當。一般而言，當事人應預先知悉諮商關係的性質，包括諮商的目標、諮商員對當事人的責任、當事人的責任、諮商保密的性質、限制及例外、諮商關係的倫理及法律規範、諮商員的資格及專業背景、付費標準及諮商時限等。其它如諮商的效益、可能發生的冒險及專業諮商員同事可能討論其問題等，都應對當事人表明 (Corey ， 1991) 。爲使當事人順利施行其知後同意權的方式，包括契約簽定、專業聲明（如簡介）或諮商實況錄影示範等。後者爲兒童較爲適宜。

在學校環境中，中、小學學生爲未成年，他們能否自己同意諮商，是一爭議的問題。原則上需要父母或合法監護人的同意，但在國內的情況，父母送子女入學，學生在校期間，父母便把教育子女的責任委託學校代勞，凡屬教導方法的運用，學校有權安排，家長多不過問。依此而論，學生輔導工作是學校教育整體的一環，學生有需要接受輔導或諮商時，只要學生願意，應不需要家長的同意，除非學生的諮商問題涉及重要的決定，或對其本人或他人有可能危害時，諮商員依法應通知其家長或合法監護人，諸如避孕、墮胎、濫用藥物、 兒童受虐，以及危機個案等問題，則屬例外，若無特殊的理由，理應告知其家長。

知後同意權不僅指其同意或不同意接受諮商的決定，其它情況中也需要徵求其同意。例如諮商錄音或錄影，諮商員以外的人聽看錄音錄影，透過單面鏡觀察諮商情形，若諮商員依規定須通報特殊個案，當事人需要接受精神治療，或需強制接受諮商等情形，諮商員必須先通知當事人，徵求其同意。但在某些政策或條件下，當事人的意願無法避免不受影響，故諮商員有責任預先向當事人說明這些情況（Corey ，1991）。國內有不少學校爲新生舉辦團體測驗，爲尊重學生的知後同意權，宜於事前向學生說明測驗的性質、目的、用途及好處等，使他們對本測驗有充分的瞭解，好做決定。實際上，在不甘心的情況下所做的測驗，測不出具體和眞實的結果，也無實際的參考價值。

2. 受益權

諮商是爲當事人的好處，所謂受益，即滿足當事人的需要，促進他的福利及人格的完整。輔導學會的倫理守則（民 78，貳，一）指人格的完整在其建全的身心發展，在尊重、保護、戒愼的原則下，使當事人得以適當地發揮他的自由決定權，保障他的隱私權、價值觀和人生觀，並在諮商關係中免受身心的傷害（牛格正，民 80）。福利（welfare）一詞不易界定，問題出在諮商員與當事人對福利的認定上，前者認爲爲當事人好的，不一定爲後者所承認，反之亦然。爲此，諮商員爲保護當事人的受益權，宜確實認清當事人的眞正需要，愼重思考什麼眞正爲當事人有利，以防止自己的言行有礙於他的人格成長與發展，或因自己未滿足的需要，而損及當事人的利益，爲他造成傷害。

3. 免受傷害權

受益權與免受傷害權實際上是一體的兩面，傷害自然會使他的權益受損。倫理守則中對此特別關注，或明言，或暗示，一再重申諮商員要尊重當事人的權益，避免使他受到身心的傷害。可是，傷害一詞也很難界定，更難有一定的標準。在難以預料傷害的情況下，諮商員只有從諮商結果及行爲的後果來做判斷，並在不同的情況中做好安全措施，運用不同的策略及保護方式，以策安全。最易造成當事人傷害的因素包括⑴疏忽：不注意倫理守則的規範；⑵自不量力：處理超越自己專業知能的個案；⑶身心失調：諮商員個人心理有問題；⑷雙重關係：利用諮商關係，剝削當事人；⑸心術不正：利用當事人的弱點，滿足自己的慾望；⑹怠忽職守：包括疏失、未予以適當的照護、洩密、行爲不檢、遺棄（未予轉介）、過失致死、督導失誤及疏忽預警責任等（Corey，Corey & Callanan，1993；牛格正，民80）。爲此，諮商員應特別注意上述的情況，深入的自我反省，認清自己未滿足的需要，並謹言愼行，才不致損及當事人的權益，或因個人行爲不檢，而使全體諮商員蒙羞。

4.公平待遇權

學校諮商是爲所有的學生，所有學生都有接受諮商與輔導的權利，諮商員不得假借任何藉口，予以歧視或拒絕（倫理守則，貳，五；肆，三）。學生有參與以個人需要爲基礎之輔導計劃之權利，及利用輔助資源的權利，除非有合理的理由，不能拒絕其參與權，或被轉介權，以獲得需要的幫助（倫理守則，貳，六；伍，五）。Corey，Corey & Callana (1988) 指出，諮商員在諮商時發現角色衝突、雙重關係、價值衝突及專業能力受限時，爲了當事人的利益，應予轉介。爲了滿足當事人享有專業輔助資源的權利，Berger (1982) 提出以下的建議：(1)尊重當事人向其他專家請教的權利；(2)依當事人的需要主動建議他另求協助；(3)在同仁或其他專業人員中作適當的選擇；(4)體察個人的專業能力限制；(5)注意當事人的問題發展，可能會超越個人專業能力的範圍；(6)知悉可能運用的轉介資訊網路；(7)和其它專業機構及專業人員建立工作關係，以便利諮詢和轉介過程。

5.要求忠誠權

言而有信，信守承諾，是諮商員與當事人雙方的忠誠表現，也是達成諮商效果的主要條件。在諮商關係中，當事人有要求諮商員對他忠信，不要欺騙他；同樣，當事人也要守信用，如此才能達成互信。就如 Kitchener (1984) 所說，諮商員對當事人不忠，即是否定其個人的輔助能力，破壞諮商的互信關係，並使當事人失掉從諮商獲益的信心。如果當事人把撒謊及欺騙視爲諮商模式，那麼他就會懷疑諮商員的動機，也會覺得沒有對諮商員表現誠實的必要。保守諮商機密是建立諮商互信關係的基礎，也是表現忠誠的基本要素，因爲保障當事人的隱私權，即在諮商員承諾爲他保密。不過，諮商機密不是絕對的，諮商員在答應爲他保密之前，要向他說明保密的限制，以及可能洩密的種種情況，以免事出偶然他也會懷疑你的忠誠。爲此，建議諮商員別輕易就許以絕對的承諾，即便對諮商效果、時限及諮商技術的成功等，也勿表示絕對有效，因爲當事人本人的狀況及各種外在因素很難預料，當事人的積極配合與參與意願，往往是諮商有效與否的關鍵。

諮商員的專業、倫理及法律責任

在諮商實務中，諮商員的責任意識非常重要。爲提昇諮商員責任意識，要先認清自己有哪些責任，並時刻提醒自己，盡好這些責任。

1.諮商員的專業責任

諮商員要先確認自己所從事的是一專業服務。從事專業服務，必須具備服務所需要的專業知能及資格，才能勝任愉快，並符合專業倫理守則的要求。一般諮商員倫理守則均有規定，諮商員應接受正規的專業教育和訓練；應具備專業資格；勿接受超越個人專業知能的個案；及不斷進修充實專業知能等（中國輔導學會倫理守則，民78，參，一、二；ACA，1995，section C，a,b,c)。這些規範旨在保障當事人要求專業諮商服務的權利，保持並提昇諮商實務的專業品質，避免因無知而誤導當事人，或因而爲當事人造成傷害。因此，有意從事諮商服務者，至少應在以下的知能領域有充分的認識：廣泛的教育專業背景、基礎的心理學知識、基本的諮商理論與技術、個別與團體諮商、生計輔導與諮商、人類行爲發展的歷程及諮商情境中諮商員應遵循的倫理規範。

2.諮商員的倫理責任

諮商員最主要的倫理責任，是在保障當事人的權益前題下，知可爲與不可爲，並對自己的專業行爲做正確的倫理判斷，積極促進當事人的福利，避免因一己之疏忽而損及當事人的權益。因此，諮商員要培養正確的倫理意識，熟悉諮商員的倫理守則，以規範自己的專業操守，並對自己的專業行爲負起責任。Blocher (1987) 曾警告說「社會大衆若發覺諮商員不負責任或不道德的行爲，所有諮商員均會蒙受其害……」。換言之，諮商員的操守不僅關係個人的名節及當事人的權益，也會影響整個諮商專業的聲譽。倫理意識和警覺是諮商員避免倫理非行的主要條件，它能幫助諮商員謹言愼行，就如Levy (1972) 所說，「當事人對諮商員的印象模糊，諮商員就應該小心他對當事人的行爲；當事人越表示敵意或懷疑，諮商員就應在處理方法上越加僅愼」(Van Hoose & Kottler，1985)。諮商員不僅對當事人負倫理責任，也要對社會大衆負責，以建立專業信譽。專業信譽與專業倫理互爲因果，因爲諮商員的責任感會贏得社會的信任和支持，而在社會大衆的信任和支持下，諮商專業才能得以推展與發揚。此外，諮商員在做倫理決定時，除了考量當事人的福祇和權利外，也應考慮社會規範、他人的權益及道德原則，才不致有所偏誤。

3.諮商員的法律責任

諮商是一專業及特殊的人際互動關係，也是一契約關係。諮商專業關係的特徵，在其單向的輔助而非互助，諮商員有責任提供當事人專業的協助，不得利用諮商的關係，或向他求取任何好處。藉諮商關係而圖利自己，不僅違反諮商專業倫理，也違法。諮商員與當事人之間的互動關係爲特殊的人際關係，不容介入任何一般的人際關係，以免產生雙重關係，而影響到諮商員對當事人問題的客觀判斷，或爲當事人造成傷害。所謂的雙重關係，係指諮商關係持續時的任何社交關係、 友誼關係、親密關係、性關係等，專業倫理守則均予禁止。若因而爲當事人造成傷害，諮商員可能會受法律制裁。諮商是契約關係，因爲諮商員與當事人之間有某種形式的約定，雙方同意建立起諮商關係，不論是書面或口頭的協議，雙方均有一定的責任和義務。不過，由於諮商是爲幫助當事人，因契約所產生的義務和責任不是相互的，諮商員若沒有正當的理由，不能隨意解約或失信，而當事人則不受此限。若無故解約或失信，或因而損及當事人，諮商員應負法律責任。最易引發法律訴訟的諮商員行爲，包括無故洩密、疏忽預警責任及導護責任、行爲不檢及怠忽職守等。

諮商實務中的倫理及法律問題

諮商的主旨在幫助當事人滿足他個人發展的需要，在諮商關係中，盡力保障他的權益，並促進他的福祇，使他能藉諮商專業服務，達到全人成長與發展的目標，因而生活的更愉快、更幸福。 在這一前題下，諮商員須特別注意自己的言行，抱持良好的專業操守，愼防有害於當事人的任何舉措。以下列舉幾項可能涉及專業倫理及法律訴訟的諮商員行爲，並予以說明，藉供參考。

□雙重關係（*dual relationship*）

諮商是一單向的輔助關係及特殊的人際關係，因此在諮商關係中，應盡力避免有礙諮商專業關係的任何其他關係，諸如親友關係、利害關係、社交關係、親蜜關係及性關係等。諮商員與當事人之間若有親蜜及性關係，不僅違反諮商專業倫理，也是不道德的，諮商學者對此均有共識。至於其它的關係亦受諮商專業倫理守則規範，主要原因在此種關係可能影響諮商員對當事人問題的客觀判斷，有礙諮商功能的發揮，產生與諮商關係的混淆，頗不適當，卻不一定會有不道德之嫌。不過，諮商關係中若有社交關係，可能會發生利用當事人之嫌，或引發不必要的誤會，故一般認爲，諮商關係中不宜發展與當事人的社交關係。諮商關係結束後，是否可與其當事人發生社交、親蜜及性關係，諮商學者們見仁見智，有所爭議。一般而言，若這些關係由諮商關係而引發，則有利用諮商關係之嫌，誠屬不當，諮商員應有所警覺。

□無故洩密（*breach of confidentiality*）

諮商關係的基石是互信，保守諮商機密是建立互信的主要條件。諮商員若無故洩密，最易引發互信關係的破裂，爲當事人造成無法彌補的損失，也會產生不利諮商員及本專業的後果。保護諮商機密的法源是當事人的隱私權及溝通特權（privileged communica-tion），諮商員有責任予以保障。一般而言，當事人來諮商前，他最擔心的是諮商員能不能爲他保密，卻不清楚有關諮商機密的個人權益，爲此，諮商員在開始諮商之前，就應把諮商機密的有關事項向他說明，例如他的隱私權及溝通特權、諮商機密的內容、諮商員保密的責任及限制，以及諮商資料的保管等。要使當事人知悉，沒有他的許可，諮商員不會向外洩漏他在諮商中所說的事；但別輕易向當事人保證絕對保密，否則，會因某些限制或當事人個人的疏忽，而引起誤會。

保密的限制包括以下的幾種情況，應讓當事人瞭解：⑴諮商員被法庭任命執行任務時；⑵當事人行爲涉及刑案，諮商員必須出庭作證時；⑶當事人控訴諮商員，因而放棄溝通特權時；⑷當事人的行爲對己、對別人有危險之虞，諮商員有預警責任時；⑸遇有民事訴訟，當事人以心智情況爲由而自衛，須要諮商員作證時；⑹當事人若係未成年人，諮商員認爲他是訴訟中的受害人，應予保護時；⑺諮商資料被視爲法庭判決主要證據時；⑻諮商員確認當事人因心理失常而需要住院治療時；⑼諮商員針對當事人的問題需與專業同事研究時等（Corey，Corey & Callanan，1988；牛格正，民80）。說明這些保密的限制，旨在讓當事人瞭解不得已必須說明事實的情況，其本意仍是爲保護當事人。

□預警責任（*duty to warn*）

保密限制中的預警責任及被當事人控告，直接涉及法律問題，因爲當事人的隱私及溝通特權是法定特權。如果當事人因故控告諮商員，諮商員也有法定的自我辯護的權利，不難理解。若當事人在諮商中所談及的行爲對他及第三者有立即危險時，諮商員需對危險的迫切性及嚴重性做判斷，並根據判斷做有效的措施，亦即通知其監護人、或關係人或第三者，以避免爲當事人或第三者造成傷害。此一預警責任受到法律的規範，如有疏失，難免會引起法律的訴訟，受到法律的制裁，諮商員不可不愼。

戒慎瀆職行為（*malpractice*）

瀆職係未給當事人專業的服務，或執行其他專業人員所應做的服務或技術運用，以致對當事人造成傷害，這也是法律問題（Corey，Corey & Callanan，1993）。因此，諮商員應遵循其專業倫理規範，爲其當事人提供專業服務，並重視自己的導護責任（duty to protect），否則，會引發民事訴訟。專業疏失包括諮商員對當事人一切不負責任的行爲，因而導致當事人人格及權益的損傷。唯一避免專業疏失的方法，即具備應有的專業知能、專業技術、專業判斷能力及警覺，尤其是對高度危險性的當事人，更應認清其實際狀況，保持合理的警覺。根據 Austin et al.（1990）及 Bednar et al.（1991），瀆職訴訟的成立，應有四個基本的要素：(1)諮商員與當事人之間存有諮商專業關係；(2)諮商員的行爲確有不當或疏失之處，未能提供其應提供的專業服務；(3)當事人確實受到傷害或損失；(4)諮商員的疏忽或失職與當事人所受的傷害之間有因果關係（Corey，Corey & Callanan，1993，129）。

□價值影響 (*Value influence*)

諮商過程中價值影響是不可避免的，要諮商員完全保持價值中立，是不可能的，絕大多數的諮商學者均有共識。就如 Bergin (1991) 所說，「在諮商時，諮商員必須根據其專業價值觀，決定如何啓發當事人的功能，此價值影響經常是內隱的。在做決定的關鍵時刻，爲達到應改變的目標，諮商員、當事人及相關他人需要共同合作」(p.396)。爲此，諮商員預先應清楚自己的價值觀，並瞭解當事人的價值觀，就雙方的價值觀共同討論，而不必須接受當事人的價值，也不可強制當事人接受諮商員的價值觀 (Patterson，1989；Corey，Corey & Callanan，1993)。最主要的是尊重當事人的自主權，把改變行爲的最後決定留給當事人，使他負起決定的責任。不可因諮商員的直接介入，而養成當事人的依賴性，這有悖諮商的宗旨，因爲諮商的目的在促進當事人行爲改變的自主能力。

□謹言慎行 (*Be aware one's conduct*)

保持諮商關係的專業性非常重要。舉凡能引發當事人不安、怕懼、焦慮及身心困擾的言行，諮商員應盡力避免。除前述的雙重關係應戒避外，諮商員在身體語言的運用上，要覺知當事人的文化差異。我國的文化傳統比較保守，諮商員對異性當事人要特別注意其敏感及含蓄的心態，西方文化中諮商員慣用的身體技術，不一定適用於我國的當事人，例如撫慰、搭肩、擁抱等，雖然有安慰及平復當事人痛苦心緒的功能，但也能引起他（她）的焦慮和不安，甚至造成嚴重的誤會。在美國這樣開放的社會中，諮商學者們雖然共認無關性慾的身體觸摸 (touching) 不違反倫理，有的研究也證實其積極效果 (Wilson & Masson，1986；Rabinowitz，1991)，但也有研究發現 (Pope et al.，1987；Tabachnic et al.，1991) 身體接觸的負向效果。爲此，Holub & Lee (1990)，Stake & Oliver (1991) 等學者主張不用爲妙。實際上，這種身體觸摸行爲難免會導致性衝動，及與異性當事人的性行爲發生 (Horloyd & Brodsky，1980)。

諮商實務工作倫理的展望

美國諮商學者 Daniel & Weikel (1983) 及 Walz，Gazda & Shertzer (1991) 曾對邁入二十一世紀後諮商服務的取向分別做了研究，George & Cristiani (1995) 把他們的研究結果綜合出以下幾個趨勢：如何提供老人諮商是最重要的；諮商員必須面對美國的種族文化差異；諮商員需要覺知日益增加的藥物正用與濫用；諮商員將應強調生計異動及生計選擇的問題；需要加強諮商效果的研究，以強化諮商員的責任感；電腦及其它科技的運用將成爲諮商專業的重要一環；預防活動將成爲諮商員的工作重點；及爲在各種環境中服務的諮商員之專業成長，需要有完整而有系統的計劃。美國諮商學會 (ACA) 也於今年 (1995) 修訂了他們的倫理規範，並增加了諮商實務工作的準則，以便利諮商員在處理既有及新生問題時，有所遵循。

美國諮商學者所預測的與我們將面對的問題頗多類似之處，

而我們應努力的方向或許更廣。我國在多方面呈現出急遽的變化，因而衍生出許多前所未有的問題。助人工作者，包括諮商員，必須面對這些新的問題，重新檢討他們的專業角色、工作範圍和方向及專業行爲和責任。在即將邁入二十一世紀的今天，我國諮商員所要面對的不僅是一般的教育、職業及生活問題，而是更複雜、更特殊更多元化的問題和服務對向。最明顯的是青少的暴力傾向、藥物濫用、單親家庭、狂飆風氣及偏差意識型態等；以及婚姻與家庭問題的叢生、校園暴力的發展、同性戀及愛滋病的蔓延、自殺頻率的高升、社會高齡化，以及資訊科技的運用等。諮商員的實務工作方向也會因而有所改變，需要做前瞻性的考慮。

依上述的情況，我國輔導與諮商工作的發展方向及重點，除了再加強青少年的心理、行爲、生活、學習及生計輔導與諮商外，必須多在婚姻與家庭諮商、成人及老人諮商、諮詢、危急個案諮商、預防性輔導計劃、在職諮商員的專業成長、新進科技運用、及諮商學術和效果的研究等方面，多下功夫。爲因應這方面發展的需要，專精諮商員教育與訓練的計劃須重新檢討，專業諮商員的資格檢定制度急需建立，諮商員的專業倫理守則有必要重新修訂及補充。教育部自（民 80 年）開始不惜大量投資（85 億 9500 萬元），實施輔導工作六年計劃，包括輔導人才培育、輔導中心硬軟體設備充實、各種輔導計劃及活動、全國輔導制度之建立、輔導專業人員證照制度之建立，以及春輝、朝陽、璞玉三方案計劃等。由此可見教育部對發展輔導工作之用心及決心。最近（民 84 年），教育部卻把先前輔導者須修畢二十學分輔導與諮商專業課程的規定取消，而大力推廣認輔制度，由輔導老師及志願參與的老師認輔行爲偏差的學生。如此一來，雖然有鼓勵老師參與輔導學生的目的，卻與發揮輔導精神的性質不符，也與六年計劃中的培育輔導專業人才及建立證照制度之計劃不無矛盾之處，更爲專業輔導與諮商品質及專業倫理之提昇與重視埋下了潛在的危機。

Appendixes

附錄

中國輔導學會會員專業倫理守則

壹、前　言

中國輔導學會（以下簡稱本會）係一專業輔導組織，旨在聚合有志從事輔導與諮商之專業人員，同心協力，共同為促進輔導學術研究及全面推廣輔導工作而努力，裨使全體國民均能覺察其個人之人性尊嚴、天賦潛能，及獨特人格，面對生活適應問題，充分發揮其天賦資源，創造健康而幸福的生活，進而促進人類及社會福祉。

鑑於本會會員遍及全國，其服務機構不同，社會角色各異，服務層面廣泛，而專業領域及理論導向亦不一致，會員影響所及既深且廣，不言而喻。這足以說明本會有必要制訂專業輔導工作規範，以表明本會對其會員專業行為及服務品質之期望。

本守則是根據倫理原則、社會規範，及法律規定，並參照國內外相關專業倫理規範，和國內實際情況所訂定，以澄清本會會員之專業及倫理責任，並做為輔導實務中之指南。凡本會會員，不論從事個別或團體輔導、諮商、心理治療或其他助人工作，均應遵循本守則之規範，以發揮專業輔導與諮商及助人工作應有之功能。

貳、總　則

一、確信輔導為教育整體之主要部分，其目的在協助個人達成完整人格之發展。

二、會員有責任維護當事人之基本權益、輔導服務品質、本會之聲譽及社會福祉。

三、任職於機構之會員，應認清其對當事人及各項機構之責任，恪遵服務機構之政策、目標和規定，表現高度之合作精神，謀求該機構及所屬人員之福利。若發現服務機構之政策、目標和規定有違專業輔導目的及當事人之基本權益，又無法達成協議時，會員得考慮本身之去留，以維護輔導之專業精神。必要時，亦得向本會提出報告，經查證屬實，由本會公佈該機構之名稱及案情，或其他合理之處置，以示懲誡。

四、若發現輔導工作同仁有違反專業倫理行為，得利用適當管道，力謀改善或矯正；若規勸無效，應報告本會之紀律委員會，予以適當懲誡，以維護當事人之權益。

五、應確認並尊重當事人接受輔導、諮商及求助之權利，不得假借任何藉口，予以歧視或拒絕，亦不得強制別人接受輔導或諮商。

六、會員應瞭解自己專業知能之限制，避免接受超越專業能力之個案，必要時，應予婉拒或予以轉介。

七、從事輔導或諮商工作時，不得利用當事人滿足自己的需要或圖利他人。

八、在學校或其他機構服務之會員，宜把輔導與行政角色劃清界線，把行政資料與諮商資料分開處理，不得任意將諮商資料公開。

九、若必須提供諮商資料時，應以當事人之權益為優先考慮。以不透露當事人身分為原則，盡可能提供客觀正確的事實及有利當事人之資料。

十、本會會員若自行開業從事專業輔導及諮商工作，得視當事人之經濟狀況，收取合理之工作報酬。凡志願服務，或在學校或其他機構領有固定薪資之本會會員，不得另外向當事人索酬。

十一、接受個案前或處理個案時，若發現案主正在接受其他輔導人員諮商，應徵得該諮商員之同意書，並要求取得其諮商資料之權利，否則應拒絕給予諮商或即刻停止諮商。

十二、爲維護本守則之完整及社會對本會會員專業輔導工作之信任，本會特設置紀律委員會，處理會員違反專業倫理守則之案件。

十三、本守則經會員大會通過後實施，如有未盡事宜，得提交大會修訂之。

叁、輔導人員的專業責任

一、會員之服務品質影響本會之發展及形象，故應重視個人之專業輔導工作，不斷充實輔導專業知能，以促進其專業成長，提昇服務品質，發揮輔導功能。

二、從事專業輔導實務之會員，應接受適當的輔導專業教育或訓練，並取得正式的專業資格。

三、輔導員的首要責任，在協助當事人學習解決問題的知識和技巧，並提供完整的、客觀的及正確的資訊。

四、實施輔導或諮商服務時，應知悉個人對當事人生活的影響及對社會的責任，理應謹言愼行，以免貽害社會及當事人。

五、輔導未成年之當事人時，宜事先徵得其家長或監護人之同意，以示對其合法監護權之尊重。

六、專業輔導人員應覺知自己對國家、社會及第三者的責任。若當事人的行爲對上述團體或個人有安全顧慮之虞時，應即刻提出預警。

七、輔導員有責任向當事人說明自己的專業資格、輔導或諮商過程、目標和技術之運用等，以利當事人自由決定是否接受輔導。

八、保守諮商機密是輔導員的倫理責任，未徵得當事人之同意，不得對外洩露任何晤談內容或其他諮商資料。

九、運用測驗結果來解釋行為，或用以協助當事人做抉擇，或提供做政策性決定時，應先對測驗之性質、目的、評量信度和效度，以及研究方法等，具有適當的瞭解。

十、做研究時，不得任意曲解、妄用，或刪除研究之資料，以保障研究結果之完整、客觀及正確。

肆、當事人的基本權益

一、當事人的基本權益應予以尊重、維護和保障。

二、當事人有查詢輔導人員專業資格的權利，以確定諮商的意願。

三、當事人有接受或拒絕輔導或諮商的權利，不得強制、利誘、歧視或拒絕。

四、當事人有決定諮商目標及改變行為的權利，故在擬訂目標、學習過程及技術運用上，宜與其共同研商，避免自作主張。

五、當事人有參與或拒絕參與輔導活動的權利，不可強制他參與他認為不適當的活動。

六、當事人有天賦的隱私權，不得強迫、誘導或規勸他表露其隱私，以免造成心理傷害。對當事人表露的個人資料，應妥為保密。

七、當事人有建立、維護及追尋自己的價值觀和人生觀之權利，不可強制他接受輔導員的價值觀或人生觀。

伍、諮商關係

一、應確認諮商關係為一特殊的專業關係，輔導員與當事人之間不得介入一般人際關係的名分或感情。

二、在開始諮商關係之前，應向當事人說明可能影響諮商關係的各種因素，諸如互相信任、自我表露、積極參與、角色衝突等……以協助當事人決定是否建立諮商關係。

三、在諮商關係中，諮商員的主要責任是促進當事人的福利及人格之完整，故應避免可能造成當事人身心傷害的任何不道德行爲。

四、爲保持諮商關係的專業性質，不宜利用諮商關係，與當事人發生親密或超友誼之關係，以滿足自己的需要，或順從當事人的要求。

五、諮商員若遇有行政、督導或評鑑等，與諮商發生角色衝突時，宜避免與當事人建立諮商關係，應予轉介。

六、諮商關係屬專業機密關係，凡在諮商關係中所獲得之資料均屬機密，應予保密，未經當事人授權，不得外洩。

陸、諮商機密

一、諮商機密旨在保障當事人的隱私權，保護諮商員專業人格之完整，維護專業輔導工作的形象，並徵信於社會大衆。故本會會員應切實遵守諮商保密原則。

二、開始諮商時，應向當事人說明雙方對諮商機密的權利與責任，以及保密行爲的性質、目的、範圍及限制。

三、凡是諮商記錄、錄音、錄影，以及往來信函、有關文件、測驗結果及解釋等資料，均屬機密，應妥爲保管，嚴禁外洩。因故必須提供有關人員參考時，須先徵得當事人之同意，提閱資料者亦有保密責任。

四、若確實判斷當事人之行爲，可爲危及當事人個人或他人或團體之生命、財產安全時，應審愼研究，並立即採取適當措施，向相關之個人或機關提出預警，以免為患，唯應避免透露當事人之身分。

五、若為專業教育、訓練、研究之目的，需要利用諮商及相關機密資料時，須先徵得當事人之同意，並避免透露當事人之眞實姓名，使用資料者亦應有保密責任。

六、當事人之父母、合法監護人或對當事人負有行為責任之非輔導專業人員，要求提供諮商資料時，輔導員應向當事人說明要求提供資料者之合法性，徵得同意後，方可提供資料。

柒、團體輔導

一、組成團體以前，領導者應實施團員甄選，以維護全體團員之利益。

二、領導團體時，應明確告知團員有關團體的性質、目的、過程、使用的技術及預期效果和團體守則等，以協助當事人自由決定其參與意願。

三、尊重團體成員的人格完整是團體領導者的主要責任，領導團體時，應採取一切必要及適當的安全措施。

四、領導者不要為自我表現，選用具危險性或超越自己知能或經驗的技術或活動，以免造成團員身心的傷害。倘若為團員之利益，需要採用某種具挑戰性技術或活動時，應先熟悉該項技術或活動之操作技巧，並事先做好適當的安全措施。

五、領導團體時，應會同團員訂定團體行為原則，規範團員之行為，以免造成對團體生活之不利影響或身心傷害。

六、領導者應具有適當的領導團體之專業知能和經驗。

七、領導開放性或非結構或團體，或以促進自我成長及自我瞭解爲目的之團體時，宜採用協同領導，以策安全，並應特別注意團員素質及性格，愼重選擇，以避免因某些團員消極或破壞性行爲影響團體效果。

八、領導者應尊重團員參與或退出團體活動之權利，不得強制參與或繼續參與他不願參與的活動，以免造成團員身心的傷害。

九、領導者應特別注意保密原則，經常提示團員保密的倫理責任，並預告團員重視自己的隱私權及表露個人內心隱密之限度。

十、若需要將團體活動過程錄音或錄影時，領導者應先告知團員錄製的目的及用途，徵求團員之同意，並嚴守保密原則。

十一、爲實驗研究目的而實施團體輔導時，研究者應預先聲明研究的性質、目的、過程、技術與活動、研究結果資料之運用及安全措施等，以讓受試者自由決定是否參與。

捌、測驗與評量

一、運用測驗及評量工具時，應具備適當的專業知識及經驗，並保持客觀的態度來解釋測驗，以幫助當事人對自己的思想、感受及行爲深入瞭解。

二、實施測驗前，應告知當事人測驗的性質及目的、測驗結果的參考價值及限制，以使當事人決定其受測驗意願並避免過份依賴測驗。

三、實施測驗時，應注意受測者的個別差異，愼重考慮測驗的信度、效度及實用性。若爲諮商、升學、生計計劃或就業定向目的而採用測驗時，尤應特別慎重選擇測驗，以免誤導。

四、測驗的實施、評分、分析與解釋能力層次不一，施測者應知悉自己的專業知能和限制，避免選用超越自己知能的測驗，冒然施測或做解釋。

五、施測者應注意測驗是否標準化及施測環境，以免影響測驗結果。若發現受測者有異常行爲或違規情事，應確實記錄，愼重查察，或視作廢卷，以保障測驗結果的可靠性和眞實性。

六、受測者若在受測以前，曾閱讀測驗內容，或預作練習，均會影響測驗結果，遇有這種情形，施測者應告知受測者結果無效，並不適於用作參考。

七、解釋測驗時，應力求客觀、正確、避免主觀成見、偏見或不實報導，以及誤解或不良企圖，以免造成偏差，致損及受測者之權益。

八、解釋測驗結果時，宜審愼配合運用測驗以外之相關資料，以作必要之校正。

九、測驗之結果及結果之解釋資料，應視作專業機密，理應妥爲保管，嚴守保密，未徵得受測者之同意，不得公開。若爲諮商、諮詢、研究或輔導員教育及訓練目的，得做適當之運用，但不得透露受測者之身分。

十、本會會員應尊重測驗編製者之智慧財產權，未經其授權，不得占有、翻印、改編或修訂，以維護專業道德。

玖、研究與出版

一、本會鼓勵會員積極從事輔導學術研究，凡從事以「人」爲研究對象之會員，應尊重「人」的基本權益，謹遵相關之專業倫理規範，並在研究問題、研究設計及執行研究方面，均能符合道德原則，並保障研究對象人格之完整。

二、研究主持人應負該研究涉及的倫理責任，而其他參與研究者，除分擔整個研究的倫理責任外，應對其個人行爲負完全責任。

三、研究者有責任顧及研究對象的福祉，在運用技術方面，應避免選用具危險性的技術，必須採用冒險性技術時，須先做好安全措施，以避免或減低可能造成的傷害。

四、從事實驗研究時，研究者應尊重研究對象之自由參與意願，並向其說明研究者及受試者雙方之義務，以及研究過程之細節和本研究之重要性。

五、基於研究方法之需要，不能事先宣佈所用技術時，研究者應審慎評估該技術之教育性、科學性及實用性價值，認眞考慮是否有其他技術可取而代之，並儘快向受試者解釋與說明。

六、在任何研究階段中，受試者有拒絕或退出參與的權利，研究者不得運用任何形式的權威或壓力，強制其參與。

七、在研究過程中，若發現研究結果對受試者不利時，研究者應即刻查察、糾正或消除這些不利的現象，及其可能產生的持久性影響。

八、研究的結果及所收集的有關受試者的個人資料均屬專業機密，研究者應妥爲保管，預防洩密。其他研究者若需要參考此資料時，應預作妥善之保密措施。

九、撰寫研究報告時，應詳細說明影響研究結果及解釋資料的各種因素及影響情形，並以忠實客觀的態度撰寫，以免發生誤導和誤解。

十、研究者應尊重其他研究者的智慧財產權，並遵守出版法之規定，發表研究報告前，應審愼查察報告中所引用之相關研究，是否詳予註明。

十一、出版多人合作之研究論文或著作時，應以適當方式，指明參與研究者、合著者，不得以自己個人名義發表。對本研究有重要貢獻者，亦應鄭重表示謝意或聲明。

拾、諮詢服務

一、提供諮詢服務前，應與接受諮詢者就事情眞相、主要問題及預期目標，先達成一致的瞭解，然後再提供解決問題的方法和策略，並預測可能產生的結果。

二、實施諮詢工作時，應認清自己的諮詢角色與功能，只在協助受諮詢者成長，並培養其處理問題的能力和技巧，而非代替他解決問題或做決定，以避免養成他依賴諮詢人員的習慣。

三、諮詢者應該根據當事人或團體、機構或組織的實際能力和現有資源，提供解決問題的具體方法、技術或策略，以切實解決問題，滿足其需要。

四、提供諮詢服務者應認清自己的專業能力、經驗、限制及價值觀，避免提供超越自己專業知能的諮詢服務，並不得強制受諮詢者接受諮詢者的價值觀。

五、由於諮詢服務關係著當事人或團體機構的福祉，諮詢者應先確定提供諮詢服務的眞實需要，切勿爲人情所困，介入受諮詢者個人利益之紛爭。

六、除自行開業從事專業諮詢服務者外，凡任職於學校或其他機構之專業輔導人員，爲各該團體所屬人員提供諮詢服務時，不得收取諮詢服務費或物質報酬。

拾壹、青少年輔導

一、輔導未成長之青少年時，遇有嚴重問題或做重要抉擇之情形，宜酌情徵得青少年之家長或合法監護人之同意，尊重其法定監護權。

二、爲避免輔導未成年之當事人時可能涉及的權責問題，宜在家長、監護人及關係人之間，預先做好協調工作，分清各人之義務與權責，劃清行政與輔導資料之分際，以便利專業輔導工作之進行。

三、尊重青少年的基本人權是輔導人員的倫理責任，不得代替或強制他做決定，遇有重大待決問題時，依本節第一條之原則辦理。

四、在諮商關係中，諮商員應謙愼個人的言行，避免損傷青少年之身心，凡事以其福利爲重。若爲幫助他改變不良行爲，並確知此不良行爲後果堪虞，而他又缺乏適當的抉擇能力，必須採用含有危險性之技術予以矯正時，應預做適當之安全措施，以避免或減低可能造成之傷害。

五、諮商員亦應尊重青少年的隱私權，謹守保密原則，唯因其爲未成年之當事人，應向他詳細說明諮商機密的性質、保密的內容、原則和限制；尤其要向他說明的是父母對他的合法監護權，以及爲保護他的安全和福利，父母及師長應盡的責任及義務，以增強他對諮商關係的信任感。

六、青少年的自由決定權利亦應受到尊重。在諮商關係中，應審愼衡鑑當事人的自由抉擇能力，並對其抉擇之後果的利弊予以衡量比較。必要時，應做適當的價值澄清，協助他建立較正確的價值觀，並做較明智的決定。

七、要以公正、公平的態度對待青少年當事人，或避免任何歧視、利用及誘惑。

八、避免與青少年當事人建立諮商以外的任何關係，諸如領養、乾親、交易或親密關係等，以免產生角色衝突，或影響判斷的客觀性及專業行爲。

九、處理青少年的問題時，宜考慮多方面的人事因素，及關係人的法律及倫理責任，以及諮商員本身的專業職責，在不違背諮商保密原則下，與所有關係人做好適當的溝通與協商。

拾貳、輔導員教育與督導

一、從事輔導員教育及訓練之本會會員，遇有教學、督導，及諮商角色衝突時，應以學員之最大利益爲優先考慮，必要時，宜避免給學員諮商，並將需要諮商之學員轉介給其他專業人員，以免影響正常教學及督導之功能，及公正、公平之評鑑原則。

二、應協助輔導學員瞭解其學習內容、目標及專業發展之方向。

三、應切實瞭解學員接受輔導專業教育之能力，及對輔導工作之發展潛力，裨能在學成後，有效執行專業輔導業務，勝任愉快。倘因督導及評鑑之疏忽，而造成不稱輔導專職之人員，並因而產生對當事人及輔導專業不良影響時，從事其教育及督導人員應負倫理責任。

四、應注意學員自我瞭解及專業人格之發展，在依個人之專長教授學員專業知能外，更應予以人格之陶冶。

五、應切實評量學員之學習效果及其能力之限制，必要時，應予以適當之校正或補救，以免將來從事輔導工作時，發生不適應困擾。

六、應提供學員從事輔導學術研究的基本知識與技能，以及輔導工作之評鑑技術，以使學員能獨立做研究，並對本職工作效率知所評鑑，不斷改進。

七、應提示學員重視專業倫理規範及倫理責任，加強其倫理意識，以便在輔導實務中，能做正確的倫理判斷。

八、應鼓勵學員發展造福社會及人類之崇高理想，並培養敬業樂業之專業服務精神。

九、應提供學員多元化的輔導理論與技術，針對各家理論之優缺點，使學員知所比較與選擇，以利應用。

十、爲促進學員之專業成長，應尊重學員選修學科之自由選擇權利。在既定政策及課程範圍內，盡量給予學員自由發展之機會，以建立其獨特之專業人格。

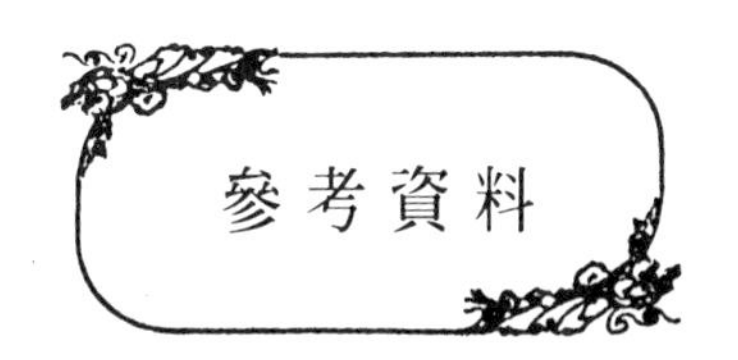

參考資料

中國輔導學會（民78），會員倫理守則。輔導月刊，25（1,2）。

牛格正（民69），輔助關係的發展過程。輔導學報，1，9-21。

牛格正（民73），諮商專業倫理問題之探討。輔導月刊，19，2-9。

牛格正（民73），團體諮商中倫理問題之探討。輔導月刊，7（1-19）。

牛格正（民80），諮商專業倫理。五南圖書出版有限公司。

牛格正（民83），婚姻與家庭諮商的理論、實務與倫理。輔導季刊，30（1），20-30。

牛格正（民83），同儕輔導的理論基礎。輔導季刊，30（2），41-49。

牛格正（民84），老人諮商。輔導季刊，31（3），39-52

王振世（民78），測驗在諮商上的應用時應遵循的標準。測驗與輔導，94,1846-1847。

王璧霞（民79），老人心理需求之調查研究。彰師大輔研所碩士論文。

王慶福（民82），社會影響模式的諮商歷程理論與研究。輔導季刊，

29（3），22-29。
宋湘玲、林幸台、鄭熙彥（民74），學校輔導工作的理論與實施。復文。
林幸台（民66），我國國民小學輔導教師的角色及其背景與專業教育之研究 —校長的期望與意見之分析。教育學院學報，第二期。
林幸台（民76），生計輔導的理論與實施。五南圖書出版有限公司。
林幫傑（民82），我國心理測驗的回顧。測驗與輔導，120，2444。
林孟平（民77），輔導與心理治療。台北：五南圖書出版有限公司
林美珍（民76），兒童對老人態度之研究。政大教育與心理研究，10,85-104。
吳 鼎（民70），輔導原理。台北：台灣國立編譯館。
段昌明、王麗斐（民82），諮商過程研究的內容與研究方法分析：美國諮商過程研究的回顧、現況與展望。輔導季刊，29（3），1-13。
黃國彥、鍾思嘉（民76），老人健康自評、生活改變和生命意義與其生活滿意之關係。中華心理衛生學刊，3（1），169-181。
郭麗安（民71），老人心理適應之調查研究。台灣師大研究所碩士論文。
張植珊（民67），我國近六十年來的輔導運動及其發展動向。宗亮東等，輔導學的回顧與展望，15-76。
陳若璋（民83），我國各級學校輔導諮商員證照制度架構之分析與規劃。教育部：輔導工作六年計劃八十三年度專案研究論文摘要集，92-139。

陳秉華（民83），我國各級學校輔導諮商員教育課程之分析及規劃。教育部：輔導工作六年計劃八十三年度專案研究論文摘要集，45-74。

陳斐娟（民80），測驗在大學生生計輔導上的解釋與運用。測驗與輔導，109, 2180-2181。

鍾思嘉、黃國彥（民75），老人的責任行使與其生活滿意、死亡焦慮之關係。政大教育與心理研究，9,73-82。

簡茂發（民79），心理測驗的應用之道。測驗與輔導，98，1942-1943。

蕭文（民74），未來諮商教育的趨勢。輔導月刊，22（1），5-8。

蕭文（民79），我國學校輔導工作。輔導月刊，26（1,2），3-9。

蕭文（民80），諮商歷程與諮商績效之研究。學生輔導通訊，12，10-13。

蕭文（民81），先進國家輔導專業人員層級及專業標準制度之分析研究。教育部。

蕭文（民83），諮商歷程研究在諮商實務上的省思。彰化師大：諮商歷程學術研討會。

蕭文（民84），從輔導責任分工談輔導教師應具備之專業訓練。輔導雙月刊，33-41。

ACA（1995），Code of Ethics and Standards of Practice。Counseling Today，June 1995，33-40。

Adler,A.（1964），Social Interest：A Challenge to Mankind。N.Y.：

Capricorn。

Allport,F.H.（1920），The influence of the group upon association and thought。Journal of Experimental Psychology，3，159-182。

Atchley,R.C.（1987），How people cope with aging。In R.C.Atchley, Aging Continuity and Change。Wadsworth Pulblishing Co.

Arbuckle,D.S.（1975），Counseling and Psychotherapy（3rd ed.）。Boston：Allyn and Bacon。

Arbuckle,D.S.（1971），Educating who for what? Counselor Education and Supervision，11，43。

Arlow,J.A.（1989）Psychoanalysis。In R.J.Corsini & D.Wedding（Eds.）（1989），Current Psychotherapies，Itasca，IL：Peacock。

Assagioli,R.（1965），Psychosynthesis：A Manual of Principles and Techniques。Arkana：Penguin。

Austin,K.M.，Moline,M.M.，& Williams,G.T.,（1990），·Confronting Malpractice：Legal and Ethical Dilemmas in Psychotherapy。Newbury Park，CA：Sage。

Baker,S.B.（1981），School Counselor's Handbook：Guide for Professional Growth and Development。Boston：MA：Allyn & Bacon。

Baldwin,D.C.,Jr.（1987），Some philosophical and psychological contributions to the use of self in therapy。In M.Baldwin & V.Stir（eds.），The Use of Self in Therapy（pp.27-44），N.Y.：

Haworth Press。

Bandura,A. (1974) , Behavior therapy and the models of man。American Psychologist , 29 , 859-869。

Bandura,A. (1977) , Social Learning Theory。Englewwod Cliffs , N.J. : Prentice-Hall。

Bandura,A. (1986) , Social Foundations of Thought and Action : A Social Cognitive Theory。Englewood Cliffs , N.J. : Prentice-Hall。

Barry,,J. (1984) , Responsibility inducing intervention with older clients。Journal of Counseling and Development , 63 (1) ,52-62。

Beck,A.T. (1976) , Cognitive Therapy and the emotional disorders。Philadelphia : Center of Coginitive Therapy。

Beck,A.T. (1986) , Cognitive therapy。In C.H.Patterson (Ed.) , Theories of Counsleling and Psychotherapy (pp.32-47) , N.Y. : Harper and Row。

Beck,,J.T. & Strong,S.R. (1982) , Stimulating therapeutic change with interpretations : A comparison of positive and negative connotation。Journal of Counseling Psychology , 29 , 551-559。

Bednar,R.L. , Bednnar,S.C. , Lambert,M.J.,& Waite,D.R. (1991) , Psychotherapy with High-Risk Clients : Legal and Porofessional Standards。Pacific Grove , CA : Brooks/Cole。

Beker,S.B. (1981) , School Counselor Handbook : Guide for Professional Growth and Development。Boston : Allyn & Bacon。

Benjamin,A. (1987) , The Helping Interview with Case Illustrations。

Boston：Houghton Mifflin。

Berger,D.M.（1989），Developing the sotory in psychotherapy。American Journal of Psychotherapy，43（2）248-259。

Bergin,,A.E.（1991），Values and religous issues in psychotherapy and mental health。American Psychology,46（4）,393-403。

Berne,E.（1961），Transactional Analysis in Psychotherapy。N.Y.：Grove Press。

Berne,E.（1964），Games People Play。N.Y. Grove Press。

Berne,E.（1972），What Do You Say after You Say Hello? N.Y.：Grove Press。

Beutler,L.E.（1983），Elclectic Psychotherapy：A Systematic Approach。N.Y.：Pergamon。

Birren,J.E. & Cunningham,W.（1985），Research on psychology of aging：principles，concepts，and theory。In J.E.Birren & K.W.Schaie（eds.）（1985），Handbook of the Psychology of Aging。N.Y.：Van Nostrand Reinhold Co.。

Blackham,G.J.（1977），Counseling：Theory，Process and Practice。Belmont，CA：Wadsworth。

Blake,R.（1982），Assessssing the counseling needs of older persons。Measurement and Evaluation in Guidance，15（3），188-193。

Blocker,D.H.（1987），The Professional Counselor。N.Y.：Macmillan。

Bording,E.S.（1955），Psychological Counseling。N.Y.：Appleoton-

Century-Crofts.

Bordin,E.S. （1968），Psychological Counseling（2nd ed>）N.Y.：Appleton-Century-Crofts，Inc.。

Bordin,W. （1991），Stress，aging，and adaptation in spouses and adults with chronical dementia。Social Work Research and Abstracts, 27（1），14-21。

Boucouvelas,M. （1980），Transpersonal psychology：A working outline of the field。Journal of Transpersonal Psychology，12（1）, 47-62。

Bowwen,M. （1978），Family Therapy in Clinical Practice。N.Y.：Aronson。

Boy,A.V. （1972），The elementary school counselor's dilemas。The School Counselor，January 1972，167-172。

Brammer,L.M. （1992），Coping with life transitions。Internatonal Journal for the Advancement of Counseling，15，239-253。

Brammer,L.M. （1991），How to Cope with Life Transitions：The Challenge of Personal Change。Washington,D.C.：Hemisphere。

Brammer,L.M. （1985），The Helping Relationship：Process and Skills。Englewood Cliffs，N.J.：Prentice Hall。

Brammer,L.M. & Abrego,P. （1981），Intervention strategies for coping transitions. The Counseling Psychologist，9，19-35。

Brammer,L.M. & Shostrom,E.L. （1977,1982），Therapeutic Psychology：Fundamentals of counseling and Psychotherapy。Englewood Cliffs, N.J.：Prentice-Hall。

Brink,T.L.（1979），Geriatric Psychotherepy。N.Y.：Human Science。

Bugental,J.F.T.（1986），Existential-humanistic psychotherapy。In L.Kutash & A.Wolff（eds.），Psychotherapist's Casebook（pp.222-236），San Francisco,Josey-Bass。

Bugental,J.F.T.（1987），The Art of Psychotherapist. N.Y.：Norton。

Butter,C.M.（1968），Neuropsychology：The Study of Brain and behavior。Belmont，CA：Brooks/Cole。

Capuzzy,D. & Gossman,L.（1980），Group work with the elderly：an overview for counselors。Personnel and Guidance Journal, 50（4），206-211。

Carkhuff,R.R.（1969a），Helping and Human Relations：Vol.1. Selection and Training。N.Y.：Holt,Renhart & Winston。

Carkhuff,R.R.（1969b），Helping and Human Relations：Vol.2. Practice and Research。N.Y.：Holt，Rinehart & Winston。

Carkhuff,R.R.（1973），The Art of Helping。Amherst,MA：Human Resource Development Press。

Carkhuff,R.R. & Pierce,R.M.（1975），Trainer's Guide：The Art of Helping。Amherst，MA：Human Resource Development Press。

Cavallaro,H.L.（1992），A master's degree specialization in gerontological counseling。Counselor Education and Supervision，32。

Cavallaro,H.L. & Ramsey,M.（1990），Ethical issues in gerocounseling。Counseling and Values，32（3）221-227。

Chandras,K.V.（1992），Special selection：training in gerontological counsleling。Counselor Education and Supervison（special section），32。

Claiborn,C.D.，Ward,S.R.，& Strong,S.R.（1981），Effects of congruence between counselor interpretations and client beliefs。Journal of Counseling Psychology，28，101-109。

Combs,A.W.（1986），What makes a good helper? A person-centered approach。Person-Centered Review，1，51-61。

Conyne,R.K.（1983），Two critical issues in primary intervention：What it is and how to do it。Personnel and Guidance Journal，61, 331-340。

Cook,E.P.（1991），Annulal review：practice and research in career Counseling and development，1990。The Career Development Quaterly，40,99-131。

Corey,G.（1991），Theory and Practice of Counseling and Psychotherapy。Pacific Grove，CA：Brooks/Cole。

Corey,G.，Corey,M. & Callanan,P.（1993，1988），Issues and Ethics in the Helping Profession。Pacific Grove，California：Brooks/Cole。

Cormier,L.S. & Bernard,J.M.（1982），Ethical and legal responsibilities of clinical supervisors。Personnel and Guidance Journal，60（8）, 486-490。

Cormier,L.S. & Hackney,H.（1987），The Professional Counselor：A process Guide to Helping。Englewood Cliffs，N.J.：Prentice-

Hall。

Cormier,L.S.，CormierW.H.，& Weisser,R.J.Jr.（1984），Interviewing and Helping Skills for Health Professionals。Monterey，CA：Wadsworth Health Sciences。

Cottle,W.C.（1953），Personal characteristics of counselors：a review of the literature。Journal of Counseling Psychology，1953。

Daniel,R. & Weikel,W.（1983），Trends in Counseling：a Delphi study。Personnel and Guidance Journal，61，327-330。

Dinkmeyer,D. & Dinkmeyer,D,.Jr.（1985），Adlerian psychotherapy and counseling。In S,J,Lynn & J.P.Garske（Eds.），Contemporary Psychotherapies，Columbus，OH：Merill。

Dixon,D.N. & Glover,J.A.（1984），Counseling：A Problem Solving Approach。N.Y.：Wiley。

Dodge,K.（1983），Promoting social competence in school children。Schools and Teaching，1。

Dryden,W. & Ellis,A.（1988），Rational-emotive therapy。In K.S. Dobson（Ed.），Handbook of Cognitive Behavior Therapies（pp.214-272），N.Y.：Guilford Press。

Egan,G.（1986，1990,1994），The Skilled Helper：A systematic Approach to Effective Helping。Pacific Gorve，CA：Brooks/Cole。

Ehrlich,P.R. & Ehrlich,A.H.（1971），The population crisis。In Britanica Book of the Year。London：William Benton。

Ellis,A.（1962），Reason and Emotion in Psychotherapy。N.Y.：Lyle Stuart。

Ellis,A.（1957），Rational emotive psychotherapy。In D.Arbukle（ed.），Counseling and Psychotherapy，N.Y.：McGraw-Hill。

Ellis,A.（1973），Humanistic Psychotherapy：The Rational Emotive Approach。N.Y.：Julian Press。

Ellis,A.（1979a），The practice of rational emotive therapy。In A.Ellis & J.Whiteley（Eds.），Theoretical and Empirical Foundations of Rational and Emotive Therapy（pp.61-100）。Pacific Grove，CA：Brooks/Cole。

Ellis,A.（1979b），Rational emotivetherapy。In A.Ellis & J.Whiteley（eds.），op. cit.（pp.1-6）。

Ellis,A.（1979c），Rational emotive therapy：research data that support the clinical and personality hypotheses of RET and other modes of cognitive behavior therapy。In A.Ellis & J.M. Whiiteley（Eds.），op.cit.（pp. 101-173）。

Ellis,A.（1979d），The theory of rational emotive therapy。In A.Ellis J.Whiteley（Eds.），op.cit.（pp.33-60）。

Ellis,A.（1982），Rational emotive family therapy。In A.M.Horne & M.M.Ohlson（Eds.），Family Counseling and Therapy，Itasca，IL：F.E.Peacock。

English,H.B. & EnglishA.C.（1974），A Comprehensive Dictionary of Psychologicial and Psychoanalytical Terms。臺北：雙葉。

Erikson,E.H.（1950），Childhood and Society。N.Y.：W.W.Norton

& Comp. Inc.。

Farnsworth,P.R.（1928），Concerning so-called group effects。Journal of Genetic Psychology，35，587-594。

Ferrucci,P.（1982），What We May Be：Techniques for Psychological and Spiritual Growth through Psychosynthesis。Los Angeles, CA：J.P.Tarcher。

Finkel,N.J.（1976），Mental Illness and Health：Its Legacy，tensions, and changes。N.Y.：Macmillan。

Forster,J.R.（1977），What shall we do about credentaling? Personnel and Guidance Journal，1977，55，573-576。

Foster,G.M.（1967），The elementary shcool counselor - how perceived? Counselor Education and Supervision，6，102-107。

Franks,C.M.（1987），Behavior therapy：an overview。In G.T.Wilson, C.M.Franks，P.C.Kendall，& P.Foreyt（Eds.），Review of Behavior Therapy：Theory and Practice，Vol.11：1-39，N.Y.：Guilford Press。

Friedenberg,E.Z. The Vanishing Adolescent：An Coming of Age in America。N.Y.：Random House,Inc.。

Galadding,S.T. & Thomas,M.C.（1991），Group work with the aging and their caregivers。Journal for Specialists in Group Work（special Issue），16（3）。

Ganikos,M.L.（Ed.）（1979），Counseling the Aged。APGA。

Gatz,M et al.（1985），Psychological interventions wity old adults。In J.E.Birren & K.W.Schaie（Eds.），op.ct.

Georges,J.C.（1988），Why soft-skill training doesn't take。Training, April，40-47。

George,R.L. & Cristiani，T.S.（1995），Counseling：Theory and Practice。Boston：Allyn and Bacon。

Gibb,J.R.（1978），Trust：A New View of Personal and Organizational Development。Los Angeles：The Guild of Tutors Press。

Gibson.R.L.（1990），Teahchers' opinoms of high school ocounseling and guidance programs：then and now。The School Counselor,37，248-255。

Gibson,R.L. & Motchell,M.H.（1986），Introduction to Coounseling and Guidance（2nd ed）。New York：Macmillan。

Gilliland,B.E. & James,R.K.（1993），Crisis Intervention Strategies（2nd.ed.），Pacific Grove，CA：Brooks/Cole。

Ginzberg,E.，Ginzberg,S.W.，Axelrad,S & Herma,J.R.（1951），Occupational Choice：An Approach to a General Theory。N.Y.：Columbia。

Gitelson,M.（1948），Character synthesis：the psychotherapeutic problems of adolescents。American Journal of Orthopsychiatry，18, 425。

Glasser,W.（1985），Control Theory：A New Explanation of how we Control our Lives。N.Y.：Harper & Row。

Glasser,W.（1986），Control Theory in the Classroom。N.Y.：Harper & Row。

Glasser,W.（1989），Control theory in the practice of reality therapy。In N.Glasser（Ed.），Contorol Theory in the Practice of Reality Therapy：Case Studies（pp.1-15），N.Y.：Harper & Row。

Goulding,M. & Goulding,R.（1979），Changing Lives through Redecision Therapy。N.Y.：Brunner/Mazel。

Gross,D.R.（1988），Counseling and the elderly：strategies，procedures and recommendations。Counseling and Development。

Gross,D.R & Capuzzi,D.（1991），Counseling the old adults。In D. Capuzzi D.R.Gross（Eds.）（1991），Introduction to Counseling：perspectives for the 1990s。Boston Allen and Bacon。

Growes,L.（1988），Psychological Distress of Caregives to Spuses with Alzheimer's Desease（unpublished doctoral dissertation）。North-western University，Evanston，IL.。

Gustad,J.W.（1953），In F.Berdie（Ed.），Roles and Relationships in Counseling。Minneapolis：University of Minnesota Press。

Gysbers,N.C. & Moore,E.J.（1987），Career Counseling：Skills and techniques for Practitioners。Englewood Cliffs，N.J.：Prentice-Hall。

Hackney,H. & Cormier,S.（1994），Counseling Strategies and Interven-tions（4th ed.）。Boston：Allyn and Bacon.

Haley,J.（1973），Uncommon Therapy：The Psychiatric techniques of Milton Erickson,M.D.。N.Y.：Norton。

Haley,J.（1984），Ordeal Therapy。San Francisco：Jossey-Bass。

Haley,J.（1987），Poroblem Solving Therapy（2nd ed.）。San

Francisco：Jossey-Bass。

Minuchin,S.（1974），Families and Family Therapy。Camabridge，MA：Harward University Press。

Hall,G.S.（1905），AdolescenceI Its Psychology，and Its Relations to Physiology，Anthropology，Sociology，Sex，Crimes，Religon，and Education,。N.Y.：Appleton-Century-Crofts。

Hansen,J.C.，Stevic,R.R.，& Warner,R.W.,Jr.（1982），Counseling Theory and Practice（3rd ed.），Boston：Allyn and Bacon。

Harper,F.D.（1981），Biological foundations of behavior：implications for counseling。Personnel and Guidance Journal，September 1981, 25-30。

Harris,T.（1967），I'am OK - You Are OK。N.Y.：Avon。

Hart,J.T.（1986），Functional eclectic psychotherapy。In C.H.Patterson（Ed.），Theories of Counseling and Psychotherapy（pp.465-477）, N.Y.：Harper & Row。

Hart,D.H. & Prince,D.J.（1970），Role conflict for school counselors：Training vs. job demands。Personnel and Guidance Journal，48, 374-380。

Hartman,R.（1967），The Structure of Value。Carbondale，Ill,：S. Ill. University Press。

Herink,R.（Ed.）（1980），Psychotherapy Handbook：The A to Z Guide to More Than 250 Different Therapies in Use Today。N.Y.：New Ameirican Library。

Herr,E.L. & Cramer,S.H.（1979），Career Guidance Through the Life

Span ： Systematic Approach 。 Bostom ： Little ， Brown and Company 。

Hill,C.E. （ 1982 ） ， Counseling process research ： philosophical and methodological dilema 。 The Counseling Psychologist ， 10 ， 7-9 。

Hill,C.E. （ 1991 ） ， Almost everything you ever vanted to know about how to do process research on counseling and psychotherapy but did'nt know who to ask 。 In E.Walkins,Jr. & L.Schneider （ Eds. ）， Research in Counseling （ pp.85-118 ） ， Hilldale ， N.J. ： Lawrence Erlbaum Associates 。

Hill,C.E. & Corbett,M.M. （ 1993 ） ， A perspective on the history of process and outcome research in counseling psychology 。 Journal of Counseling Psychology ， 40 （ 1 ） ， 3-24 。

Holland,J.L. （ 1985 ） ， Making Vocaitional Choices ： A Theory of Careers （ 2nd ed. ） 。 Englewood Cliffs ， N.J. ： Prentice-Hall 。

Hollis,J.W. & Wantz,R.A. （ 1983 ） ， Counselor preparattion 1983 ： Programs, personnel ， and trends 。 Muncie ， IN ： Accelerated Development 。

Holub,E.A. & Lee,S.S. （ 1990 ） ， Therapists' use of nonerotic physical contact ： ethical concerns 。 Professional Psychology ： Resaerch and Practice ， 21 （ 2 ） ， 115-117 。

Holroyd,J.C. & Brodsky,A. （ 1980 ） ， Does touching patients lead to sexual intercourse? Professional Psychology ， 11 （ 5 ） ， 807-811 。

Horwath,A.O. & Symonds,B.D. (1991) , Relation between working alliance and outcome in psychotherapy : A meta-analysis 。Journal of Counseling Psychology , 38 ,. 139-149 。

Hurlock,E.B. (1973) , Adolescent Development (4th ed.) 。N.Y. : McGraw-Hill 。

Ibrahim,F.A. , Helms,B.J. , & Thompson,D.L. (1983) , Counselor role and function : Am appaisal by consumers and counselors 。Personnel and Guidance Journal , 61,597-601 。

Ivey,A.E. (1994) , Intentional Interviewing and Counseling : Facilitating Client Development in a Multicultural Society (3rd ed.) 。Pacific Grove , CA : Brooks/Cole 。

Ivey,A.E. (1991) , Devlelopmental Strategies for Helpers 。Pacific Grove,CA : Brooks/Cole 。

Ivey,A.E. (1988,1994) , Intentional Interviewing and Counseling (2nd.ed.) , Pacific Grove , CA : Brooks/Cole 。

Ivey,A.E. (1971) , Microcounseling : Innovations in Interviewing Training 。Springfield , Ill : Charles C.Thomas 。

Ivey,A.E. , Ivey,M.B. , & Simek-Downing,L. (1987) , Counseling and Psychotherapy : Integrating Skills , Theories , and Practice (2nd ed.) 。Englewood Cliffs , N.J. : Prentice Hall 。

Jensen,J.P. , Bergin,A.E. , & Greaves,D.W. (1990) , The meaning of eclecticism : New survey and analysis of components 。Professional Psychology : Research and Practice , 21 (2) , 124-130 。

Johnson,D.W.（1981），Reaching Out：Interpersonal Effectiveness and Self Actualization。Englewood Cliffs，N.J. Prentice-Hall。

Kanfer,F.H. & Grimm,L.G.（1979），Behavioral analysis：Slelecting target behaviors in the interview。Behavior Modification,1,7-28。

Kehas,C.D.（1974），Counseling. In.F.Farwell，N.R.Gamssky，& P.Mathieu-Coughlan（eds.），Counselor's Handbook，N.Y.：Intext Educational Publishers。

Kennedy,E.C.（1963），Characteristics of the counselor。In J.M.Lee & N.J.Pallone（1966），Readings in Guidance and Counseling，pp.158-165。

Kline,W,B.（1990），Responding to "problem" members。Journal for Specialist in Group Work,15,195-200。

Knapp,M.L.（1978），Nonverbal Communication in Human Interaction（2nd, ed.），N.Y.：Hollt，Rinehart and Winnsoton。

Knight,B.（1986），Psychotherapy with Older Adults。Neubury Park, London：Sage Publications。

Obassa,S.（1979），Stressful life events，personality and health：an inquiry into hardiness。Journal of Personality and Social Psychology，·37,1-11。

Kohut,H.（1978），The psychoanalyst in the community of scholars。In P.H.Ornstein（Ed.），The Search for Self：Slelected Writings of H. Kohut，N.Y.：International Universities Press。

Kottler,J.A.（1992），Compassionnate Therapy：Working with Difficult Clients。San Francisco：Jossey-Bass。

Kottler,J.A. (1994) , Advanced Group Leadership 。 Pacific Grove ,
CA : Brooks/Cole 。

Krumboltz,J.D. (1980) , Job Experience Kits 。 Chicago : Science
Research Associates 。

Krumboltz,J.D.Mittchell,A. & Gelatt,H.G. (1975) , Applications of
social learningtheroy of career selection 。 Focus on Guidance,
8 , 1-16 。

Kushner,M.G. & Sher,K.J. (1991) , The relation of treatment fear-
fulness and psychological service utilization : An overview 。
Professional Psychology , 22 , 196-203 。

Lanning,W. (1988) , CACREP : An elite alternative to eliticism 。
Counselor Education and Supervision , 27 , 295-297 。

Lazarus,A.A. (1971) , Behavior Therapy and Beyond 。 N.Y. :
McGrow-Hill 。

Lazarus,A.A. (1981,1989) , The Practice of Multimodal Therapy 。
Baltimore : Johns Hopkins University Press 。

Lazarus,A.A. (1982) , Multimodal Group Therapy 。 N.Y. : McGraw-
Hill 。

Lazarus,A.A. (1986) , Multimodal therapy 。 In J.C.Norcross (Ed.)
, Handbook of Eclectic Psychotherapy (pp.65-93) , N.Y. :
Brunner/ Mazel 。

Lazarus,A.A. (1987) , The need for technical eclecticism :
science, breadth , depth , and specificity 。 In J.K.Zeig (Ed.) ,
The Evolution of Psychotherapy (pp.164-178) , N.Y. : Brunner

/Mazel。

Lazarus,A.A.（1989），Brief psychotherapy：The multimodal。Psychology, 26，6-10。

Lazarus,B.S. & DeLongis,A.（1983），Psychological stress and coping in aging。American Psychologist，March 1983，245-254。

Lehner,G.F.J.（1952），Defining psychotherapy。American Psychology, 1952，7。

Levy,C.S.（1972），The context of social worker ethics。Social Work, 1972，17，95-101。

Leviski,A. & Perls,F.（1970），The rules and games of gestalt therapy。In J.Egan & I.Shepherd（Eds.），Gestalt Therapy Now（pp.140-149）, N.Y.：Harper & Row。

Lewis,E.C.（1970），The Psychology of Counsleling。N.Y.：Holt, Rinehhart & Winnston。

Lipsitz,N.E.（91985），The Relationsip between Ethicas Training and Ethical Discrimination Ability。Paper presented at the annual meeting of APA，Los Angleles。

Luborsky,L. et al.（1986），The nonspecific hypothesis of therapeutic effectiveness：a current assessment。Americam Journal of Ortho-psychiatry，56，501-512。

Manuel-Atkins,C.（1992），Career counseling is personal counseling。The Career Development Quaterly，40,313-323。

McCabe,G.E.（1958），When is a good theory practical? Personnel and Guidance Journal，37（1），47-52。

McDougall,W.P. & Reitan,H.M.（1963），The elementary school counselor as perceived by elementary school principals。Personnel and Guidance Journal，42，348-354

McMullin,R.E.（1986），Handbook of Cognitive Terapy Techniques。N.Y.：Norton。

Mahoney,M.J. & Lydon,W.J.（1988），Recent development in cognitive approaches to counsleling and paychotherapy。The Counseling Psychologist，16（2），190-234。

Malcom,D.D.（1974），A two year program of counselor education。In G. F.Farwell，N.R.Gamsky，& P.Mathieu-Coughlan（1974），pp.109-117。

Markus,H.（1978），The effect of mere presence on social facilitation：An unobtrusive test。Journal of Experimental Social Psychology, 14，389-397。

Maslow,A.H.（1969），The farther reaches of human nature。Journal of Transpersonal Psychology，Spring，1969，1-9。

Maslow,A.H.（1969），Theory Z。Journal of Transpersonal Psychology, 1（2），31-47。

May,R.（1981），Fredoom and Destiny。N.Y.：Norton。

Mehrabian,A.（1971），Silent Messages。Belmont，CA：Wadsworth。

Meichenbaum,D.（1974），Selfinstructional strategy training：a cognitive prosthesis for the aged。Human Development，17,273-

280。

Meichenbaum,D.（1977），Cognitive Behavior Modification：An Integrative Approach。N.Y.：Plenum。

Meichenbaum,D.（1985），Stress Inaculation Training。N.Y.：Pergamon Press。

Meichenbaum,D.（1986），Cognitive behavior modification。In F.H.Kanfer & A.P.Goldsstein（Eds.），Helping People Change：A Textbook of Methods，（pp.346-380），N.Y.：Pergamon Press。

Meek,L.H.（1940）The Personal-Social Development of Boys and Girls：With Implications for Secondary Education。N.Y.：Progressive Education Association Committee on Workshop，1940）。

Myers,J.E.（1992），Competencies，credentialing，and standards for geroontological counselors：implications for counselor education。Counselor Education and Supervision，32。

Myers,J.E.（1989），Infusing gerontological counseling into counselor preparation。Administration on Aging. U.S. Department of Health and Human Services（90AT0331），APGA。

Myers,J.E.（1988），The mid/late life generation gap：adult children with aging parents。Journal of Counseling and Development, 66（7）,331-335。

Myers,J.E. & Blake,R.H.（1986），Preparing counselors for work with older people。Counselor Educaton and Supervision，December 1986，137-145。

Myers,J.E. & Loeesch,L.C.Sweeney,T.J. (1991) , Trends in gerontological counselor preparation 。 Counselor Education and Supervision, 30,194-204) 。

Myers,J.E. & Sweeney,T.J. (1990) , Gerontological competencies for counselors and human development professionals 。 AACD 。

North Central Association of Schools and Colleges , Counseling and Guidance Committee (1977) , Study of the Elementary School Counselor Role 。 Unpublish data 。

Nelson,R.C. (1991) , The counselor as reinforcer 。 The School Counselor, 39 , 68-76 。

Noble,F.C. (1991) , Counseling couples and families 。 In D.Capuzzi & R.Gross (Eds.) , Introduction to Counsleling : Perspective for the 1990s 。 Boston : Allyn and Bacon 。

Nordberg,R.B. (1970) , Guidance : A Systematic Introduction 。 N.Y. : Random Haous 。

Nugnent,F.A. (1981) , Professional Counseling : An Overview : Pacific Grove , CA : Brooks/Cole 。

Olson,C. , McWilter,E.H. , & Horan,J.J. (1989) , A decisionmaking model applied to career counsleling 。 Journal of Career Development, 16 (2) , 19-23 。

Otani,A. (1989) , Client resistanse in counseling : Its theoretical rationale and taxonomic classification 。 Journal of Counseling and Development,67,458-461 。

Passons,W.R. (1975) , Gestalt Approaches in Counseling 。 N.Y. :

Holt, Rienhart & Winston。

Patterson,C.H. (1985) , The Therapeutic Relationship : Foundations for Eclectic Psychotherapy。Pacific Grove , CA : Brooks/Cole。

Patterson,C.H. (1986) , Theories of Counseling and Psychotherapy。N.Y. : Harper & Row。

Patterson,C.H. (1989) , Values in counsling and psychotherapy。Counse-ling and Values , 33,164-176。

Patterson,C.H. (1989) , Foundations for systematic eclectic psychothe-rapy。Psychotherapy , 26,427435。

Patterson,C.H. (1974) , Relationship Counseling and Psychotherapy。N.Y. : Harper and Row。

Patterson,L.E. & Eisenberg,S. (1988) , The Counseling Process (3rd ed.)。Boston : Houghton Mifflin。

Patterson,L.E. & Welfel,E.R. (1994) , The Counseling Process (4th ed)。Pacific Grove , CA : Brooks/Cole。

Pepinsky,H.B. & Pepinsky,P. (1954) , Counseling : Theory and Practice。N.Y. : Ronald。

Pepper,S.C. (1961) , World Hypotheses。Berkeley , CA : University of California Press。

Perls,F. (1969) , Gestalt Therapy Verbatim。Moab , UT : Real People Press。

Perls,F. (1973) , The Gestalt Approach and Eye Witness to Therapy。N.Y. : Bantam Books。

Pessin,J. & Husband,R.W.（1933），Effects of social stimulation on human maze learning。Journal of Abnormal and Social Psychology, 28，148-154。

Peterson,J.V. & Nisnenholz,B.（1987），Orientation to Counsleling。Boston：Allyn and Bacon。

Pietrofesa,J.J.，Hoffman,A.，Splete,H.H. & Pinto,D.V.（1984），Counseling：An Introduction（2nd ed.）。Boston：Houghton Mifflin。

Pietrofesa,J.J.，Hoffman,A.，Splete,H.H.，& Pinto,D.V.（1978），Counseling：Theory，Research and Practice。Chicago：Rand McNally。

Pipes,R.B. & Davenport,D.S.（1990），Introduction to Psychotherapy：Common Clinical Wisdom。Englewood Cliffs，N.J.Prentic-Hlall。

Podemski,R.S. & Childers Jr.,J.H.（1982），Psychological contracting for the counselor's role：procedures for counselors and principals。The School Counselor，January,1982，183-189。

Polster,E.（1987），Every Person's Life is Worth a Novel。N.Y.：Norton。

Polster, L. & Polster,M.（1973），Gestalt Therapy Integrated：Contours of Theory and Practice。N.Y.：Brunner/Mazel。

Ponzo,Z.（1992），Promoting successful aging：problems，opportunities, and counseling guidelines。Journal of Counseling and Development，71,210-213。

Pope,K.S. , Tabachnick,B.G. , & Keith-Spiegel,P. (1987) , Ethics of practice : the beliefs and behaviors of psychologists as therapists 。American Psychologists , 42 (11) , 993-1006 。

Prochaska,J.O. & Norcross,J.C. (1994) , Systems of Psychotherapy : A Transtheoretical Aanalysis 。Pacific Grove , CA : Brooks/Cole 。

Rabinowitz,F.E. (1991) , The male-to-male embrace : breaking the touchtaboo in a man's therapy group 。Journal of counseling and Development,69 (6) , 574-576 。

Reandeau,S.G. & Wamoikd,B.E. (1991) , Relationship of power and involvement to working alliance : A multiple case sequential analysis of brief therapy 。Journal of Counseling Psychology, 38,107-114 。

Ritchie,M.H. (1986) , Counseling the involuntary client 。Journal of Counseling and Development,64 , 516-518 。

Ritchie,M.H. (1990) , Counseling is not a profession - yet 。Counselor Education and Supervision , 29 , 220-227 。

Robinson,F.P. (1950) , Principles and Procedures of Student Counsleling 。N.Y. : Harper 。

Roe,A. (1956) , The Psychology of Occupations 。N.Y. : Wiley 。

Rogers,C. (1941) , Psychology in clinical practice 。In J.S.Gray (ed.) , Psychology in Use 。N.Y. : American Book Comp. 。

Rogers,C. (1957) , The necessary and sufficient conditions of therapeeutic personality change 。Journal of Counseling Psychology,

21，95-103。

Rogers,C.（1961），On Becoming a Person。Boston：Houghton Mifflin。

Rotter,J.B.（1986），Social learning approach。In C.H.Patterson（ed.）, Theories of Counseling and Psychotherapy（pp.171-189），San Fran-cisco,CA：Harper & Row。

Rowe,J.W. & Kahn,R.L.（1987），Human aging：usual and success-ful。Science，237,143-149。

Salomone,P.R.（1988），Career counsleling：Steps and strategies beyond Parsons。The Career Development Quaterly，36,218-221。

Satir,V.（1963），Conjoint Family Therapy（3rd ed.）。Palo Alto，CA：Science & Behavior Books。

Schwartz,M.（1978），Physiological Psychology。Englewooe Cliffs, N.J.：Prentice-Hall。

Sherman,E.（1981），Counsleling the Aging：An integrative Approach。N.Y.：Free Press。

Shertzer,B. & Lundy,C.T.（1964），Administrator's image of the ele-mentary school counslelor。School Counselor,11，211-214。

Shertzer,B. & Stone,S.C.（1981），Fundamentals of Guidance。Boston：Houghton Mifflin。

Skinner,B.F.（1983），Intellectual self-management in old age。American Psychologist，March 1983，239-244。

Skinner,B.F.（1953，1965），Science and Human Behavior。N.Y.：

The Free Press。

Sommers-Flanagan,J. & Sommers-Flanagan,R.（1993），Foundations of Therapeutic Interviewing。Boston：Allyn and Bacon。

Stake,J.E. & Oliver,J.（1991），Sexual contact and touching between therapist and client：A survey of psychologists' attitudes and behavior。Professional Psyhology：Research and Practice，22（4）, 297-307。

Stanton,D.（1988），The lobster quadrille：Issues and dilemmas for family therapy rsearch。In L.Wynne（Ed.），The State of Art in Family Therapy Research，N.Y.：Family Process Press。

Stefire,B. & Grant,W.H.（1970），Theories of Counseling。N.Y.：McGraw-Hill。

Sterns,H.，Weis,D.，& Perkins,S.（1984），A conceptual approach to counseling older adults and their families。The Counseling Psychologist，12（2）,55-61。

Stickel,S.A.，Satchwell,K.M.，& Mayers,E.C.（1991），The School counselor and discipline：a three-state survey。The School Counselor, 39，111-115。

Storandt,M.（1982），Counseling and Therapy with Old Adults。Boston：Little，Brown。

Strong,S.R.（1968），Counseling：An interpersonal influence process。Journal of Counseling Psychology，15，215-224。

Super,D.E.（1953），A theory of vocational development。American Psychologist,8,185-190。

Super,D.E.（1984），Career and life development。in D.Brown，& L.Brooks（Eds.），Career Choice and Development，San Francisco：Jossey-Bass。

Super,D.E.（1990），A life-span，life span approach to career develpment。In D.Brown，L.Brooks，& Associates（Eds），Career Choice and Development（2nd ed.），San Francisco：Jossey-Bass。

Sutich,A.J.（1969），Some considerations regarding transpersonal psychology，Journal of Transpersonal Psychology，Spring 1969, 11-20。

Sutich,A.J.（1973）,Transpersonal therapy。Journal of Transpersonal Psychology，5（1），1-6。

Tabachnick,B.G.，Kieith-Spiegel,P.，& Pope,K.S.（1991），Ethics of teaching：Beliefs and behaviors of psychologists as educators。American Psychologist,46（5）,506-515。

Thomas,M.C. & Martin,V.（1992），Training counselors to facilitate the transition of aging through group work。Counselor Education and Supervision，32：51-60。

Thorne,F.C.（1967），Integrative Psychology。Brandon,Vt：Clinical Psychology Publishing。

Thorne,F.C.（1968），Psychological Case Handling。Vol.1：Establishing the Conditions Necessary for Counsleling and Psychotherapy。Brandon,Vt：Clinical Psychology Publishing。

Tideman,D.V.（1961），Decision and Vocational Development：A

Paradigm and Its Implications。Personnel and Guidance Journal，40,15-20。

Tolbert,E.L.（1972），Introduction to Counseling（2nd ed.）。N.Y.：McGraw-Hill。

Travis,L.E.（1925），The effect of a small audiance upon eye-hand coordination。Journal of Abnormal and Social Psychology, 20,142-146。

Triplett，N.（1897），The dynamogenic factors in pacemaking and competition。American Journal of Psychology，9，507-533。

Twining,C.（1988），Helping Older People：A Psycholgical Approach。N.Y.：John Wiley & Sons。

Tyler,L.E.（1969），The Work of the Counselor（3rd ed.）。N.Y.：Appleton-Century-Clifts。

Vachon,D.O. & Agresti,A.A.（1992），A training proposal to help mental health professionals clarify and manage implicit values in the counseling process。Professional Psychology：Research and Practice，23,509-514。

VendrenBos,G.R. & Buchanan,J.（1983），Aging，research on aging，and national policy：a conversation with Robert Butler。American Psychologist，March 1983，300-307。

Walker,D.E. & Peiffer,H.C.（1957），The goals of counseling。Jpurnal of Counseling Psychology，1957,4,204-209.

Wallman,F. & McCormack,J.（1984），Counseling with older persons：a review of outcome research。The Counseling Psychologist，12

（2），137-145。

Walsh,R. & Vaughan,F.（1980），The emergence of the transpersonal perspective。In R.Walsh & F.Vaughan（eds），Beyond Ego：Trans-personal Dimensions in Psychology（pp.15-24），Los Angeles：Tarcher。

Walz,G.R.，Gazda,G.，& Shertzer,B.（1991），Counseling Futures。Ann Arbor：ERIC Counseling and Personnel Services Clearing House。

Wantz,R.A.，Sherman,A.，& Hollis,J.W.（1982），Trends in counselor preparation：courses，program，emphases，philosophical orientation and experimental components。Counselor Education and Supervision，Jume，1982，258-267。

Waters,E.（1984），Building on what you know：techniques for individual and group counseling with older people。The Couseling psychologist，12（2），63-74。

Watson,J.B.（1914），Behavior：An Introduction to Comparative Psychology。N.Y.：Holt。

Weston,S.B. & English,H.B.（1926），The influence of the group on psychological test scores。American Journal of Psycholoogy，37, 600-601。

Whitaker,C. & Keith,D.（1981），Symbolic-experiential Family Therapy。In A.Gurman，& D.Kniskern（Eds.），Handbook of Family Therapy, N.y.; brunner/Mazel。

Whitaker,C. & Bumberry,W.（1988），Deciding with the Family：A

Symbolic experiential Approach。N.Y.：Brunner/Mazel。

Williamson,E.G.（1965），Vocational Counseling：Some Historical, Philosophical，and Theoretical Perspectives。，N.Y.：McGraw - Hill。

Willison,B.G. & Masson,R.L.（1986），The role of touch in therapy：an adjunct to communication。Journal of Counseling and Development, 64（8），497-500。

Witmer,J.M.（1988），CACREP or APA：Acousnelor's personal view。Counselor Education and Supervision，27,291294。

Wolpe,J.（1954），Reciprocal inhibition as the main basis of psychotherapeutic effects。Arch. Neur. Psyciat.，72：250

Wolpe,J.（1958），Psychotherapy by Reciprocal Inhibition。Stanford, CA：Stanford University Press。

Wolpe,J.（1985），The Practice of Behavior Therapy（3rd ed.）。N.Y.：Pergamon Press。

Wynne,L.（1988），An overview of the state of the art。In L.Wynne（Ed.），The State of the Art in Family Therapy Research，N.Y.：Family Process Press。

Yalom,I.D.（1985），The Theory and Practice of Group Psychotherapy。N.Y.：Basic Books，Inc.。

Zunker,V.G.（1994），Using Assessment Results for Career Development（4th ed.）。Pacific Grove，CA：Brooks/Cole。

Zunker,V.G.（1994），Career Counseling：Applied Concepts of Life Planning。Pacific Grove,CA：Brooks/Cole。

家圖書館出版品預行編目資料

商原理與技術／牛格正著. 一一二
. 一一臺北市：五南, 2020.03 面；
分
BN 978-957-763-884-7（平裝）

諮商

8.4 109001707

1B74

諮商原理與技術

作　　者 — 牛格正
發 行 人 — 楊榮川
總 經 理 — 楊士清
總 編 輯 — 楊秀麗
副總編輯 — 王俐文
責任編輯 — 金明芬
封面設計 — 王麗娟
出 版 者 — 五南圖書出版股份有限公司
地　　址：106台北市大安區和平東路二段339號4樓
電　　話：(02)2705-5066　　傳　　真：(02)2706-6100
網　　址：http://www.wunan.com.tw
電子郵件：wunan@wunan.com.tw
劃撥帳號：01068953
戶　　名：五南圖書出版股份有限公司

法律顧問　林勝安律師事務所　林勝安律師

出版日期　2020年3月二版一刷
定　　價　新臺幣495元

經典永恆·名著常在

五十週年的獻禮——經典名著文庫

五南，五十年了，半個世紀，人生旅程的一大半，走過來了。
思索著，邁向百年的未來歷程，能為知識界、文化學術界作些什麼？
在速食文化的生態下，有什麼值得讓人雋永品味的？

歷代經典·當今名著，經過時間的洗禮，千錘百鍊，流傳至今，光芒耀人；
不僅使我們能領悟前人的智慧，同時也增深加廣我們思考的深度與視野。
我們決心投入巨資，有計畫的系統梳選，成立「經典名著文庫」，
希望收入古今中外思想性的、充滿睿智與獨見的經典、名著。
這是一項理想性的、永續性的巨大出版工程。
不在意讀者的眾寡，只考慮它的學術價值，力求完整展現先哲思想的軌跡；
為知識界開啟一片智慧之窗，營造一座百花綻放的世界文明公園，
任君遨遊、取菁吸蜜、嘉惠學子！